JONG HYUN SEOK

Die Rezeption des deutschen Verwaltungsrechts in Korea

Schriften zum Öffentlichen Recht

Band 604

Die Rezeption des deutschen Verwaltungsrechts in Korea

Von

Prof. Dr. Dr. Jong Hyun Seok

Duncker & Humblot · Berlin

Die Deutsche Bibliothek – CIP-Einheitsaufnahme

Seok, Jong Hyun:
Die Rezeption des deutschen Verwaltungsrechts in Korea / von Jong Hyun Seok. – Berlin: Duncker und Humblot, 1991
(Schriften zum Öffentlichen Recht; Bd. 604)
Zugl.: Tübingen, Univ., Diss., 1991
ISBN 3-428-07212-X
NE: GT

D 21

Satz: W. März, Tübingen
Fotoprint: Werner Hildebrand, Berlin 65
Printed in Germany

ISSN 0582-0200
ISBN 3-428-07212-X

Vorwort

Die vorliegende Arbeit ist im Wintersemester 1990/91 von der Juristischen Fakultät der Eberhard-Karls-Universität zu Tübingen als Dissertation angenommen worden.

Meinem verehrten Doktorvater, Herrn Professor Dr. Günter Püttner, danke ich für seine intensive Betreuung der Arbeit und für großzügige Unterstützung sowie für seine präzisierenden, zahlreichen Anregungen sowie die weiterführenden Hinweise. Ihm und Herrn Professor Dr. Wolfgang Graf Vitzthum, der die Erstellung des Zweitgutachtens übernommen hatte, danke ich zudem für die rasche Beurteilung und die Anregung zur Ergänzung der Arbeit. Ein Teil dieser Arbeit wurde mit der Unterstützuung der „Korean Research Foundation" bereits in Korea bearbeitet. Ihr schulde ich ebenfalls Dank. Mein besonderer Dank gilt der Alexander von Humboldt-Stiftung für die finanzielle Unterstützung meines Forschungsaufenthaltes in Tübingen und die Übernahme der Druckkosten meiner Arbeit. Ebenfalls danke ich dem Verlag Duncker & Humblot für die freundliche Aufnahme meiner Arbeit in die „Schriften zum Öffentlichen Recht".

Tübingen, im Dezember 1990 *Dr. Jong H. Seok*

Inhaltsverzeichnis

Erster Teil

Einleitung 21

Zweiter Teil

Allgemeine Darstellung des koreanischen Verwaltungsrechts 28

Dritter Teil

Die Dogmatik und die Lehrmeinungen auf dem Gebiet des Verwaltungsrechts 74

Vierter Teil

Die Rezeption des deutschen öffentlichen Rechts

Abkürzungsverzeichnis

a.A.	anderer Ansicht
a.a.O.	am angegebenen Ort
Anm.	Anmerkung
AöR	Archiv des Öffentlichen Rechts
Aufl.	Auflage
BayVBl.	Bayerische Verwaltungsblätter
BGBl.	Bundesgesetzblatt
Bopche Yeolbo	Monatliche Zeitschrift für Recht und System
BopJo	Zeitschriften für Juristen
BopJong	Recht und Politik
BT-Drs.	Drucksachen des Deutschen Bundestages
BVerfGE	Entscheidungen des Bundesverfassungsgerichts
BVerfGG	Bundesverfassungsgerichtsgesetz
BVerwGE	Entscheidungen des Bundesverwaltungsgerichts
Diss.	Dissertation
DÖV	Die Öffentliche Verwaltung
DVBl.	Deutsches Verwaltungsblatt
ff.	folgende
Fn.	Fußnote
FS	Festschrift
geänd.	geändert
GG	Grundgesetz für die Bundesrepublik Deutschland vom 23.5.1949 (BGBl. 1949 I S. 1), zul. geänd. durch Gesetz vom 21.12.1983 (BGBl. 1983 I S. 1481)
GSK	Gosikye (Zeitschriften für juristische Staatsexamen)
GSYG	Gosiyongu (Zeitschrift für Staatsexamen-Forschung)
GVBl.	Gesetz- und Verordnungsblatt
h.L.	herrschende Lehre
IBJSYB	Ipbopjosayeolbo (Monatlicher Bericht für Gesetzgebung
i.d.F.	in der Fassung

JZ	Juristenzeitung
K	Koreanisch
KHG	Koreanisches Höchstes Gericht (Daebopwon)
KSSBTG	Koreanisches Staatssteuer-Beitreibungsgesetz
KV	Koreanische Verfassung
KVwGO	Koreanische Verwaltungsgerichtsordnung (Haenjongsosongbop)
KVwvVfG	Koreanisches Verwaltungsvorverfahrensgesetz (Haengjongshimpanbop)
NJW	Neue Juristische Wochenschrift
NVwZ	Neue Zeitschrift für Verwaltungsrecht
PRYB	Panryeyolbo (Monatlicher Bericht für Rechtsprechung)
Rez.	Rezension
S.	Seite
SBHJ	Sabophaengjong (Zeitschrift für Justizverwaltung)
v.	vom
VerwArch	Verwaltungsarchiv
VG	Verwaltungsgericht
VGH	Verwaltungsgerichtshof
Vol.	Volumen
Vorbem.	Vorbemerkung
VVDStRL	Veröffentlichungen der Vereinigung der Deutschen Staatsrechtslehrer
VwVfG	Verwaltungsverfahrensgesetz vom 25.5.1976 (BGBl. 1976 I S. 1253), zul. geändert durch Gesetz vom 2.7. 1976 (BGBl. 1976 I S. 1749)
YGGS	Yolgangosi (Monatliche Zeitschrift für Staatsexamen)
zul.	zuletzt

Erster Teil

Einleitung

§ 1 Einleitung

I. Problemstellung

Das deutsche Recht hat seit dem vorigen Jahrhundert das koreanische Recht in erheblichem Maße beeinflußt. Seit dem Jahr 1883 gibt es offizielle Beziehungen zwischen Deutschland und Korea. In diesem Jahr wurde der erste Freundschafts- und Handelsvertrag zwischen dem damaligen Deutschen Reich und dem Königreich Korea unterzeichnet[1]. In rechtlicher Hinsicht begegnete Korea dem westlichen Recht vor allem in Form von Bürgerrechtsproblemen, seit Korea am Ende des 19. Jahrhunderts unter dem Druck der Westmächte und Japans seine Tore geöffnet hatte[2]. Dann mußte Korea die japanische Besatzung hinnehmen, wobei die Entwicklung des koreanischen Rechts zum Erliegen kam und es einen Rückfall in ein rechtswissenschaftliches Vakuum gab.

Als Korea im Jahr 1945 von der japanischen Besatzung befreit wurde, änderte sich an der Lage dennoch nicht viel. Denn an die Stelle der Japaner trat die amerikanische Militärregierung als Besatzungsmacht. Nachdem vorher das koreanische Rechtssystem durch die Japaner in Richtung auf die Rezeption kontinental-europäischen Rechts hin beeinflußt wurde und insbesondere auch Einflüsse des deutschen Rechts stattfanden, drang nun das anglo-amerikanische Recht in Korea ein. Das koreanische Recht entwickelte sich somit gleichsam aus einer Kreuzung von kontinental-europäischem und anglo-amerikanischem Recht. In Südkorea brach in alle Lebensbereichen eine wahre Flutwelle amerikanischer Kultur und auch amerikanischen Rechts ein. Das anglo-amerikanische Recht und das anglo-amerikanische Demokratieverständnis gaben wesentliche Impulse für die Entwicklung des koreanischen Rechts

---

[1] Vgl. DRGl. Nr. 32 vom 4.12.1884, S. 221-252. Zum koreanischen Text vgl. 1. Kukhoe Tosokwanbo (Bibliothek der Nationalversammlung), Kuhanmal Choyak Hwichan (Die Abkommen der späten Yi-Dynastie), Seoul, Bd. II, 1965, S. 374-400.

[2] Vgl. *Hyo J. Kim,* Hundert Jahre Verfassungsrecht in Korea und Deutschland. Ein Beitrag zur Rezeptionsgeschichte deutschen Rechts in Korea, in: Jahrbuch des Öffentlichen Rechts der Gegenwart, NF 35 (1986), S. 576 ff.

nach der Öffnung Koreas, zumal das koreanische Recht noch unter seinem kontinentalen Hintergrund stand.

Im Jahr 1948 erging die erste koreanische Verfassung der Nachkriegszeit[3]; sie nahm die Weimarer Reichsverfassung zum Vorbild, orientierte sich also am deutschen Recht. Die Verfassung wurde unter Verwendung des Programms der provisorischen Regierung, der provisorischen Charta von Chosun und der Verfassungstexte wichtiger anderer Länder entworfen; die meisten Artikel, die Grundrechte und Wirtschaftsordnung betreffen, beruhen, wie gesagt, auf der Weimarer Verfassung von 1919. Insofern ist ein erheblicher Einfluß des deutschen Rechts zu verzeichnen[4].

Nachdem die Verfassung 1948 ergangen war, begann die Ära der Ersten Republik Korea. In dieser Ära wurden viele neue Einzelgesetze erlassen. Im Bereich der Verwaltungsorganisation und der kommunalen Selbstverwaltung gilt das in besonderem Maße. Inhaltlich wurden dabei meistens die in Japan ergangenen Gesetze übernommen[5]. Da sich aber die Japaner ihrerseits am deutschen Recht orientiert und deutsches öffentliches Recht rezipiert hatten, ist auf diese Weise deutsches Recht in das koreanische Recht eingeflossen. Das gilt im besonderen Maße für das Verwaltungsrecht. Die Lehrbücher des Verwaltungsrechts nahmen ebenfalls die japanischen Lehrbücher zum Vorbild[6], so daß sich im Ergebnis auch das koreanische Verwaltungsrecht an das deutsche Recht anlehnte.

Die Entwicklung dauerte so lange, bis Korea die Gesetze und Verordnungen, die von den Japanern während ihrer Besatzungszeit erlassen worden waren, durch das Sondergesetz über Ordnung der alten Gesetze und Verordnungen von 1961 abgeschafft und durch neue Regelungen ersetzt hatte. Obwohl damit die alten Gesetze und Verordnungen durch vom Parlament beschlossene koreanische Gesetze ersetzt wurden, bedeutete das noch nicht, daß das koreanische Verwaltungsrecht damit vom Einfluß des japanischen Rechts und der verwaltungsrechtlichen Dogmatik Japans befreit worden wäre. Denn die neu erlassenen Gesetze haben auch wieder den japanischen Gesetzestext

---

[3] Vom Text der Koreanischen Verfassung vom 17.7.1948 gibt es keine offizielle englische Übersetzung. Englische Übersetzungen sind abgedruckt in: Office of Public Information/Republic of Korea, The Constitution of the Republik Korea, [3]1959, S. 31; *Amos J. Peaslee* (ed.), Constitutions of Nations, Vol. 2, Concorrd. N.H. 1950, S. 335-348; *Bong K. Kal*, in: 40 Jahre Grundgesetz, S. 299.

[4] Dazu eingehend *Hyo J. Kim*, a.a.O., S. 588 ff.

[5] Vgl. *Chang K. Han*, Hankkuk HaengJongbop I (Koreanisches Verwaltungsrecht I), in: Public Law, Vol. 17, 1989, S. 149 f.

[6] Vgl. *Chang K. Han*, a.a.O., S. 149 ff.

in Übersetzung zum Vorbild genommen[7]. Damit unterlag das koreanische Verwaltungsrecht und die koreanische Verwaltungsrechtswissenschaft indirekt weiterhin dem Einfluß der deutschen Verwaltungsrechtsdogmatik. Auf diesem Hintergrund läßt sich sagen, daß die deutsche Verwaltungsrechtslehre den dogmatischen Aufbau und die Entwicklung der koreanischen Verwaltungsrechtswissenschaft maßgebend geprägt hat. Die Verwaltungsjuristen orientierten sich entweder an der japanischen oder bereits direkt an der deutschen Literatur. So läßt sich im Ergebnis behaupten, daß die damals entstandene koreanische Verwaltungsrechtsdogmatik mittelbar und z.T. unmittelbar unter dem Einfluß des deutschen Verwaltungsrechts entstanden ist.

Obwohl sich auf diese Weise die koreanische Verwaltungsrechtswissenschaft, vor allem was die Bildung der Lehrmeinungen und die Dogmatik angeht, am deutschen Verwaltungsrecht orientiert hat, wurde diese Tatsache lange Zeit nicht beachtet. Daher ist auch unbekannt, inwieweit das deutsche Verwaltungsrecht und die deutsche Verwaltungsrechtswissenschaft den Aufbau und die Bildung der Lehrmeinungen und der dogmatischen Theorie in Korea beeinflußt haben. Seit dem Erlaß der koreanischen Verfassung von 1948 sind nun etwa 40 Jahre vergangen. Zahlreiche koreanische Verwaltungsjuristen, die deutsche Sprachkenntnisse besitzen und die auf deutschen Universitäten Rechtswissenschaft studiert haben, konnten sich inzwischen direkt während der letzten 40 Jahre durch Lektüre deutschen wissenschaftlichen Schrifttums und Kenntnisnahme von der Rechtsprechung der deutschen Obergerichte über die Rechtslage in der Bundesrepublik Deutschland orientieren. Sie haben die Ergebnisse ihrer Studien aber in aller Regel nur in koreanischer Sprache publiziert. So hatten die deutschen Juristen keine Möglichkeit, die Resonanz der Beschäftigung ihrer koreanischen Kollegen mit deutschem Verwaltungsrecht kennenzulernen.

Aus diesem Grunde erscheint es nützlich, einmal den Ablauf des Prozesses der Beeinflussung des koreanischen Verwaltungsrechts durch das deutsche Verwaltungsrecht nachzuzeichnen. Auf diese Weise soll ein Überblick gewonnen werden über die Resonanz der Beschäftigung der koreanischen Verwaltungsjuristen mit dem deutschen Verwaltungsrecht und der deutschen Verwaltungsrechtswissenschaft[8]. Ein solcher Überblick dient sowohl den deutschen als auch den koreanischen Verwaltungsrechtlern und kann dazu beitragen, die weitere wissenschaftliche Zusammenarbeit zwischen der Bun-

[7] Vgl. ebenda.

[8] Die deutschen Juristen beschäftigten sich vor allem mit japanischem Recht und der Rezeption deutschen Rechts in Japan. So z.B. *C.H. Ule*, Verwaltung und Verwaltungsgerichtsbarkeit in Japan, DVBl. 1984, S. 649 ff.; *ders.*, 100 Jahre Meiji-Verfassung in Japan, DVBl. 1989, S. 173 ff.

desrepublik Deutschland und der Republik Korea zu erleichtern und zu fördern. In diesem Sinne verfolgt die vorliegende Untersuchung im Bereich der Verwaltungsrechtslehre den Zweck, herauszuarbeiten, wie im dogmatischen Aufbau und in der Entwicklung der koreanischen Verwaltungsrechtswissenschaft deutsche Vorbilder, nämlich Theorie und Lehrmeinungen, eingewirkt haben und rezipiert worden sind.

II. Ziele der Untersuchung

Aus den einleitenden Bemerkungen ergibt sich die Zielsetzung dieser Untersuchung. Sie will einen ersten Beitrag leisten zur Rezeption deutschen Verwaltungsrechts in Korea und zur Befruchtung der koreanischen Verwaltungsrechtswissenschaften durch die deutsche Verwaltungsrechtslehre.

Zu diesem Zweck wird der Aufbau der koreanischen Lehrbücher des Verwaltungsrechts gemäß ihrer Gliederung im einzelnen dargestellt. Exemplarisch werden die Lehrbücher verschiedener Verfasser auf dem Gebiet des Allgemeinen Verwaltungsrechts näher behandelt, nämlich die Bücher von Do Chang Kim, Nam Jin Kim, Jong Hyun Seok, Won U Suh. Hinsichtlich der Darstellung des Besonderen Verwaltungsrechts beschränkt sich die Untersuchung auf die Gliederung und den Inhalt des Lehrbuchs von Jong Hyun Seok. Abschließend wird in einem allgemeinen Teil die Rezeption des deutschen Besonderen Verwaltungsrechts im Zusammenhang mit der Gesamtrezeption noch ausführlicher dargestellt. Die Beschränkung auf die genannten Lehrbücher bedeutet freilich nicht, daß auf eine allgemeine Darstellung der Lehrmeinungen und der Dogmatik der Verwaltungsrechtswissenschaft völlig verzichtet werden sollte. Es werden daher die Grundzüge des Allgemeinen Verwaltungsrechts und die Grundbegriffe des Verwaltungsrechts in Korea, z.B. die Rechtsverhältnisse des Verwaltungsrechts und die Lehre vom Verwaltungsakt, die Verwaltungsgerichtsbarkeit usw. ausführlich dargestellt. Da es um die Rezeption deutschen Verwaltungsrechts und deutscher Verwaltungsrechtswissenschaft in Korea geht, wird auf eine Darstellung der Verwaltungsstrafen und des Rechts der staatlichen Ersatzleistungen sowie der Verwaltungsvollstreckung verzichtet, weil insoweit das deutsche Verwaltungsrecht wenig rezipiert ist.

Um die Rezeption des deutschen Verwaltungsrechts in Korea verständlich zu machen, wird die Entwicklungsgeschichte des Verwaltungsrechts ausführlicher dargestellt. Denn ohne Kenntnis der geschichtlichen Hintergründe der Entwicklung des Verwaltungsrechts in Korea bleibt die Tragweite der Rezeption des deutschen Verwaltungsrechts unverständlich. Darüber hinaus hängt die Bildung der Lehrmeinungen in der Verwaltungsrechtsdogmatik Koreas stark von den jeweiligen deutschen Lehrmeinungen ab. Die deutsche Dogmatik gilt als Vorbild für die Bildung vieler einzelner Lehrmeinungen in Korea und kann zugleich oft als Vergleichsmaterial für die Entwicklung der Verwaltungsrechtsdogmatik in beiden Ländern dienen. Es wurden nicht nur allgemeine Gedanken, sondern viele einzelne Lehren der deutschen Verwaltungsrechtswissenschaft in das koreanische Recht und in die koreanische Dogmatik integriert, so der Grundsatz des Vertrauensschutzes, der Grundsatz der Selbstbindung der Verwaltung, der Vertrauensschutz bei der Rücknahme von Verwaltungsakten usw. Die Koreanisierung dieser deutschen Lehrmeinungen der Verwaltungsrechtsdogmatik wird in den Grundzügen dargestellt. Um die Tendenz der Anlehnung an deutsche Lehrmeinungen zu verdeutlichen, wird die von den koreanischen Verwaltungsrechtlern bei der Ausarbeitung ihrer Bücher zitierte deutsche Literatur im einzelnen aufgeführt. So läßt sich nachvollziehen, welche deutschen Überlegungen und Gedanken in die koreanische Literatur eingeflossen sind.

Es lassen sich mehrere Typen der Rezeption deutschen Verwaltungsrechts unterscheiden, so etwa die Koreanisierung der deutschen Lehre oder die bloße Einfuhr deutscher Lehrmeinungen. Die Auseinandersetzung mit deutschen Lehrmeinungen wird zu einer kritischen Aufarbeitung des Verwaltungsrechts in Korea beitragen.

III. Aufbau der Untersuchung

Die nachfolgende Untersuchung enthält fünf Teile. Der erste Teil führt in die *Probleme* und in den *Gang der Untersuchung* ein. Im zweiten Teil wird nach einer kurzen einführenden Darstellung die *Entwicklungsgeschichte* des Verwaltungsrechts in Korea dargestellt. Sie umfaßt vier Perioden, nämlich die Anfangsperiode der Entwicklung, die Orientierungsperiode (1960-1970), die Zeit von 1971-1979 und die Zeit von 1980 bis heute. Anschließend wird dargestellt, wie das Allgemeine und das Besondere Verwaltungsrecht in Korea, gesehen von der Gliederung der Lehrbücher her, *aufgebaut* ist. Dabei liegt das Schwergewicht auf dem Aufbau des Allgemeinen Verwaltungsrechts, wie es in den Lehrbüchern von Do Chang Kim, Nam Jin Kim, Jong Hyun Seok und Won U Suh dargestellt ist. Besonders eingehend das Buch über die Grundprobleme des Verwaltungsrechts von Nam J. Kim dargestellt, denn dieses Buch gilt als Sammelwerk der von ihm bereits publizierten Aufsätze, die vorwiegend anhand der deutschen Literatur ausgearbeitet wurden. Der Aufbau und das System des Besonderen Verwaltungsrechts ist nur anhand des Lehrbuchs von Jong H. Seok dargestellt. Dies hat seinen Grund darin, daß auf dem Gebiet des Besonderen Verwaltungsrechts die deutschen

Lehrmeinungen weniger stark in das koreanische Verwaltungsrecht eingeflossen sind.

Der dritte Teil beschäftigt sich mit der *Dogmatik* und der *Lehrmeinungen* auf dem Gebiet des Verwaltungsrechts. Dabei werden vorzugsweise die Bereiche behandelt, die besonders durch die deutschen Lehrmeinungen beeinflußt sind. Besonders herausgehoben werden dabei die Grundbegriffe des Verwaltungsrechts, das Verwaltungshandeln, die Lehre vom Verwaltungsakt, vom Rechtsgeschäft der Verwaltung und von der Verwaltungsgerichtsbarkeit. Die Bereiche Verwaltungsstrafe und Verwaltungsvollstreckung sowie die staatlichen Ersatzleistungen und auch das Verwaltungsverfahren wird im Zusammenhang mit der Rezeption deutschen Verwaltungsrechts im vierten Teil dieser Untersuchung (wie erwähnt nur kurz) behandelt. Auf das Besondere Verwaltungsrecht wird nur insoweit eingegangen, als dies für den Gedanken der Rezeption wichtig ist.

Um nicht nur die Lehrbücher zu behandeln, sondern auch einen Überblick über die koreanische Literatur auf dem Gebiet des Verwaltungsrechts zu geben, werden anschließend die wichtigsten Monographien, Handbücher und Aufsätze sowie Abhandlungen ihrem Titel nach angegeben. Die Literatur auf dem Gebiet des Verfassungsrechts bleibt dabei außer Betracht.

Der vierte Teil geht näher und eingehender auf die *Rezeption* des deutschen Rechts in den Lehrbüchern des Allgemeinen Verwaltungsrechts ein, insbesondere in den Lehrbüchern von Do C. Kim, Nam J. Kim und Jong H. Seok. Dabei wird zwischen der Rezeption der koreanisierten deutschen Lehre und der unmittelbar eingeführten deutschen Lehre unterschieden.

Im fünften und letzten Teil wird versucht, die Rezeption des deutschen Verwaltungsrechts in Korea zu werten und zu *würdigen*. Aus der Würdigung ergibt sich, wie stark zahlreiche Verwaltungsjuristen Koreas ihre Ergebnisse aus deutschen wissenschaftlichen Arbeiten geschöpft haben oder durch diese befruchtet worden sind. Die deutschen Lehrmeinungen und die deutsche Dogmatik haben teilweise unmittelbar und teilweise mittelbar die Ausbildung der koreanischen Lehrmeinungen beeinflußt. Dabei gab es einen nachvollziehbaren Prozeß der Koreanisierung, indem einzelne Elemente der deutschen Dogmatik in koreanische Dogmatik umgesetzt und umgewandelt wurden. Dies gilt insbesondere von der Lehre der Selbstbindung der Verwaltung, des Grundsatzes des Vertrauensschutzes, des Folgenbeseitigungsanspruchs und des enteignungsgleichen Eingriffs sowie des enteignenden Eingriffs und vieler anderer Institute.

Die Resonanz der Beschäftigung der koreanischen Verwaltungsjuristen mit deutschem Verwaltungsrecht in Deutschland fehlt bisher; insoweit war die Rezeption bislang ein einseitiger Prozeß. Die Untersuchung hat zum Ziel, die deutschen Verwaltungsjuristen an die Entwicklung des koreanischen Verwaltungsrechts und die Rezeption des deutschen Verwaltungsrechts heranzuführen und sie darüber zu informieren. Es wäre wünschenswert, wenn daraus Wege für die Zusammenarbeit zwischen den Verwaltungsjuristen in beiden Ländern gefunden werden könnten.

Zweiter Teil

Allgemeine Darstellung des koreanischen Verwaltungsrechts

§ 2 Die Entwicklungsgeschichte des Verwaltungsrechts

I. Vorbemerkung

Eine Verwaltung im heutigen Sinne gab es im alten Korea nicht, und auch ein Verwaltungsrecht im heutigen Sinne des Wortes hat es bis zum Ende des 19. Jahrhunderts in Korea nicht gegeben. Es gab eigentlich in der Geschichte Koreas auch keine Rechtswissenschaft im Sinne der deutschen Auffassung. Denn vor dem Annexionsvertrag von 1910 mit Japan beherrschte die Yi-Dynastie von 1392 bis zu diesem Zeitpunkt das Land. Die Yi-Dynastie war zentralistisch ausgerichtet, führte eine absolute und patrimoniale Herrschaft und bezog die Ideen ihres politischen Systems aus China[1]. Die früheren Dynastien vor der Yi-Dynastie stimmten in ihren wesentlichen Merkmalen mit denen der Yi-Dynastie überein, weshalb näheres in dieser Untersuchung außer Betracht bleiben kann.

Zwar kam es seit 1910 allmählich zur Ausbildung von Recht und auch von Verwaltungsrecht, aber man kann doch Verwaltung und Verwaltungsrecht im heutigen Sinne des Wortes erst in der Ära der ersten Republik Koreas unter der Verfassung vom 17.7.1948 wirklich beobachten. 1948 wurde Korea zu einem demokratisch-republikanischen Staat proklamiert. Art. 1 und 2 der koreanischen Verfassung (KV) schreiben nämlich vor, daß die Republik Korea eine demokratische Republik ist und daß die Souveränität der Republik beim Volk liegt; alle Staatsgewalt soll vom Volke ausgehen.

Zuvor unterlag Korea 1910-1945 der japanischen Besatzung und danach drei Jahre der amerikanischen Militärregierung. In der Zeit der japanischen Herrschaft hatte die koreanische Jurisprudenz ihre Souveränität verloren[2]. Japan hatte sich im Zuge der Meji-Restauration von 1868 ganz der westlichen Welt geöffnet und seit dieser Zeit ein europäisches Rechtssystem über-

---

[1] Vgl. *Sun U. Kim*, Die Grundprinzipien der Beamtenbesoldung im deutschen und koreanischen Recht, S. 24 f.

[2] Vgl. *Hyo J. Kim*, Rezeptionsgeschichte deutschen Rechts, S. 583 f.

nommen, genauer: das preußische Rechtssystem fast unverändert rezipiert[3]. Auch nach der Befreiung von der japanischen Besatzung im Jahr 1945 mußte Korea das japanische Rechtssystem zunächst weiterführen; die von den japanischen Kolonialherren erlassenen Gesetze und Verordnungen galten weiter, bis sie durch GubopJongri e kwanhan togbyolJochibop (Sondergesetz über Ordnung der alten Gesetze und Verordnungen) von 1961 abgeschafft wurden. Um diese Zeit verabschiedete das Parlament noch viele Gesetze, z.B. Chongbuchojigbop (Regierungsorganisationsgesetz), Gukgangongmuwonbop (Staatsbeamtengesetz), Chibang chachibop (Gemeindeverfassung).

Daraus ergibt sich, daß die koreanische Verwaltungsrechtswissenschaft am Anfang ihrer Entwicklung bereits starkem Einfluß des europäischen Rechts ausgesetzt war und auf dem preußischen Rechtssystem aufbauen mußte. Inzwischen sind seit der Verabschiedung der koreanischen Verfassung von 1948 gut 42 Jahre vergangen. Es ist schwer, die Entwicklung dieser Jahre hinsichtlich der koreanischen Verwaltungsrechtswissenschaft in Epochen zu gliedern. Aber man kann doch in der Entwicklung des koreanischen Verwaltungsrechts wie folgt unterscheiden: zuerst die Anfangsperiode, die Zeit der amerikanischen Militärregierung (1945-1948 und dann bis 1959), sodann die Orientierungsperiode, ihr folgend die Umwandlungsperiode und schließlich die Konsolidierungsperiode.

Im folgenden wird die geschichtliche Entwicklung dieser Periodisierung unter besonderer Berücksichtigung der in den Zeitschriften behandelten Themen und der Lehrbücher des Verwaltungsrechts näher dargestellt.

II. Die Anfangsperiode der Entwicklung

Die Anfangsperiode entsteht aus der Zeit der Befreiung von der japanischen Besatzung bis 1959, umfaßt also die Zeit der amerikanischen Militärregierung 1945-1948 und die 10 Jahre danach. Da es allerdings während der Zeit der amerikanischen Militärregierung noch wenig Ansatzpunkte zum Aufbau der koreanischen Verwaltungsrechtswissenschaft gab, wäre es an sich besser, wenn man die Entwicklung der Zeit von 1949-1959 getrennt betrachtet; aber die Zeit davor rechtfertigt keine besondere Behandlung.

---

[3] Vgl. *Sun U. Kim*, a.a.O., S. 26 ff.

1. Die Entwicklung unter der Zeit der amerikanischen Militärregierung von 1945 bis 1948

Von der Unabhängigkeit Koreas von Japan im Jahr 1945 bis zur Gründung der Republik Korea 1948 wurde das Land von der amerikanischen Militärregierung verwaltet. Diese verfügte anfänglich, daß die koreanische Regierung die gesamte Organisation des japanischen Generalgouvernements weiterführen sollte, um die Ordnung in Korea zunächst sicherzustellen[4]. Sie versuchte aber auch, Korea nach anglo-amerikanischem Recht zu verwalten. So hat die amerikanische Regierung z.B. die „warrants of arrest" in Korea eingeführt, und sie versuchte, die Strafverfahren und überhaupt die Justiz zu demokratisieren[5]. Damit geriet das koreanische Recht in eine Art Kreuzung zwischen kontinentalem und anglo-amerikanischem Recht, wobei die Amerikaner den kontinentalen Hintergrund des koreanischen Rechts durchaus erkannten[6]. In dieser Zeit sind bereits einige Aufsätze über Verwaltung bzw. Verwaltungsrecht erschienen. Im Jahr 1947 wurden in der monatlichen Zeitschrift „Bopjong" (Recht und Politik) folgende Themen behandelt: Gegenwart und Zukunft der kommunalen Verwaltung; demokratische innere Verwaltung; Verwaltungsbehörden und Rechtsetzung durch diese; Kodifikation des Verwaltungsrechts.

Obwohl das koreanische Recht dem Einfluß des japanischen und auch des deutschen Rechts unterlag, versuchte man noch nicht, eine echte Verwaltungsrechtswissenschaft mit der ihr zugehörigen Begrifflichkeit zu entwikkeln.

2. Die Entwicklung in der Zeit von 1949 bis 1959

Es gilt zunächst hervorzuheben, daß in dieser Anfangsperiode noch kein Verwaltungsrechtler im heutigen Sinne in Korea vorhanden sein konnte. Denn Korea mußte nach der Befreiung von der japanischen Besatzung in allem neu anfangen, ebenso nach dem Ende der amerikanischen Militärregierung.

In dieser Anfangsperiode wurde die Entwicklung der Verwaltungsrechtswissenschaft von mehreren Verwaltungsrechtlern sehr gefördert, namentlich von Se C. Yun, Tae Y. Han, Dong J. Han und Jong G. Lee. Diese Wissen-

---

[4] Vgl. *Sun U. Kim*, a.a.O., S. 28 f.

[5] Official Gazette, USAMGIK (United States Army Governement in Korea).

[6] Hierzu vgl. *Radbruch*, Vorschule der Rechtsphilosophie, S. 51.

schaftler verfaßten je ein Lehrbuch über Verwaltungsrecht, nämlich: Einführung in die Verwaltungsrechtslehre von Se C. Yun, Seoul (Backyangdang Verlag) 1949; Verwaltungsrecht von Tae. Y. Han, Seoul (Chomoonsa Verlag) 1949; Koreanische allgemeine Verwaltungsrechtlehre von Dong J. Han, Seoul (Hankooksochu Ipansa Verlag) 1949; Vorlesung für das koreanische Verwaltungsrecht von Jong G. Lee, Seoul (Gaechochulpansa Verlag) 1949. Außerdem erschienen in dieser Zeit auch einige Aufsätze über die Verwaltung und das Verwaltungsrecht; so z.B. über die Grundidee des Verwaltungsrechts[7], über die Rechtmäßigkeit des HaengJongchobun (Verwaltungsakt) und über die Grenzen der Ermessensausübung[8]. Ferner wurden behandelt: Grundbegriffe des Verwaltungsrechts, verwaltungsrechtliche Entschädigung und staatliche Ersatzleistungen.

Die in dieser Anfangsperiode erschienenen Lehrbücher unterschieden zunächst nicht das Allgemeine und das Besondere Verwaltungsrecht. Vielmehr behandelten sie in einem Lehrbuch inhaltlich sowohl das Allgemeine als auch das Besondere Verwaltungsrecht. Dieser Darstellungsweise folgt insbesondere das Lehrbuch über „Einführung in die Verwaltungsrechtslehre" von Se C. Yun von 1949 und 1952, ebenso das Lehrbuch über Verwaltungsrecht[9] von Tae. Y. Han aus den Jahren 1949 und 1953. Um einen Überblick über den Aufbau eines Verwaltungsrechtslehrbuchs dieser Zeit zu zeigen, wird nachfolgend die Gliederung des letztgenannten Lehrbuchs aus dem Jahr 1953 aufgeführt. Das Lehrbuch enthält fünf Teile: die Einleitung, das Verwaltungsrechtshandeln, die Verwaltungsorganisation, das Beamtenrecht und den Verwaltungsrechtsschutz.

Die Untergliederung gestaltet sich wie folgt:

Erster Teil: Einleitung

I. Die Verwaltung
   1. Die Voraussetzungen der Verwaltungsrechtswissenschaft
   2. Der Begriff der Verwaltung
   3. Justiz und Verwaltung
   4. Die Gliederung der Verwaltung

II. Das Verwaltungsrecht
   1. Der Begriff des Verwaltungsrechts
   2. Die Entwicklungsgeschichte des Verwaltungsrechts

III. Die Rechtsquellen des Verwaltungsrechts
   1. Herrschaft des Gesetzes und die Rechtsquellen
   2. Die Arten der Rechtsquellen

---

[7] *Se C. Yun*, BopJong (Sept. 1949).

[8] *Se C. Yun*, in: GSK (Mai 1953).

[9] *Tae Y. Han*, Verwaltungsrecht, Yangmun Verlag, 1952.

2. Die Arten der kommunalen Verwaltungsträger und deren Bildung
3. Die Organe der kommunalen Selbstverwaltungsträger
4. Befugnis und Lasten der Verwaltungsträger
5. Staatliche Aufsicht
6. Si, Eup, Myon-Verband
7. Erziehungsbezirk

Vierter Teil: Das Beamtenrecht

I. Moderner Staat und Beamtensystem
1. Rechtscharakter des Beamtengesetzes
2. Berufsbeamtentum
3. Rechtscharakter des Staatsbeamtengesetzes

II. Der Begriff und die Arten des Beamten
1. Der Begriff des Beamten
2. Die Arten des Beamten

III. Beamtenverhältnis
1. Entstehung des Beamtenverhältnisses
2. Änderung der Dienststelle
3. Erledigung des Beamtenverhältnisses

IV. Recht und Pflicht des Beamten
1. Das Recht des Beamten
2. Die Verpflichtung des Beamten
3. Die Haftung des Beamten

Fünfter Teil: Verwaltungsrechtsschutz

I. Verwaltungskontrolle und Verwaltungsrechtsschutz
1. Die Bedeutung der Verwaltungskontrolle
2. Die Mittel der Verwaltungskontrolle

II. Ersatzleistungen und Entschädigung
1. Staatliche Ersatzleistungen
2. Entschädigung

III. Verwaltungsklage
1. Der Begriff des Verwaltungsklage
2. Die Arten der Verwaltungsklage
3. Erheben der Verwaltungsklage
4. Das Prozeßverfahren im Gefolge der Verwaltungsklage

Das im Jahr 1956 erschienene Lehrbuch des Verwaltungsrechts von Yun war ähnlich gegliedert wie das eben genannte Lehrbuch von Han. Yun teilte sein Buch in zwei große Teile. Im ersten Teil behandelt er die allgemeinen Lehren des Verwaltungsrechts (Allgemeine Tendenzen der modernen Verwaltung, System des besonderen Verwaltungsrechts, Verwaltung, Verwaltungsrecht, Verwaltungsrechtswissenschaft), Rechtsquellen und Geltung des Verwaltungsrechts, Rechtsverhältnis im Verwaltungsrecht, Verwaltungsakt, Verwaltungszwang, Verwaltungsstrafe, Verwaltungsorganisation, Selbstverwaltungsorganisation und Beamtenrecht. Im zweiten Teil des Lehrbuchs behandelt Yun das Widerspruchsverfahren und verwaltungsrechtliche Klage, staatliche Ersatzleistungen und Entschädigung, Wohlfahrtsverwaltung (Öffentliche Sachen, Öffentliche Einrichtungen oder Anstalten, Öffentliche Unternehmen), Polizeiverwaltung, Finanzverwaltung.

Ebenfalls im Jahr 1956 verfaßte Myung Ok Kang ein Lehrbuch des Allgemeinen Verwaltungsrechts. Sein Buch besteht aus drei Teilen, nämlich Allgemeiner Teil, Verwaltungsorganisationsrecht und Beamtenrecht. Im allgemeinen Teil des Buchs beschäftigt er sich mit dem Begriff des Verwaltungsrechts, mit den Rechtsquellen und Grundsätzen des Verwaltungsrechts, mit Verwaltungsträgern, ferner mit Rechtsverhältnissen, Verwaltungsakt, Nichtigkeiten und Rücknahme des Verwaltungsakts, Staatshaftung und Entschädigung. Die Gliederungspunkte unter dem Stichwort „Verwaltungsorganisationsrecht" und „Beamtenrecht" waren ganz ähnlich gestaltet wie in den Darstellungen von Tae Yon Han und Se Chang Yun, weshalb an dieser Stelle auf den Inhalt nicht näher einzugehen ist.

Außerdem erschienen in den 50er Jahren zahlreiche Lehrbücher zum Verwaltungsrecht; namentlich sind zu nennen: Neues Allgemeines Verwaltungsrecht und Neues Besonderes Verwaltungsrecht von M.O. Kang (Gosihakhoe, 1956); Allgemeines Verwaltungsrecht und Besonderes Verwaltungsrecht von D.C. Kim (Bomungak Verlag, 1956); Neues Besonderes Verwaltungsrecht von D.C. Kim (Bakyoung Verlag, 1956); Neues Besonderes Verwaltungsrecht von J.K. Lee (Bomungak Verlag, 1956); Verwaltungslehre I und II von D.J. Hwang (Hanil Munhwa Verlag, 1956; Allgemeines Verwaltungsrecht von S.C. Yun (Shingu Verlag, 1957); Case Study in Verwaltungsrecht von U.C. Byon (Sudomunhwa Verlag, 1957); Verwaltungsrecht I und II von M.Y. Kang (Shingmunhwa Verlag, 1958); Allgemeines Verwaltungsrecht von U.C. Byon (Bakyoung Verlag, 1960). An dieser Stelle braucht auf die Gliederungen und Thesen der genannten Lehrbücher nicht näher eingegangen zu werden. Sie ähneln einander sehr stark und vermitteln so in der bereits wiedergegebenen Gliederung einen Überblick über den damaligen Aufbau des koreanischen Verwaltungsrechts.

Geht man den Ursprüngen der genannten Lehrbücher des Verwaltungsrechts nach, so läßt sich feststellen, daß diese Bücher in Anlehnung an die damaligen japanischen Lehrbücher, aber auch unter dem Einfluß deutscher Lehrmeinungen geschrieben worden sind. So versuchte Han bereits den Begriff der Verwaltung nach den herrschenden Meinungen in Japan und Deutschland zu definieren und zu erläutern[10]; wegen des Vakuums an geschichtlichem Entwicklungshintergrund in Korea konnte er aus eigenen ko-

---

[10] Vgl. *Tae Y. Han*, Verwaltungsrecht, 1952, S. 5 ff.

reanischen Quellen nicht schöpfen. Das war auch der Grund, weshalb in der Anfangsperiode der Entwicklung des Verwaltungsrechts in Korea die Verwaltungsrechtler überwiegend die japanischen Lehrbücher des Verwaltungsrechts verwendeten, die wiederum unter starkem Einfluß deutscher Lehrmeinungen geschrieben worden waren. Allerdings mußte sich die entstehende koreanische Verwaltungsrechtswissenschaft mit der Übernahme des japanischen bzw. des deutschen Verwaltungsrechts notgedrungen mit der verwaltungsrechtlichen Dogmatik Japans und Deutschlands auseinandersetzen.

Es ist besonders hervorzuheben, daß in dieser Zeit Han einen Aufsatz über die Lehrmeinungen und die Dogmatik von Ernst Forsthoff verfaßt hat (im Jahr 1959)[11]. Auch ist zu vermerken, daß Bong Keun Kal mit dem Thema „Versuch des Verbots der Kernwaffen durch die Vereinten Nationen" im Jahr 1958 an der Universität Bonn als erster Koreaner in Deutschland im Verfassungsrecht promovierte und so mit deutschem Recht bekannt wurde.

III. Die Orientierungsperiode (1960-1970)

In den 60er Jahren setzte die koreanische Verwaltungsrechtswissenschaft schrittweise zur Ausarbeitung der Grundlagen einer eigenen koreanischen Verwaltungsrechtswissenschaft an. Bewußt versuchte man, sich bei diesem Aufbau an der seinerzeitigen sozialen und politischen Verwaltungsumwelt in Korea zu orientieren[12]. In diesem Zusammenhang wurden die noch herrschenden Lehrmeinungen, die vorher von Japan übernommen worden waren, nunmehr von den jungen Wissenschaftlern einer Kritik unterzogen und auf den Prüfstand gestellt.

Diese Tendenz zeigte sich zunächst in dem Versuch, die anglo-amerikanische Dogmatik und Gedanken des dortigen Verwaltungsrechts in die koreanische Verwaltungsrechtswissenschaft einzuführen. Zweitens versucht man, die bisherige Verwaltungsrechtsdogmatik ausdrücklich zu kritisieren und in eine neue Bahn zu lenken; und drittens gab es das Bemühen, die verwaltungsrechtliche Dogmatik im Hinblick auf die allgemeine Wohlfahrt um das Gebiet der Leistungsverwaltung anzureichern und so das Verwaltungsrecht zu ergänzen.

---

[11] *Tae Y. Han*, in: Buphaknonchong (Dankook Law Review), 1959, Vol. 2.

[12] Vgl. *Young M. Huh*, Hankuk HaengJongbop I (Koreanisches Verwaltungsrecht II): Die Aufgabe und die Anpassung an die Moderne Verwaltung (1961-1988), in: Public Law, Vol. 17 (1989), S. 163 ff. (165 f.).

In dieser Zeit erschienen zahlreiche Aufsätze über die verschiedensten Themen des Verwaltungsrechts, insbesondere die folgenden: Verwaltungslenkung (oder Verwaltungssteuerung); (HaengJongJido), Verwaltungsstaat und Wohlfahrtsstaat; Rechtmäßigkeit der Verwaltung; Besonderes Gewaltverhältnis; Besonderheiten des Verwaltungsrechtsverhältnisses; Unterscheidung zwischen öffentlichem und privatem Recht; Rechtswidrigkeit des Verwaltungsakts; fehlerhafter Verwaltungsakt; Verwaltungsermessen; Rücknahme und Widerruf eines Verwaltungsakts; Verwaltungsrechtlicher Vertrag; Nebenbestimmungen zum Verwaltungsakt; Rechtsetzung durch die Verwaltung; Verwaltungsstrafen; Verwaltungszwang; Staatshaftung; Entschädigung; Widerspruchsverfahren; Verwaltungsklage usw. Aus dem deutschen Verwaltungsrecht wurden schon 1961 die Verwaltungsgerichtsordnung der Bundesrepublik[13] und das System der Verwaltungsklagen in der Bundesrepublik Deutschland[14] der wissenschaftlichen Öffentlichkeit in Korea vorgestellt. Eingehend behandelt wurden aus dem Bereich der Verwaltungsgerichtsbarkeit[15] auch die geschichtliche Entwicklung der Rechtsprechung und das Vorverfahren[16]. Ferner wurde die Dogmatik des Besonderen Gewaltverhältnisses behandelt[17]; auch der Enteignung und der Aufopferung in Deutschland[18] und der Enteignung nach dem Bundesbaugesetz[19] wurde ein Aufsatz gewidmet.

Daneben fand auch die verwaltungsrechtliche Dogmatik Englands und Frankreichs eine gewisse Beachtung, insbesondere die Verwaltungsgerichtsbarkeit in Frankreich[20] und in England[21]. Im Jahr 1964 erschien ein Lehrbuch des englischen Verwaltungsrechts[22], dem im folgenden Jahr ein weite-

---

[13] *Kyung J. Kim,* Verwaltungsgerichtsordnung in der Bundesrepublik Deutschland, in: Bopche Yolbo (Monatliche Zeitschrift für Recht und System) 1962, Vol. 8 und 9.

[14] *Byung Y. Lee,* Das System der Verwaltungsklage in der BRD, in: GSK, 1961, Vol. 4.

[15] *Nam J. Kim,* in: Bopche eolbo, 1966, Vol. 7.

[16] *Nam J. Kim,* in: Kulkhoe Tosokwanbo (Bibliotheksblatt der Nationalversammlung), 1964, Vol. 3.

[17] *C.Y. Kim,* in: Bopjong, 1964, Vol. 8.

[18] *H.G. Kim,* in: Jonnambophak (Law Review), Jonnamm Universität, 1965.

[19] *Y.B. Kwon,* in: BopJeyeolbo, 1965, Vol. 1.

[20] *Byung Y. Lee,* in: GSK, 1961, Vol. 3.

[21] *Se C. Yun,* in: BopJong, 1964, Vol. 2.

[22] *Se C. Yun,* Verwaltungsrecht in England, Seoul (Iljokwak Verlag) 1964 (koreanisch).

res Lehrbuch folgte[23]. Bereits davor war im Jahr 1963 ein Lehrbuch des Verwaltungsrechts der Vereinigten Staaten von Amerika erschienen[24]. Einige Zeit später wurde das amerikanische Lehrbuch „The Judicial Process" von Henry J. Abraham ins Koreanische übersetzt[25].

In den 60er Jahren wurden zahlreiche Lehrbücher auf dem Gebiet des Verwaltungsrechts veröffentlicht, so namentlich: Allgemeines Verwaltungsrecht von T.Y. Lee (Shina Verlag, Seoul 1960), Neues Verwaltungsrecht von N.J. Kim (Samjungdang Verlag, Seoul 1962), Einführung in das Verwaltungsprozeßrecht von B.H. Lee (Bakyoungsa Verlag, Seoul 1966), Verwaltungsrecht von D.S. Song (Jongmunchulpansa Verlag, Seoul 1968), Neues Verwaltungsrecht von K.S. Lee (HongInmunhwasa Verlag, Seoul 1969). Außerdem erlebten die in den 50er Jahren erschienenen Lehrbücher jeweils erweiterte neue Auflagen.

Wie schon angedeutet, war die Entwicklungstendenz der Dogmatik der Verwaltungsrechtswissenschaft in den 60er Jahren gekennzeichnet durch ein Eindringen der anglo-amerikanischen Dogmatik und der dortigen Gedanken in das Verwaltungsrecht. Daher gerieten die bisherigen eigenen Lehrmeinungen und die bisherige Dogmatik unter Kritik. Man begann also, die Dogmatik stärker zu verändern. Diese Tendenz setzte sich in den 70er Jahren fort.

Bereits im Jahr 1956 war eine wissenschaftliche Vereinigung auf dem Gebiet des Öffentlichen Rechts (insbesondere Verwaltungsrecht) gegründet worden, und zwar unter dem Dach des Korea Legal Center. Aber diese Vereinigung leistete weder wissenschaftliche Arbeit noch veranstaltete sie Tagungen oder organisierte Veröffentlichungen. Im Jahr 1970 wurde die Vereinigung des Öffentlichen Rechts (Korean Public Law Association), die nach ihrer Funktion der Vereinigung der Deutschen Staatsrechtslehrer vergleichbar ist, gegründet.

In Korea unterscheidet man wie in Deutschland die Fachgebiete Verfassungsrecht und Verwaltungsrecht. Das wirkt sich auf die Vereinigungen aus. Obwohl die Korean Public Law Association bezweckt, die wissenschaftliche Forschung auf dem Gebiet des Öffentlichen Rechts allgemein zu fördern und zu stärken, gibt es zusätzlich eine Vereinigung des Verfassungsrechts (Ko-

---

[23] *Myung Y. Kang,* Verwaltungsrecht in England, Seoul (Shingu Verlag) 1965 (koreanisch).

[24] *Sang K. Lee,* Verwaltungsrechtslehre in U.S.A., Seoul (Bobmunsa Verlag) 1963 (koreanisch).

[25] *Dan K. Suh,* Mikuk eui ChepanJedo (The Judicial Process in America), Seoul (Bobmunsa Verlag) 1966 (koreanisch).

rean Constitution Law Association). Es ist daher üblich, daß jeder Professor des Öffentlichen Rechts beiden Vereinigungen als Mitglied angehört.

In den 60er Jahren haben drei Koreaner auf dem Gebiet des Öffentlichen Rechts in Deutschland promoviert: Hyong Kon Han (Die Aufnahme von Staaten als Mitglieder in die Vereinten Nationen, Diss. Bonn 1964), Ki Whan Choi (Das Wahlrecht der Republik Korea in seinem politischen Auswirkungen, Diss. Bonn 1965), Hee Yol Kay (Die innere Ordnung der politischen Parteien, Diss. Freiburg 1969). Im Jahr 1970 folgte eine weitere Promotion: Jun Sang Bae (Die Stellung des Staatspräsidenten in der koreanischen Verfassung vom 26. Dezember 1962: eine rechtsvergleichende Betrachtung, Diss. Köln 1970).

IV. Die Umwandlungsperiode (1971-1979)

In dieser Zeit begann die Tendenz, sich mit den bisherigen Lehrmeinungen kritisch auseinanderzusetzen und sie zu hinterfragen. Diese kritische Auseinandersetzung hat dazu beigetragen, daß man die bisherige Dogmatik, die sich vornehmlich mit der Lehre vom Verwaltungsakt beschäftigte, unter Berücksichtigung der Erfordernisse der Verwaltungspraxis umwandelte. Durch die rasche wirtschaftliche Entwicklung in der Folgezeit mußte die Verwaltung in verschiedenen Lebensbereichen des Bürgers eingreifend, gestaltend, planend oder leitend tätig werden, um zuerst die Ziele der wirtschaftlichen Entwicklung zu erreichen und dann die öffentlichen Gemeinwohlinteressen zu verwirklichen. So geriet die bisher an der Eingriffsverwaltung orientierte Verwaltungsrechtsdogmatik in einen grundlegenden Umwandlungsvorgang.

In den 70er Jahren erschienen zahlreiche Aufsätze und Abhandlungen in Zeitschriften zu verwaltungsrechtlichen Themen. Davon sollen zuerst diejenigen genannt werden, die auf der Grundlage deutscher Literatur entstanden sind. So schrieb im Jahr 1971 K.H. Lee einen Aufsatz über den Anspruch auf fehlerfreie Ermessensausübung[26]. Im Jahr 1974 verfaßte I.Y. Kim einen Aufsatz über die Nichtigkeit und die Rücknahme des Verwaltungsakts nach dem Entwurf des Verwaltungsverfahrensgesetzes der Bundesrepublik Deutschland[27]. Im Jahr 1974 promovierte Ie Y. Kim an der Chungang Universität mit dem Thema: „Eine Untersuchung zur Gesetzmäßigkeit der Verwaltung und zum Verwaltungsverfahren". Auch das Recht betreffend Grund

---

[26] *K.H. Lee*, Anspruch auf fehlerfreie Ermessensausübung, in: SabophaengJong (Febr. 1971).

[27] *Ie Y. Kim*, in: SBHJ (Jan. 1974).

und Boden in der Bundesrepublik Deutschland[28] und ein Überblick über den Entwurf des Städtebauförderungsgesetzes[29] wurden vorgelegt.

Um die Tendenzen der wissenschaftlichen Beschäftigung in Korea in dieser Zeit näher zu zeigen, erscheint es angebracht, die auf der Jahrestagung der Korean Public Law Association behandelten Themen nachfolgend vorzustellen:

- In Heft 1 von Public Law, 1971: Tschol Y. Kim, Aktuelle Probleme in der Enteignung; Sang K. Lee, Characteristic Aspects of Administrative Tribunals in England.
- In Heft 2 von Public Law, 1972: Nam J. Kim, Entschädigung von requirierten Vermögen; Kyung J. Kim, Eigentumssystem unter besonderer Berücksichtigung der öffentlichen Beschränkung der Bodennutzung; Mun Y. Kang, E. Forsthoff, Deutsche Verfassungsgeschichte der Neuzeit (Rez.).
- In Heft 3 von Public Law, 1973: Han G. Kim, Freies Ermessen der Verwaltungsbehörde; Seong D. Yang, Parlamentarische Kontrolle der Gesetzgebung der Verwaltung in England; Nam J. Kim, F. Mayer, Allgemeines Verwaltungsrecht. Eine Einführung, ^{3}1972 (Rez.).
- In Heft 4 von Public Law, 1976: Festschrift für Prof. Dr. Jin O Yu zum siebzigsten Geburtstag: Jun S. Bae, Der Entwurf des Verwaltungsverfahrensgesetzes in Deutschland; Dong H. Kim, Conseil d'Etat; Jae S. Lee, Verwaltungsklage und Zusammensetzung der Klage; Do. C. Kim, Neue Rechtsprechung zu staatlichen Ersatzleistungen.
- In Heft 5 von Public Law, 1977: Won U. Suh, Baunutzungsplan und Personenrechtsschutz; Jae S. Lee, Verwaltungsklage und deren Beweislasten.
- In Heft 6 von Public Law, 1978 (Festschrift für Prof. Dr. Hong J. Mun und Se C. Yun zum sechzigsten Geburtstag): Won U. Suh, Umweltschutzrecht im Ausland; Sang K. Lee, Bodennutzungsregelung zu Umweltschutzzwecken; Chang K. Han, Immissionsrechtliche Staatshaftung, die Klage gegen Immissionen; Tschol Y. Kim, Klage auf Nichtigkeit des Verwaltungsakts und Vorverfahren.
- In Heft 7 von Public Law, 1979: Yong G. Ahn, Gerichtliche Kontrolle der Verwaltung; Nam J. Kim, Verpflichtungsklage; I.Y. Kim, Parteienklage (DangsaJassossong) im öffentlichen Recht; Byung T. Chun, Klagebefugnis bei der Anfechtungsklage nach geltendem Recht, Lehrmeinungen und Rechtsprechung in Japan.

Betrachtet man die in dieser Zeit enstandenen Aufsätze und Abhandlungen auf dem Gebiet des Verwaltungsrechts nach ihrer Zahl, so sind 737 Aufsätze zu verzeichnen. Die meisten betreffen Themen des Allgemeinen Verwaltungsrechts. Allein 130 Aufsätze bezogen sich auf den Verwaltungsakt, etwa 203 Abhandlungen befaßten sich mit Staatshaftung, Verwaltungsverfahren, Vorverfahren und Verwaltungsklage. Dem Besonderen Verwaltungsrecht waren nur 117 Aufsätze gewidmet, wobei vor allem Probleme von Grund und Boden, die Wohnungsfrage und der Umweltschutz im Vordergrund stan-

[28] *Y.H. Kim*, in: BopJo (Febr. 1971).

[29] *J.H. Chung*, in: IBJSYB (April 1973).

den. Die Verabschiedung des Verwaltungsverfahrensgesetzes des Bundes (und der Länder) in Deutschland im Jahr 1976 gab den koreanischen Verwaltungsrechtlern Anlaß, die Grundgedanken des Verwaltungsverfahrens auch in die koreanische Verwaltungsrechtsdogmatik einzuführen und fruchtbar zu machen. An dieser Stelle soll nicht unerwähnt bleiben, daß Korea durch eine Konzentration der Bemühungen auf die wirtschaftliche Entwicklung zu Beginn der 60er Jahre eine beachtliche Industrialisierung erlebt hat. Im Zuge dieser Entwicklung gab es in allen Bereichen des sozialen, wirtschaftlichen, politischen und wissenschaftlichen Lebens in Korea einen raschen Aufschwung und viele Änderungen. Daher mußte auch die Verwaltungsrechtswissenschaft die Aufgabe bewältigen, der raschen sozialen Umwandlung in Dogmatik und Lehrmeinungen Rechnung zu tragen.

Unter diesen Umständen ist auch die genannte Zahl der Aufsätze zum Verwaltungsrecht ein Beleg dafür, daß sich die Dogmatik mit dem sozialen Wandel zu beschäftigen begann. Dabei spielten deutsche Lehrmeinungen auf dem Gebiet des Verwaltungsrechts wiederum eine große Rolle. Die führenden Verwaltungsrechtler in Korea beschäftigten sich bevorzugt mit der deutschen Literatur. Es ist üblich in Korea, daß der Verwaltungsrechtler mit auswärtiger Literatur arbeitet, insbesondere mit deutscher und japanischer Literatur. Im Ergebnis macht es auch heute keinen Unterschied, welche Vorbilder der koreanische Verwaltungsrechtler verwendet. Denn auch die Verwaltungsrechtler Japans beschäftigen sich bevorzugt mit der deutschen Literatur, so daß der Ursprung in aller Regel in Deutschland liegt. Wenn man aber die deutsche Dogmatik aus der japanischen Literatur übernimmt, besteht das Risiko, daß man sich mit japanisierten deutschen Lehrmeinungen begnügen muß. Die unmittelbare Beschäftigung mit deutscher Literatur bietet demgegenüber Vorzüge.

Die genannten Überlegungen bedeuten aber nicht, daß sich die koreanische Verwaltungsrechtswissenschaft nur an deutschen Vorbildern ausgerichtet hat. Wie schon angedeutet, hat der Aufbau der koreanischen Verwaltungsrechtswissenschaft mit der Übernahme des japanischen Verwaltungsrechts begonnen. Die japanischen Lehrmeinungen beeinflussen noch immer sehr stark die Bildung der koreanischen Dogmatik. Allerdings hat sich der Prozeß der Entjapanisierung in der koreanische Dogmatik des Verwaltungsrechts in den 70er Jahren beschleunigt, und man hat die deutsche Dogmatik und Lehrmeinung unmittelbar als Vorbild genommen. Im Bereich des Verfassungsrechts haben mehrere Koreaner, wie gesagt, in den 60er Jahren in Deutschland promoviert. Im Verwaltungsrecht war dagegen der erste Doktorand aus Korea in Deutschland Kyung Huh, der im Jahr 1972 seine Arbeit lieferte zum Thema „Die Gliederung des Öffentlichen Dienstes in Korea und die Rechtsstellung seiner Angehörigen unter besonderer Berücksichtigung des Einflusses des deutschen Rechts". Seit seiner Rückkehr nach Korea ist Huh als Verfassungsrechtler tätig. Im Jahr 1978 promovierte Jong H. Seok unter Betreuung von Willi Blümel zum Thema „Raumordnung in der Bundesrepublik Deutschland und der Republik Korea unter besonderer Berücksichtigung des Verfahrens zur Aufstellung von Raumordnungsplänen nach § 5 ROG vom 8. April 1965 (BGBl. I S. 306)"; die Arbeit wurde an der Hochschule für Verwaltungswissenschaften in Speyer eingereicht. Seok hat seit seiner Rückkehr nach Korea einen Lehrstuhl für Öffentliches Recht, insbesondere Allgemeines und Besonderes Verwaltungsrecht in Seoul inne.

V. Die Konsolidierung der Entwicklung (1980 bis heute)

Der Beginn der 80er Jahre ist ein bedeutender Zeitpunkt im Hinblick auf die Entwicklung des koreanischen Verwaltungsrechts und dessen Beeinflussung durch die deutsche Dogmatik. Eingewirkt auf die koreanische Lehrmeinung haben vor allen Dingen: der Verwaltungsakt mit Doppelwirkung, der Gedanke des Verwaltungsverfahrens nach dem Verwaltungsverfahrensgesetz, die Sonderverordnung, der Gedanke des Vertrauensschutzes, neue Lehrmeinungen über das Besondere Gewaltverhältnis, das Planungsermessen und das Abwägungsgebot, der enteignungsgleiche Eingriff und der enteignende Eingriff, der Aufopferungsanspruch, das Verwaltungsprivatrecht, die Verpflichtungsklage, das Vorverfahren usw. In den Lehrbüchern werden diese Themen näher dargestellt. Wie eine genauere Betrachtung zeigt, sind diese Lehren inzwischen in die koreanische Dogmatik eingefügt und z.T. koreanisiert. Darüber wird unten noch zu berichten sein.

In dieser Zeit sind auch zahlreiche Aufsätze und Abhandlungen auf dem Gebiet des Verwaltungsrechts erschienen, auf die hier nicht näher eingegangen werden soll. Die Entwicklung spiegelt sich in den auf der Jahrestagung der Korean Public Law Association behandelten Themen wider, die deshalb nachfolgend aufgelistet werden sollen:

- In Heft 8 von Public Law, 1980: Tschol Y. Kim, Die Probleme des geltenden Baurechtssystems; Won Y. Park, Der Träger des Enteignungsbefugnisses; Young M. Huh, Der Inhalt und die Schranken des Grundeigentums.
- In Heft 9 von Public Law, 1981: Tschol Y. Kim, Verwaltungsgerichtsbarkeit in der Bundesrepublik Deutschland; Dong H. Kim, Die Verwaltungsgerichte in Frankreich.
- In Heft 10 von Public Law, 1982: Jong H. Seok, Das Widerspruchsverfahren nach VwGO in Deutschland; Kwan H. Lee, Das Widerspruchsverfahren im Anglo-Amerikanischen Rechtssystem; Sang K. Lee, Das Widerspruchsverfahren. Dessen Probleme und der Verbesserungsvorschläge; Byung T. Chun, Das Widerspruchsverfahren und die Anfechtungsklage; Nam J. Kim, Rez. „Allgemeines Verwaltungsrecht", Orac, Wien 1979.

- In Heft 11 von Public Law, 1983 (Festschrift für Prof. Dr. Hong J. Mun und Prof. Dr. Se C. Yun zur Emeritierung): Won U. Suh, Bundesverwaltungsverfahrensgesetz in den United States of Amerika; Nam J. Kim, Verwaltungsverfahrensgesetz in der Bundesrepublik Deutschland; Ie Y. Kim, Die Aufgabe und rechtliche Lage des Verwaltungsverfahrens in Korea; Joseph H. Kaiser, Internationale Perspektiven des Verfassungs- und Verwaltungsrechts; Sang D. Lee, Rez. „Environmental Policy Law" von Thomas J. Schoenbaum, Cases, Readings and Text, 1982. Foundation Press, N.Y.
- In Heft 12 von Public Law, 1984: Yun H. Park, Zwangsmittel für verwaltungsrechtliche Verpflichtung; Won J. Kim, Bußgeldsystem gegen die rechtswidrige Handlung des Autofahrers; Willi Blümel, Neue Entwicklungstendenzen im Verwaltungsverfahrensrecht in der Bundesrepublik Deutschland; Kyung Huh, Rez. „Festschrift für Otto Bachof zum 70. Geburtstag", G. Püttner (Hrsg.), München 1984.
- In Heft 13 von Public Law, 1985: Jong H. Seok, Das Widerspruchs- und Klagesystem gegen Untätigkeit der Behörde in der Bundesrepublik Deutschland; Sun Y. Lee, Einen Beitrag über Verpflichtungsklage; Won U. Suh, Die rechtlichen Aspekte bei der kommunalen Selbstverwaltung; Tae J. Chang, Systemlehre bei Niklas Luhmann und der Begriff des Rechts; Nam J. Kim, Rez. „Die präjudizielle Wirkung bestandskräftiger Verwaltungsakte" von Joachim Braun, Peter Lang Verlag, Frankfurt 1981; Sang D. Lee, Rez. „The Burger Court. The Counter-Revolution that wasn't", edited by Vincent Blasi, 1983, Yale University Press.
- In Heft 14 von Public Law, 1986: Hyang G. Kim, Beitrag über die Widerspruchsbehörde nach dem Widerspruchsgesetz; Du H. Cho, „Atypische Anfechtungsklage (Mumyonghwanggososong) unter geänderter Verwaltungsgerichtsordnung"; Won J. Kim, Allgemeines Verwaltungsverfahrensgesetz in Korea.
- In Heft 15 von Public Law, 1987 (Festschrift für Prof. Dr. Kyu S. Lee zum 60. Geburtstag): Do C. Kim, Nach einem Jahr der Verabschiedung des Widerspruchsverfahrensgesetzes und des Verwaltungsklagegesetzes; Nam J. Kim, Beitrag zum Entwurf des Verwaltungsverfahrensgesetzes unter besonderer Berücksichtigung der Bestimmungen zu HaengJongchobun (Verwaltungsakt); Pyung J. Park, Die enteignungsrechtliche Entschädigung.
- In Heft 16 von Public Law, 1988: Nam J. Kim, Die Beteiligung und die Intervention des Staates in der Wirtschaft; Young C. Kim, Die Notwendigkeit und die Aufgabe der Wirtschaftskontrolle; Nam J. Kim, Rez. „Selbstverwaltung im Staat der Industriegesellschaft", Albert von Mutius (Hrsg.), R.v.Decker's Verlag 1983.
- In Heft 17 von Public Law, 1989: Chang K. Han, Koreanisches Verwaltungsrecht I. Der Beginn der Gesetzmäßigkeit der Verwaltung; Young M. Huh, Koreanisches Verwaltungsrecht II. Anpassung an die moderne Verwaltung; Günter Püttner, Der Schutz der Grundrechte in der Bundesrepublik Deutschland.
- In Heft 18 von Public Law, 1990: Ki W. Nam, Verfassungsrechtliche Gewährleistung der Selbstverwaltung in der BRD; Myung B. Chang, The System of Local Goverment of North Korea; Kyong K. Kang, Constitutional Approaches in Autonomy of Local Goverment; Tschol Y. Kim, Die Aufsicht des Staates über kommunale Selbstverwaltung; Won J. Kim, The Legislature Power of Local Goverment.

Seit Mitte der 80er Jahre haben zunehmend deutsche Verwaltungsrechtswissenschaftler Korea besucht und in Vorträgen das deutsche Verwaltungsrecht vorgestellt. Willi Blümel hat 1984 auf der Sondertagung der Korean Public Law Association das Thema „Neue Entwicklungstendenzen im Verwaltungsverfahrensrecht der Bundesrepublik Deutschland“ behandelt. Bereits vorher hatte 1982 Josef H. Kaiser über „Internationale Perspektiven des Verfassungs- und Verwaltungsrechts“ gesprochen, ebenfalls auf der Jahrestagung der Korean Public Law Association. Diese Vereinigung veranstaltete im April 1989 ein internationales Symposion mit dem Thema „Der Schutz der Grundrechte“. Zu dieser Tagung war aus der Bundesrepublik Deutschland Günter Püttner als Berichterstatter eingeladen; er nahm Stellung zum Schutz der Grundrechte in der Bundesrepublik Deutschland und trug dieses Thema auch den Studenten der Dankook Universität vor.

Im gleichen Zeitraum konnten auch koreanische Verwaltungsrechtler zunehmend die Bundesrepublik Deutschland zu Forschungsaufenthalten besuchen. So weilte Do Chang Kim, der als führender Verwaltungsrechtler in Korea gilt, im Jahr 1981 für 3 Monate auf Einladung der Alexander von Humboldt-Stiftung an der Universität Bonn. Schon zuvor war Nam J. Kim, der ebenfalls führender Verwaltungsrechtler in Korea ist und bevorzugt mit deutscher Literatur arbeitet, für einige Zeit in Freiburg i.Br. Jong H. Seok konnte ebenfalls mit Unterstützung der Humboldt-Stiftung in den Jahren 1982 und 1987 Bonn besuchen. 1988 weilte Tschol Y. Kim für ein Jahr in Speyer. Somit besteht inzwischen eine enge wissenschaftliche Verbindung zwischen koreanischen Verwaltungsrechtlern und deutschen Kollegen.

Es ist besonders hervorzuheben, daß in dieser Zeit ein Lehrbuch erschienen ist, das sich besonders an die deutschen Lehren anlehnt. Es handelt sich um das Buch über Grundprobleme des Verwaltungsrechts von Nam J. Kim[30], das im Jahr 1980 erschienen und 1988 als Verwaltungsrecht I und II fortgeführt worden ist[31]. Der gleichen Tendenz folgt „Das Allgemeine Verwaltungsrecht“ von Jong H. Seok, das im Jahr 1986 erschienen ist, und „Das Besondere Verwalttungsrecht“ vom gleichen Verfasser, das im Jahr 1988 vorgelegt wurde. Vom gleichen Verfasser stammt das „Öffentliche Baurecht“, erschienen im Jahr 1983[32].

---

[30] *Nam J. Kim,* Grundprobleme des Verwaltungsrechts, Seoul (Kyungmunsa Verlag) 1980 (koreanisch).

[31] *Nam J. Kim,* Verwaltungsrecht I, II, Seoul (Bobmunsa Verlag) 1988 (koreanisch).

[32] *Jong H. Seok,* Öffentliches Baurecht, Seoul (GyeongJinsa Verlag) 1983 (koreanisch).

§ 3 Deutsche Einflüsse im Allgemeinen Verwaltungsrecht Koreas

I. Einleitung

Wie bereits erwähnt, gab es zahlreiche Lehrbücher über das Verwaltungsrecht in der Entwicklung der koreanischen Verwaltungsrechtswissenschaften. Wenn dabei nur auf diejenigen Lehrbücher Bezug genommen werden soll, die noch in den 80er Jahren erschienen sind und bei der Bildung der Lehrmeinungen eine führende Rolle übernommen haben, gibt es insgesamt 6 Lehrbücher: Verwaltungsrecht I und II von Se C. Yun (Bagyoungsa Verlag), Allgemeines Verwaltungsrecht und Besonderes Verwaltungsrecht von Do C. Kim (Chungunsa Verlag), Neues Verwaltungsrecht I und II von Sang K. Lee, Verwaltungsvorlesung I und II von Yun H. Park (Gukminsokwan Verlag), das neu erschienene Lehrbuch über Allgemeines Verwaltungsrecht und Besonderes Verwaltungsrecht von Jong H.Soek (Samyoungsa Verlag) und das Verwaltungsrecht I und II von Nam J. Kim (Bobmunsa Verlag). Insbesondere die Lehrbücher von Nam. J. Kim und Jong H. Seok orientierten sich an deutschen Lehrmeinungen und deutscher Dogmatik.

Da an dieser Stelle ein Überblick über den gliederungsmäßigen Aufbau des allgemeinen Verwaltungsrechts in Korea gegeben werden soll, braucht dies nicht für alle Lehrbücher dargestellt werden. Denn hinsichtlich des gliederungsmäßigen Aufbaus der Lehrbücher findet man keine großen Unterschiede. Daher soll es genügen, daß der Aufbau nach dem führenden Lehrbuch von Do C. Kim und den unter starker Beeinflussung deutscher Lehrmeinungen verfaßten Lehrbücher von Nam J. Kim und Jong H. Seok dargestellt wird. Außerdem soll auf das Lehrbuch von Won. W. Suh eingegangen werden, der sich weitgehend an deutschen Lehrmeinungen orientiert, die er jedoch der japanischen Literatur entnommen hat.

Im allgemeinen können die Tendenzen der wissenschaftlichen Arbeiten im Kreise der Verwaltungsrechtler wie folgt gekennzeichnet werden: Eine erste Gruppe der Verwaltungsrechtler arbeitet mit der japanischen Literatur. Die diesr Gruppe angehörenden Wissenschaftler haben zumeist ihr Studium in der japanischen Besatzungszeit in Korea oder in Japan abgeschlossen und beherrschen daher die japanische Sprache. Man kann diese Gruppe als erste Generation bezeichnen. Als zweite Gruppe arbeiten einige Wissenschaftler dieser ersten Generation mit der deutschen Literatur. Eine dritte Gruppe stellen die Verwaltungsrechtler dar, die in Deutschland studiert haben und sowohl mit deutscher als auch mit koreanischer Literatur arbeiten, wobei diese Gruppe als zweite Generation angesehen werden kann. Einige Autoren der zweiten Generation versuchten erstmals, die Beeinflussung der koreanischen Verwaltungsrechtswissenschaft durch japanische Lehrmeinungen zurückzudrängen. Daneben gibt es einige junge Wissenschaftler, die in den 80er Jahren im Ausland, vornehmlich in Deutschland[33] und Frankreich[34] studiert haben. Diese kann man als dritte Generation betrachten. Sie spielen jedoch für die Bildung der koreanischen Lehrmeinungen nur eine geringe Rolle und sollen daher bei dieser Untersuchung außer Betracht gelassen werden.

Obwohl man die Verwaltungsrechtler wie oben in Gruppen unterscheiden kann, ist es allgemein zu begrüßen, daß viele Wissenschaftler vornehmlich mit der deutschen Lieratur arbeiten. Im folgenden Abschnitt soll der gliederungsmäßige Aufbau des Verwaltungsrechts nach führenden Lehrbüchern namentlich von Do Chang Kim, Nam Jin Kim, Jong Hyun Seok und Won U. Suh überblicksweise dargestellt werden. Da die Gliederungen der Lehrbücher für zahlreiche Auflagen zum wesentlichen Teil unverändert beibehalten wurden, wird nicht auf jede Auflage eingegangen. Stattdessen soll die Gliederung der ersten mit der letzten Auflage verglichen werden, wobei das Gliederungssystem im wesentlichen bis heute gleich blieb. Eine Änderung des gliederungsmäßigen Aufbaus erfolgte erst in den 70er Jahren dadurch, daß das Verwaltungsorganisationsrecht im Rahmen des Besonderen Verwaltungsrechts behandelt wurde.

---

[33] So z.B. *Jee-Tai, Ryu:* Nachholen der Begündung, Nachschieben vom Gründen und Konversion vom Verwaltungsakten, Diss. Regensburg 1989; *Bong Ki, Shin:* Planungsermessen, Abwägungsgebot einschließlich der Prognose im Bauplanungsrecht der Bundesrepublik Deutschland im Vergleich zum entsprechenden Recht in der Republik Korea, Diss. Münster 1989; *Sung Soo, Kim:* Rechtfertigung von Sonderabgaben. Ein Beitrag zum Sonderabgabenrecht nach deutschen und koreanischen Recht, Diss. Tübingen 1989; *Sun Uk, Kim:* Die Grundprinzipien der Bamtenbesoldung und -versorgung im deutschen und koreanischen Recht, Diss. Konstanz 1988.

[34] So z.B. *Kyun Woo, Han:* Le régime de la recevabilité dans le contentieux administratif coréen. Etude comparative pour une adaptation du modèle français en République de Corée, Université de Paris I, 1987; *Kyune Seung, Park:* Etude comparative de la responsabilité administrative en Corée, au Japon et en France, Université d'Aix-Marseille III, 1989; *Jas Hwang, Jeong:* La réforme de la motivation des actes administratifs en droit coréen a la lumière des expériences étrangères, Université de Paris II, 1989.

II. Lehrbuch von Do Chang Kim

1. Vorbemerkung

Do Chang Kim, der eine große Rolle beim Aufbau der koreanischen Verwaltungsrechtswissenschaft gespielt hat, verfaßte sein Lehrbuch über Allgemeines Verwaltungsrecht im Jahr 1958. 1962, 1964, 1967 erschien es jeweils in neuer, geänderter Auflage. 1969 konzipierte er sein Allgemeines Verwaltungsrecht nach der 13. geänderten Auflage insgesamt neu, welches wiederum 1973 und 1981 in völlig geänderter Neuauflage erschien. Eine jetzige dritte, völlig neu bearbeitete Auflage erschien 1988. Wenn man die Auflagenzahlen des Lehrbuchs von Kim nach deutschem Brauch rechnet, kommt man auf 19 Auflagen, wobei die unveränderten Auflagen nicht mitgerechnet sind. Mit dieser Auflagenzahl seines Lehrbuchs kann man sagen, daß Kim eine sehr große Rolle in der Bildung der koreanischen Lehrmeinungen und der Dogmatik in der koreanischen Verwaltungsrechtswissenschaft gespielt hat.

Allerdings verfaßte Kim sein erstes Lehrbuch in Anlehnung an das damalige führende japanische Lehrbuch auf dem Gebiet des Verwaltungsrechts. Man behauptete sogar, daß Kim die japanischen Lehrmeinungen und ihre Dogmatik völlig übernommen hätte. Die herrschenden Lehrmeinungen in Japan galten deshalb auch in Korea, obwohl hier der geschichtliche Hintergrund fehlte. In diesem Zusammenhang wäre es daher sinnvoll, auf die Rezeption des deutschen Verwaltungsrechts in Japan einzugehen, was hier jedoch außer Betracht gelassen werden soll. Denn die Rezeption des deutschen Verwaltungsrechts in Japan ist nicht mehr unerforscht. Daraus ergibt sich aber, daß der Aufbau des koreanischen Verwaltungsrechts von Anfang an unter dem starken Einfluß des japanischen bzw. deutschen Verwaltungsrechts stand, während das amerikanische Recht das koreanische Verwaltungsrecht nur gering beeinflußte[35]. Im folgenden wird der gliederungsmäßige Aufbau nach dem Lehrbuch von Kim nach dem Beispiel der ersten und der letzten Auflage dargestellt.

---

[35] Vgl. *O.T. Chung*, Eine Einführung in die koreanische Rechtskultur und in die Grundzüge des koreanischen Rechtsdenkens, in: Wirtschaftsrecht und Handelsrecht. Festschrift für Prof. Dr. Ju Chan Sonn zum 65. Geburtstag, Seoul (Bakyoungsa Verlag) 1989, S. 882 f.

2. Das Lehrbuch über Allgemeines Verwaltungsrecht im Jahr 1958

2.1 Die Gliederung des Lehrbuchs

Obwohl das im Jahr 1958 erschienene Lehrbuch über Allgemeines Verwaltungsrecht von Kim zahlreiche weitere Auflagen hatte, blieb die Gliederung seines Lehrbuchs unverändert bis zum Erscheinen seiner Neukonzeption im Jahr 1969. Aus diesen Gliederungen kann man entnehmen, daß das allgemeine Verwaltungsrecht in den 50er und 60er Jahren in drei Hauptteile gegliedert war: ein Erster Teil als einleitender Teil des Verwaltungsrechts, ein Zweiter Teil über Allgemeine Lehren des Verwaltungsrechts einschließlich des Verwaltungshandelns und des Verwaltungsrechtsschutzes, und ein Dritter Teil über das Verwaltungsorganisationsrecht. Dieser Aufbau war allgemein in den Lehrbüchern üblich. Daher genügt es, daß lediglich die Gliederung aus dem erfolgreichen Lehrbuch von Kim dargestellt wird. Die Gliederung des Lehrbuchs, die als Anlage 1 abgedruckt ist, ähnelt der oben in § 1 II. 2. wiedergegebenen, ist aber ausführlicher.

2.2 Im Lehrbuch berücksichtigte deutsche Literatur

Im Lehrbuch von Kim wurde folgende deutsche Literatur zitiert und berücksichtigt: Otto Mayer, Deutsches Verwaltungsrecht, 2 Bde., ^{1}1895, ^{2}1914 f., ^{3}1924; R.H. Herrnritt, Grundlehren des Verwaltungsrechts, 1921; Adolf Merkl, Allgemeines Verwaltungsrecht, 1927; Fritz Fleiner, Institution des deutschen Verwaltungsrechts, ^{8}1928; Walter Jellinek, Verwaltungsrecht, ^{3}1931, unveränderter Neudruck 1948; Theodor Maunz, Verwaltung, 1937; Friedrich Giese, Allgemeines Verwaltungsrecht, 1948; Robert Nebinger, Verwaltungsrecht, Allgemeiner Teil, ^{2}1949; Hans Peters, Lehrbuch der Verwaltung, 1946; Hans J. Wolff, Verwaltungsrecht I, 1956; Ernst Forsthoff, Lehrbuch des Verwaltungsrechts, Bd. I: Allgemeiner Teil, ^{6}1956.

3. Das im Jahr 1989 erschienene Lehrbuch von Kim

3.1 Vorbemerkung

Das im Jahr 1958 erschienene Lehrbuch wurde durch zahlreiche ergänzende bzw. erweiternde Auflagen immer der theoretischen Entwicklung angepaßt. Im Jahr 1969 schrieb Kim dann sein neues Lehrbuch über Verwaltungsrecht, nachdem die Neuauflagen seines bisherigen Lehrbuchs nicht mehr fortgeführt worden waren. Dieses neue Lehrbuch hatte seine Grundlage im

Aufbau einer Anfangsphase von 1958 bis 1969, in der sich Verwaltung und Verwaltungsumwelt in einer raschen politischen und sozialen Wandlung und Entwicklung seit der Befreiung von der japanischen Besatzung im Jahr 1945 und dem Koreakrieg im Jahr 1950 befunden hatten. Ab den 60er Jahren konnte die Republik Korea auf solche Wandlungen reagieren. Diese Entwicklung zwang Kim, sein bisheriges System des Verwaltungsrechts in den Vorlesungen an der Universität und in seinem Lehrbuch zu überdenken. Er sah sich dazu veranlaßt, ein neues Lehrbuch über Verwaltungsrecht zu schreiben. Diese Veröffentlichung im Jahr 1969 kann als ein Wendepunkt dafür angesehen werden, daß die koreanische Verwaltungsrechtswissenschaft sich in einer neuen Phase weiter zu entwickeln begann, wobei die Gliederung des im Jahr 1958 erschienenen Lehrbuchs im wesentlichen unverändert blieb. Danach hat Kim eine erste völlig veränderte Auflage im Jahr 1973, eine zweite völlig geänderte Auflage im Jahr 1981 wie eine dritte völlig geänderte Auflage im Jahr 1988 veröffentlicht. Seit der Auflage von 1973 wurde das Verwaltungsorganisationsrecht nicht mehr im Lehrbuch des Allgemeinen Verwaltungsrechts behandelt.

3.2 Die Gliederung des Lehrbuchs von 1989

Die Gliederung des Lehrbuchs besteht aus drei Teilen: der Einleitung zum Verwaltungsrecht, den allgemeinen Lehren des Verwaltungsrechts, und dem Verwaltungsrechtsschutz. Soweit sich die Gliederung mit oben dargestellten Gliederungen im Lehrbuch von 1958 überschneidet, wird nicht auf sie eingegangen. Die Gliederung des Lehrbuchs von 1989 ist als Anlage 2 abgedruckt.

III. Lehrbuch von Nam J. Kim

1. Vorbemerkung

Nam Jin Kim[36], der einer der führenden Verwaltungsrechtler in Korea ist und bevorzugt mit der deutschen Literatur arbeitet, verfaßte sein Lehrbuch über Allgemeines Verwaltungsrecht[37] erst im Jahr 1986, während er vorher zahlreiche Aufsätze in verschiedenen Zeitschriften veröffentlichte und im

---

[36] *Kim* ist Vorsitzender der Korean Public Law Association, seit Juli 1989 für die Dauer eines Jahres.

[37] *Nam J. Kim,* Verwaltungsrecht I, Seoul (Bobmunsa Verlag) 1986 (koreanisch).

Jahr 1978 ein Buch zum Staatsexamen für Juristen[38] publizierte. 1980 veröffentlichte er ein Buch über Grundprobleme des Verwaltungsrechts[39], in dem seine bereits in Zeitschriften veröffentlichten Aufsätze gesammelt wurden, wobei erweiterte Auflagen 1983, 1985 sowie 1989[40] erfolgten. In seinen Aufsätzen setzt sich Kim mit der bisherigen herrschenden Lehrmeinung kritisch auseinander, während er dabei die deutsche Lehrmeinung unterstützte. Allerdings hatte Kim nicht in der Bundesrepublik Deutschland studiert; aber ab August 1980 besuchte er für ein Jahr als Gastprofessor das Institut für Öffentliches Recht der Albert-Ludwigs-Universität Freiburg. Kim versuchte, mit deutschen Lehrmeinungen die bisherigen Lehrmeinungen in Korea umzubauen. Die Tendenz der Übernahme der japanischen Lehrmeinungen wurde zurückgedrängt. Diese methodischen Tendenzen, die mit den deutschen Lehrmeinungen arbeiteten, dauern in die 80er Jahre hinein fort. Die Lehrmeinungen im Gebiet des Verwaltungsrechts in Korea hängen daher sehr von den deutschen Lehrmeinungen ab.

Dies bedeutet aber nicht, daß man sich nur mit der deutschen Literatur beschäftigt. Immerhin wurden die Lehrmeinungen in England, Amerika sowie Frankreich vorgestellt und eingeführt, um für den jeweiligen Bereich eine vergleichende Betrachtung zu ermöglichen. In den 80er Jahren promovierten mehrere junge Wissenschaftler mit Themen auf dem Gebiet des Verwaltungsrechts in Frankreich. Obwohl die Verwaltungsrechtler in Korea auch mit anglo-amerikanischer, französischer sowie japanischer Literatur ihre wissenschaftlichen Forschungen leisteten, kann durchaus gesagt werden, daß sich die Entwicklung und die Bildung der Lehrmeinungen in Korea unter Beeinflussung der deutschen Literatur vollzieht. Im folgenden Abschnitt sollen die im Buch „Grundprobleme des Verwaltungsrechts" von Nam J. Kim behandelten Themen und die im Buch zitierte deutsche Literatur eingehend dargestellt werden, um einen Überblick darüber zu geben, daß und inwieweit die deutsche Literatur zitiert oder auf sie hingewiesen wird. Der Aufbau des Buchs entspricht zugleich den Themen der Aufsätze, die Kim nach der deutschen Literatur bearbeitet hat. Danach soll die Gliederung in seinem Lehrbuch für Verwaltungsrecht I dargestellt werden.

---

[38] In Korea sind das Jurastudium und die Berufszulassung voneinander getrennt. Wenn ein Juraabsolvent Jurist werden will, muß er ein besonderes Staatsexamen bestehen. Hierzu eingehend *Chan H. Chung*, Das rechtswissenschaftliche Ausbildungssystem Koreas und das Rechtsdenken der Koreaner, stud. iur., 1987, Heft 2, S. 50 ff.

[39] *Nam J. Kim*, Grundprobleme des Verwaltungsrechts, Seoul (Gyeongmunsa Verlag) 1980 (koreanisch).

[40] *Nam J. Kim*, Grundprobleme des Verwaltungsrechts, Neue Auflage, Seoul (Bobmunsa Verlag) 1989 (koreanisch).

2. Das Buch über Grundprobleme des Verwaltungsrechts

2.1 Die erste Auflage im Jahr 1980

Dieses Buch enthält folgende Teile, nämlich: Verwaltung, Verwaltungsrecht, Verwaltungsrechtsverhältnis, Verwaltungshandeln, Verwaltungsverfahren, Verwaltungszwang, Verwaltungsrechtsschutz, Verwaltungsorganisationsrecht, Recht der ordnenden Verwaltung, Leistungsverwaltung.

Im ersten Teil behandelt Kim die Themen: (1) Die Bedeutung der Verwaltung[41], (2) Das Grundprinzip des Verwaltungsrechts, (3) Die Freiheit der Verwaltung und die Bindung an das Recht, (4) Rechtsquellen des Verwaltungsrechts I und II, (5) Der Rechtscharakter und die Geltung der Verwaltungsvorschriften, (6) Die Selbstbindung der Verwaltung, (7) Die Unterscheidung zwischen dem öffentlichen und privaten Recht, (8) Das subjektiv-öffentliche Recht der Privatperson, (9) Der Anspruch auf Einschreiten der Verwaltung, (10) Der Anspruch auf fehlerfreie Ermessensausübung, (11) Verwaltungsrechtsverhältnis und die Bestimmungen der Grundrechte, (12) Das besondere Gewaltverhältnis und das Rechtsstaatsprinzip. Diese Themen wurden nach der deutschen Literatur bearbeitet.

So z.B. werden in der Bearbeitung im ersten Teil über das Thema der Bedeutung der Verwaltung die Lehrbücher über Allgemeines Verwaltungsrecht von F. Mayer (^{4}1977), von E. Forsthoff (^{10}1973), von Erichsen/Martens (Hrsg.) (^{2}1977), von W. Jellinek (^{3}1931), von G. Püttner (^{3}1975) und die Arbeit über „Öffentliches Interesse als Juristisches Problem" von Häberle, über „Öffentlich als Rechtsbegriff" von W. Martens und über „Verwaltungsvorschriften und Grundgesetz" von F. Ossenbühl zitiert. Die von Kim zitierte deutsche Literatur wird unten zusammenfassend angegeben.

Im zweiten Teil behandelt Kim die Themen: (1) Der Plan im Verwaltungsrecht, (2) Planende Verwaltung und Verwaltungsplan, (3) Der Begriff und die Merkmale des Verwaltungsakts, (4) Das Wesen und die Geltung des Verwaltungsakts, (5) Die Inhalte des Verwaltungsakts, (6) Rechtsgeschäft und Verwaltungsakt, (7) Verwaltungsakt mit Doppelwirkung, (8) Gebundener Akt – Ermessensakt – freier Akt, (9) Die Grenze und die Kontrolle des Ermessens, (10) Verhältnismäßigkeitsprinzip als Grenze des Ermessens, (11) Die Grenze der Nebenbestimmungen zum Verwaltungsakt, (12) Die Möglichkeit und die Rechtswidrigkeit des Verwaltungsakts, (14) Die Aufhebung des Verwaltungsakts von Amts wegen, (15) Die Bestandskraft des Verwaltungsakts, (16) Die Rücknahme begünstigender Verwaltungsakte, (17) Der Widerruf des Verwaltungsakts, (18) Der Grundsatz des Vertrauensschutzes, (19) Verwaltungsrechtliche Zusicherung, (20) Verwaltungs-Realakt.

Im dritten Teil behandelt Kim die Themen: (1) Die Kodifizierung des Verwaltungsverfahrens, (2) Neue und bisherige Theorie zum Verwaltungszwang.

Im vierten Teil behandelt Kim die Themen: (1) Ein Beitrag zum Verhältnis zwischen der staatlichen Leistung (Kugabaesang) und der Entschädigung, (2) Die Ent-

---

[41] *Nam J. Kim*, Grundprobleme des Verwaltungsrechts, 1980, S. 10 ff.; *ders.*, in: GSYG (März 1979).

ist[81]. Ein angefochtener Verwaltungsakt kann von der Ausgangsbehörde, der Aufsichtsbehörde sowie von den Gerichten aufgehoben werden. Schreibt ein Gesetz eine dritte Behörde als Widerspruchsbehörde vor, ist diese Behörde ebenfalls Rücknahmebehörde[82].

3.2 Rechtsgrundlagen und Gründe der Rücknahme

Eine gesetzliche Regelung der Rücknahme - wie die Regelung in § 48 VwVfG in der Bundesrepublik Deutschland - gibt es in Korea nicht. Daher ist es umstritten, ob die Behörde für eine Rücknahme einer Ermächtigung bedarf oder nicht. Hierbei ist anerkannt, daß die Rücknahme belastender Verwaltungsakte auch ohne gestzliche Ermächtigung zulässig ist. Für die Rücknahme begünstigender Verwaltungsakte verlangt man dagegen eine gestzliche Ermächtigung. In diesem Falle soll die Behörde nach der Abwägung mit der Gesetzesauslegung und den verfassungsrechtlichen Grundsätzen über die Rücknahme entscheiden. Nach der Rechtsprechung ist die Rücknahme begünstigender Verwaltungsakte durch das Abwagungsgebot eingeschränkt[83].

Grundsätzlich sind die Rücknahmegründe gesetzlich nicht vorgeschrieben. In der Literatur sind als Rücknahmegründe Rechtswidrigkeit und Ungerechtigkeit anerkannt, z.B. also Befugnisüberschreitung, Zuständigkeitsmängel, Sittenwidrigkeit eines Akts, Verstoß gegen höherrangiges Recht, Verstoß gegen ungeschriebenes Recht und Unvereinbarkeit mit den öffentlichen Interessen allgemein.

Irrt die Behörde über das Vorliegen der Tatsachen des Verwaltungsakts, so ist der Verwaltungsakt objektiv rechtswidrig. Wegen des Vertrauensschutzes der Betroffenen kann die Behörde diesen Verwaltungsakt jedoch nicht zurücknehmen.

Hat der Betroffene den Verwaltungsakt durch arglistige Täuschung, Drohung oder Bestechung erwirkt, kann er sich auf Vertrauen jedoch nicht beru-

---

[81] Z.B. § 10 Abs. 2 Jongbujojigbop (Regierungsorganisationsgesetz) i.d.F. v. 15.1. 1973 (Gesetz Nr. 2437, zul. geänd. v. 30.12.1989 [Gesetz Nr. 4183]) schreibt vor: Der Präsident kann den Chobun (Verwaltungsakt) oder Verordnung einstellen oder zurücknehmen, wenn diese rechtswidrig oder ungerecht ist.

[82] So z.B. der Beschwerdeausschuß für die Beamten nach § 9 Staatsbeamtengesetz.

[83] KHG, 83 Nu 584 Urteil v. 14.10.1986; KHG, 85 Nu 664 Urteil v. 25.2.1986; Myong K. Lee, Die Rücknahme des Verwaltungsakts und deren Einschränkungen, in: GSYG (Dez. 1986), S. 157 ff.

ist[81]. Ein angefochtener Verwaltungsakt kann von der Ausgangsbehörde, der Aufsichtsbehörde sowie von den Gerichten aufgehoben werden. Schreibt ein Gesetz eine dritte Behörde als Widerspruchsbehörde vor, ist diese Behörde ebenfalls Rücknahmebehörde[82].

3.2 Rechtsgrundlagen und Gründe der Rücknahme

Eine gesetzliche Regelung der Rücknahme - wie die Regelung in § 48 VwVfG in der Bundesrepublik Deutschland - gibt es in Korea nicht. Daher ist es umstritten, ob die Behörde für eine Rücknahme einer Ermächtigung bedarf oder nicht. Hierbei ist anerkannt, daß die Rücknahme belastender Verwaltungsakte auch ohne gestzliche Ermächtigung zulässig ist. Für die Rücknahme begünstigender Verwaltungsakte verlangt man dagegen eine gestzliche Ermächtigung. In diesem Falle soll die Behörde nach der Abwägung mit der Gesetzesauslegung und den verfassungsrechtlichen Grundsätzen über die Rücknahme entscheiden. Nach der Rechtsprechung ist die Rücknahme begünstigender Verwaltungsakte durch das Abwagungsgebot eingeschränkt[83].

Grundsätzlich sind die Rücknahmegründe gesetzlich nicht vorgeschrieben. In der Literatur sind als Rücknahmegründe Rechtswidrigkeit und Ungerechtigkeit anerkannt, z.B. also Befugnisüberschreitung, Zuständigkeitsmängel, Sittenwidrigkeit eines Akts, Verstoß gegen höherrangiges Recht, Verstoß gegen ungeschriebenes Recht und Unvereinbarkeit mit den öffentlichen Interessen allgemein.

Irrt die Behörde über das Vorliegen der Tatsachen des Verwaltungsakts, so ist der Verwaltungsakt objektiv rechtswidrig. Wegen des Vertrauensschutzes der Betroffenen kann die Behörde diesen Verwaltungsakt jedoch nicht zurücknehmen.

Hat der Betroffene den Verwaltungsakt durch arglistige Täuschung, Drohung oder Bestechung erwirkt, kann er sich auf Vertrauen jedoch nicht beru-

---

[81] Z.B. § 10 Abs. 2 Jongbujojigbop (Regierungsorganisationsgesetz) i.d.F. v. 15.1. 1973 (Gesetz Nr. 2437, zul. geänd. v. 30.12.1989 [Gesetz Nr. 4183]) schreibt vor: Der Präsident kann den Chobun (Verwaltungsakt) oder Verordnung einstellen oder zurücknehmen, wenn diese rechtswidrig oder ungerecht ist.

[82] So z.B. der Beschwerdeausschuß für die Beamten nach § 9 Staatsbeamtengesetz.

[83] KHG, 83 Nu 584 Urteil v. 14.10.1986; KHG, 85 Nu 664 Urteil v. 25.2.1986; Myong K. Lee, Die Rücknahme des Verwaltungsakts und deren Einschränkungen, in: GSYG (Dez. 1986), S. 157 ff.

fen. In diesem Fall kann die Behörde den Verwaltungsakt zurücknehmen. Hierbei kommt es nicht darauf an, ob der Verwaltungsakt inhaltlich rechtswidrig ist oder nicht.

Bei der Rücknahme eines angefochtenen Verwaltungsakts kann die Behörde einen rechtswidrigen oder ungerechten Verwaltungsakt nach dem Grundsatz der Gesetzmäßigkeit der Verwaltung auch rückwirkend zurücknehmen.

3.3 Einschränkung der Rücknahme

Ein rechtswidriger Verwaltungsakt kann jederzeit oder teilweise nur für die Zukunft oder auch für die Vergangenheit zurückgenommen werden. Diese sog. freie Rücknehmbarkeit wird jedoch bei begünstigenden Verwaltungsakten im Interesse des Vertrauensschutzes und der Interessenabwägung erheblich eingeschränkt. Der Vertrauensschutz der Betroffenen ist in der koreanischen Literatur[84] inzwischen als Grundsatz[85] des allgemeinen Verwaltungsrechts durch Lehre und Rechtsprechung[86] anerkannt. Die Ausbildung dieser Lehre ist von deutschen Lehrmeinungen stark beeinflußt worden[87].

Nunmehr wurde dieser Grundsatz auch in § 31 Regierungsentwurf eines Verwaltungsverfahrensgesetzes (REVwVfG) aufgenommen; allerdings ist dieser Entwurf noch nicht vom Parlament verabschiedet worden. § 31 Abs. 1 REVwVfG schreibt vor: Will die Behörde den rechtswidrigen Chobun (Verwaltungsakt) zurücknehmen, muß sie die mit der Rücknahme verfolgten öffentlichen Bedürfnisse mit dem Vertrauensschutz des Betroffenen oder eines Dritten sowie der Sicherheit des Rechtslebens abwägen. § 31 Abs. 2 S. 1 REVwVfG schreibt vor, daß die Behörde nach der Entscheidung über einen rechtswidrigen begünstigenden Verwaltungsakt ein Jahr lang, nach dem Erlaß desselben zwei Jahre lang diesen nicht zurücknehmen darf. Nur wenn

---

[84] Vgl. *Do C. Kim*, Verwaltungsrecht I, 1989, S. 453 ff.; *Jong H. Seok*, Verwaltungsrecht I, 1990, S. 142 ff.

[85] Vgl. *Jong H. Seok*, Grundsatz des Vertrauensschutzes im Verwaltungsrecht, in: GSK (Febr. 1988), S. 24 ff.; *Sung D. Yan*, Grundsatz des Vertrauensschutzes im Verwaltungsrecht, in: GSK (Okt. 1985), S. 206 ff.

[86] KHG, 86 Nu 101 Urteil v. 13.9.1988; KHG, 87 Nu 373 Urteil v. 8.9.1987; KHG, 86 Nu 92 Urteil v. 26.5.87; KHG, 84 Nu 593 Urteil v. 23.4.1988.

[87] In der theoretischen Begründung weist man öfter auf BVerwGE 9, 251 ff. (Witwen-Urteil) und auf den Grundsatz der Rechtssicherheit, die Lehre vom sozialen Rechtsstaat, die Lehre von den Grundrechten sowie auf die Lehrmeinungen von *Püttner* (Vertrauensschutz, S. 206 f.) und *Bachof* (Vertrauensschutz im Verwaltungsrecht, S. 228 f.) hin.

fen. In diesem Fall kann die Behörde den Verwaltungsakt zurücknehmen. Hierbei kommt es nicht darauf an, ob der Verwaltungsakt inhaltlich rechtswidrig ist oder nicht.

Bei der Rücknahme eines angefochtenen Verwaltungsakts kann die Behörde einen rechtswidrigen oder ungerechten Verwaltungsakt nach dem Grundsatz der Gesetzmäßigkeit der Verwaltung auch rückwirkend zurücknehmen.

3.3 Einschränkung der Rücknahme

Ein rechtswidriger Verwaltungsakt kann jederzeit oder teilweise nur für die Zukunft oder auch für die Vergangenheit zurückgenommen werden. Diese sog. freie Rücknehmbarkeit wird jedoch bei begünstigenden Verwaltungsakten im Interesse des Vertrauensschutzes und der Interessenabwägung erheblich eingeschränkt. Der Vertrauensschutz der Betroffenen ist in der koreanischen Literatur[84] inzwischen als Grundsatz[85] des allgemeinen Verwaltungsrechts durch Lehre und Rechtsprechung[86] anerkannt. Die Ausbildung dieser Lehre ist von deutschen Lehrmeinungen stark beeinflußt worden[87].

Nunmehr wurde dieser Grundsatz auch in § 31 Regierungsentwurf eines Verwaltungsverfahrensgesetzes (REVwVfG) aufgenommen; allerdings ist dieser Entwurf noch nicht vom Parlament verabschiedet worden. § 31 Abs. 1 REVwVfG schreibt vor: Will die Behörde den rechtswidrigen Chobun (Verwaltungsakt) zurücknehmen, muß sie die mit der Rücknahme verfolgten öffentlichen Bedürfnisse mit dem Vertrauensschutz des Betroffenen oder eines Dritten sowie der Sicherheit des Rechtslebens abwägen. § 31 Abs. 2 S. 1 REVwVfG schreibt vor, daß die Behörde nach der Entscheidung über einen rechtswidrigen begünstigenden Verwaltungsakt ein Jahr lang, nach dem Erlaß desselben zwei Jahre lang diesen nicht zurücknehmen darf. Nur wenn

---

[84] Vgl. *Do C. Kim*, Verwaltungsrecht I, 1989, S. 453 ff.; *Jong H. Seok*, Verwaltungsrecht I, 1990, S. 142 ff.

[85] Vgl. *Jong H. Seok*, Grundsatz des Vertrauensschutzes im Verwaltungsrecht, in: GSK (Febr. 1988), S. 24 ff.; *Sung D. Yan*, Grundsatz des Vertrauensschutzes im Verwaltungsrecht, in: GSK (Okt. 1985), S. 206 ff.

[86] KHG, 86 Nu 101 Urteil v. 13.9.1988; KHG, 87 Nu 373 Urteil v. 8.9.1987; KHG, 86 Nu 92 Urteil v. 26.5.87; KHG, 84 Nu 593 Urteil v. 23.4.1988.

[87] In der theoretischen Begründung weist man öfter auf BVerwGE 9, 251 ff. (Witwen-Urteil) und auf den Grundsatz der Rechtssicherheit, die Lehre vom sozialen Rechtsstaat, die Lehre von den Grundrechten sowie auf die Lehrmeinungen von *Püttner* (Vertrauensschutz, S. 206 f.) und *Bachof* (Vertrauensschutz im Verwaltungsrecht, S. 228 f.) hin.

der Verwaltungsakt durch arglistige Täuschung, Bedrohung, Bestechung oder ein anderes schuldhaftes Verhalten des Betroffenen erwirkt ist, kann die Behörde ihn jederzeit zurücknehmen. Nach § 31 Abs. 3 REVwVfG muß die Behörde auf Antrag des Betroffenen die zur Wiederherstellung oder zur Entschädigung usw. notwendigen Maßnahmen ergreifen, wenn der Betroffene einen Vermögensnachteil dadurch erleidet, daß er auf den Bestand des Chobun vertraut hat. Über die Höhe der Entschädigung nach Abs. 3 darf die Behörde mit dem Betroffenen verhandeln. Scheitert eine solche Verhandlung oder findet sie nicht statt, kann eine Widerspruchsentscheidung nach einer vom Präsidenten erlassenen Verordnung beantragt werden. Gegen eine Widerspruchsentscheidung, mit der er nicht einverstanden ist, kann der Betroffene die Parteienklage nach den Bestimmungen der KVwGO erheben (§ 31 Abs. 4 REVwVfG).

In der Literatur sind viele Einschränkungen des Rücknahmerechts der Behörde anerkannt. Die Rücknahme ist zulässig, wenn die Heilung oder die Umdeutung eines rechtswidrigen Verwaltungsakts zulässig ist, wenn der Verwaltungsakt im Anfechtungsverfahren belassen worden ist, wenn der Verwaltungsakt ein feststellender Verwaltungsakt ist, wenn der Verwaltungsakt ein Statusverhältnis – z.B. Einbürgerung – zum Gegenstand hat, wenn der Verwaltungsakt ein privatrechtliches Rechtsverhältnis begründet, wenn die Rücknahme die öffentlichen Interessen erheblich verletzt, oder wenn die Rücknahmebefugnis durch Zeitablauf von etwa einem Jahr verwirkt ist.

III. Wirksamkeit des Verwaltungsakts

1. Vorbemerkung

Bei der Wirksamkeit des Verwaltungsakts unterscheidet die koreanische Literatur die Verbindlichkeit (Gusogryok), die „Selbstbezeugungskraft“ (Gongjongryok)[88], die formelle Bestandskraft (Jonsokryok), die materielle Bestandskraft und die vollziehende Wirkung (Jiphaengryok). Die deutsche Lehre von der Wirksamkeit des Verwaltungsakts hat die Bildung der entsprechenden Lehre in Japan stark beeinflußt, wobei die Japaner diese Doktrin, insbesondere die Lehre von der „Selbstbezeugungskraft“, japanisiert weiterentwickelten. Die koreanische Literatur hat diese japanisierte Lehre von der Selbstbezeugungskraft übernommen; diese Lehre ist nach wie vor herrschend in Korea. Wie bereits oben angedeutet, ist es üblich, daß sich

---

[88] In Korea versteht man den Begriff von der „Selbstbezeugungskraft“ als anonymen Begriff mit Vermutung der Rechtmäßigkeit oder Vermutung der Gültigkeit.

der Verwaltungsakt durch arglistige Täuschung, Bedrohung, Bestechung oder ein anderes schuldhaftes Verhalten des Betroffenen erwirkt ist, kann die Behörde ihn jederzeit zurücknehmen. Nach § 31 Abs. 3 REVwVfG muß die Behörde auf Antrag des Betroffenen die zur Wiederherstellung oder zur Entschädigung usw. notwendigen Maßnahmen ergreifen, wenn der Betroffene einen Vermögensnachteil dadurch erleidet, daß er auf den Bestand des Chobun vertraut hat. Über die Höhe der Entschädigung nach Abs. 3 darf die Behörde mit dem Betroffenen verhandeln. Scheitert eine solche Verhandlung oder findet sie nicht statt, kann eine Widerspruchsentscheidung nach einer vom Präsidenten erlassenen Verordnung beantragt werden. Gegen eine Widerspruchsentscheidung, mit der er nicht einverstanden ist, kann der Betroffene die Parteienklage nach den Bestimmungen der KVwGO erheben (§ 31 Abs. 4 REVwVfG).

In der Literatur sind viele Einschränkungen des Rücknahmerechts der Behörde anerkannt. Die Rücknahme ist zulässig, wenn die Heilung oder die Umdeutung eines rechtswidrigen Verwaltungsakts zulässig ist, wenn der Verwaltungsakt im Anfechtungsverfahren belassen worden ist, wenn der Verwaltungsakt ein feststellender Verwaltungsakt ist, wenn der Verwaltungsakt ein Statusverhältnis - z.B. Einbürgerung - zum Gegenstand hat, wenn der Verwaltungsakt ein privatrechtliches Rechtsverhältnis begründet, wenn die Rücknahme die öffentlichen Interessen erheblich verletzt, oder wenn die Rücknahmebefugnis durch Zeitablauf von etwa einem Jahr verwirkt ist.

III. Wirksamkeit des Verwaltungsakts

1. Vorbemerkung

Bei der Wirksamkeit des Verwaltungsakts unterscheidet die koreanische Literatur die Verbindlichkeit (Gusogryok), die „Selbstbezeugungskraft" (Gongjongryok)[88], die formelle Bestandskraft (Jonsokryok), die materielle Bestandskraft und die vollziehende Wirkung (Jiphaengryok). Die deutsche Lehre von der Wirksamkeit des Verwaltungsakts hat die Bildung der entsprechenden Lehre in Japan stark beeinflußt, wobei die Japaner diese Doktrin, insbesondere die Lehre von der „Selbstbezeugungskraft", japanisiert weiterentwickelten. Die koreanische Literatur hat diese japanisierte Lehre von der Selbstbezeugungskraft übernommen; diese Lehre ist nach wie vor herrschend in Korea. Wie bereits oben angedeutet, ist es üblich, daß sich

[88] In Korea versteht man den Begriff von der „Selbstbezeugungskraft" als anonymen Begriff mit Vermutung der Rechtmäßigkeit oder Vermutung der Gültigkeit.

koreanische Verwaltungsjuristen in ihrer wissenschaftlichen Arbeit mit der deutschen Literatur beschäftigen, um eine rein japanische Beeinflussung auszuschließen. Dies äußert sich in Versuchen, die bisherige oder herrschende Lehre kritisch zu überprüfen. Hierbei hat sich ergeben, daß die bisherige Lehre, insbesondere die Lehre von der Selbstbezeugungskraft, gewisse Probleme beinhaltet. Die Kritiker der h.L. vertreten heute die deutschen Lehrmeinungen.

2. Verbindlichkeit des Verwaltungsakts

Die neuere Lehre[89] versteht die Verbindlichkeit des Verwaltungsakts i.S.d. Bestandskraft nach § 43 Abs. 1 VwVfG der Bundesrepublik Deutschland. Damit wird ein Verwaltungsakt gegenüber demjenigen, der von ihm bestimmt ist oder der von ihm betroffen wird, in dem Zeitpunkt wirksam, in dem er ihm bekanntgegeben wird, und zwar mit dem Inhalt, mit dem er bekannt gegeben wird. Diese Verbindlichkeit des Verwaltungsakts versteht die bisherige Lehre als eine Art der Wirksamkeit eines Verwaltungsakts. Dagegen versteht die neuere Lehre diese Verbindlichkeit als inhaltliche Verbindlichkeit oder als Verbindlichkeit im engeren Sinne[90].

3. „Selbstbezeugungskraft" des Verwaltungsakts

Unter Selbstbezeugungskraft ist zu verstehen, daß die Gültigkeit eines fehlerhaften Verwaltungsakts vermutet wird, solange und soweit er nicht durch die Behörde zurückgenommen oder durch ein Anfechtungsverfahren aufgehoben ist, soweit der fehlerhafte Verwaltungsakt nicht an einem Mangel leidet, der zur Nichtigkeit führt. Als theoretische Grundlage nennt man die Selbstbezeugungstheorie von Otto Mayer und die Staatsautoritätstheorie von Ernst Forsthoff. Otto Mayer[91] stellt dies folgendermaßen dar: „Hierin erweist sich wieder die grundsätzliche Verschiedenheit des Rechtswertes der Obrigkeit von dem der Rechtsgeschäfte der Einzelnen. Die lezteren sind wirkungslos, wenn sie nicht ihre Rechtmäßigkeit nachweisen. Die Obrigkeit aber, wenn sie innerhalb ihrer allgemeinen Zuständigkeit bestimmt, bezeugt damit zugleich, daß die besonderen Voraussetzungen für die Gültigkeit ihres

---

[89] Vgl. vor allem *Nam J. Kim*, Grundprobleme des Verwaltungsrechts, 1989, S. 197 ff.; *ders.*, Verwaltungsrecht I, 1990, S. 239 ff.

[90] Ebenda.

[91] *O. Mayer*, Deutsches Verwaltungsrecht I, S. 95 ff.

koreanische Verwaltungsjuristen in ihrer wissenschaftlichen Arbeit mit der deutschen Literatur beschäftigen, um eine rein japanische Beeinflussung auszuschließen. Dies äußert sich in Versuchen, die bisherige oder herrschende Lehre kritisch zu überprüfen. Hierbei hat sich ergeben, daß die bisherige Lehre, insbesondere die Lehre von der Selbstbezeugungskraft, gewisse Probleme beinhaltet. Die Kritiker der h.L. vertreten heute die deutschen Lehrmeinungen.

2. Verbindlichkeit des Verwaltungsakts

Die neuere Lehre[89] versteht die Verbindlichkeit des Verwaltungsakts i.S.d. Bestandskraft nach § 43 Abs. 1 VwVfG der Bundesrepublik Deutschland. Damit wird ein Verwaltungsakt gegenüber demjenigen, der von ihm bestimmt ist oder der von ihm betroffen wird, in dem Zeitpunkt wirksam, in dem er ihm bekanntgegeben wird, und zwar mit dem Inhalt, mit dem er bekannt gegeben wird. Diese Verbindlichkeit des Verwaltungsakts versteht die bisherige Lehre als eine Art der Wirksamkeit eines Verwaltungsakts. Dagegen versteht die neuere Lehre diese Verbindlichkeit als inhaltliche Verbindlichkeit oder als Verbindlichkeit im engeren Sinne[90].

3. „Selbstbezeugungskraft" des Verwaltungsakts

Unter Selbstbezeugungskraft ist zu verstehen, daß die Gültigkeit eines fehlerhaften Verwaltungsakts vermutet wird, solange und soweit er nicht durch die Behörde zurückgenommen oder durch ein Anfechtungsverfahren aufgehoben ist, soweit der fehlerhafte Verwaltungsakt nicht an einem Mangel leidet, der zur Nichtigkeit führt. Als theoretische Grundlage nennt man die Selbstbezeugungstheorie von Otto Mayer und die Staatsautoritätstheorie von Ernst Forsthoff. Otto Mayer[91] stellt dies folgendermaßen dar: „Hierin erweist sich wieder die grundsätzliche Verschiedenheit des Rechtswertes der Obrigkeit von dem der Rechtsgeschäfte der Einzelnen. Die lezteren sind wirkungslos, wenn sie nicht ihre Rechtmäßigkeit nachweisen. Die Obrigkeit aber, wenn sie innerhalb ihrer allgemeinen Zuständigkeit bestimmt, bezeugt damit zugleich, daß die besonderen Voraussetzungen für die Gültigkeit ihres

---

[89] Vgl. vor allem *Nam J. Kim*, Grundprobleme des Verwaltungsrechts, 1989, S. 197 ff.; *ders.*, Verwaltungsrecht I, 1990, S. 239 ff.

[90] Ebenda.

[91] *O. Mayer*, Deutsches Verwaltungsrecht I, S. 95 ff.

Akts gegeben sind. Diese Selbstbezeugung und damit Wirksamkeit des Akts kann nur überwunden werden durch eine stärkere Zuständigkeit".

Ernst Forsthoff[92] stellt die „Selbstbezeugungskraft" folgendermaßen dar: „Der Verwaltungsakt gilt nicht darum, weil er die Emanation einer Norm wäre, sondern weil die staatliche Autorität ihm Geltung gibt. Deshalb ist auch der vom Gesetz nicht gedeckte Verwaltungsakt zwar fehlerhaft, aber nicht notwendig nichtig. Weil aber die staatliche Autorität an das Recht gebunden ist, kann und muß u.U. der Fall eintreten, daß einem Verwaltungsakt aus Gründen des Rechts die Gültigkeit versagt bleibt, oder daß seiner zunächst einsetzenden Geltung ein Ende zu setzen ist. Daraus ergibt sich der allgemeine Grundsatz: Auch der fehlerhafte Verwaltungsakt ist im Zweifel gültig. Für die Gültigkeit spricht die Vermutung".

Die theoretische Ableitung der „Selbstbezeugungskraft" aus der Lehre von Otto Mayer und von Ernst Forsthoff ist abzulehnen[93], obwohl diese Lehre z.T.[94] immer noch in den führenden Lehrbüchern vertreten wird. Als Grund für die Selbstbezeugungskraft ist vielmehr anzusehen, daß Gesetze (z.B. § 4 KVwGO, § 4 KWSG[95]) die Beseitigung der Wirksamkeit des Verwaltungsakts nur zulassen, wenn der Verwaltungsakt über ein Anfechtungsverfahren zurückgenommen oder aufgehoben sind. Die kritsche Meinung versteht unter „Selbstbezeugungskraft" damit die Tatbestandswirkung i.S.d. deutschen Literatur. Diese Tatbestandswirkung besagt, daß der (rechtswirksame) Verwaltungsakt von allen Staatsorganen zu beachten und als gegebener „Tatbestand" ihren Entscheidungen zugrundezulegen ist[96].

4. Formelle Bestandskraft

Formelle Bestandskraft bedeutet die Unanfechtbarkeit des Verwaltungsakts. Der Adressat oder ein Betroffener kann den rechtswidrigen Verwaltungsakt zwar durch ordentliche Rechtsmittel (Widerspruch, Anfechtungskla-

---

[92] *Forsthoff*, Lehrbuch des Verwaltungsrechts, Bd. I, S. 224 ff.

[93] Vgl. vor allem *Jong H. Seok*, Verwaltungsrecht I, 1990, S. 351 ff.; *Nam J. Kim*, Verwaltungsrecht I, 1990, S. 240 ff.; *ders.*, Grundprobleme des Verwaltungsrechts, 1989, S. 211 ff.

[94] Vgl. *Do C. Kim*, Verwaltungsrecht I, 1989, S. 405 ff.; *Sang K. Lee*, Verwaltungsrecht I, 1989, S. 353 ff.

[95] Koreanisches Widerspruchsgesetz (Haengjongshimpanbop) i.d.F. v. 15.2.1984 (Gesetz Nr. 3755).

[96] Vgl. *Maurer*, Allgemeines Verwaltungsrecht, S. 220 f.

Akts gegeben sind. Diese Selbstbezeugung und damit Wirksamkeit des Akts kann nur überwunden werden durch eine stärkere Zuständigkeit".

Ernst Forsthoff[92] stellt die „Selbstbezeugungskraft" folgendermaßen dar: „Der Verwaltungsakt gilt nicht darum, weil er die Emanation einer Norm wäre, sondern weil die staatliche Autorität ihm Geltung gibt. Deshalb ist auch der vom Gesetz nicht gedeckte Verwaltungsakt zwar fehlerhaft, aber nicht notwendig nichtig. Weil aber die staatliche Autorität an das Recht gebunden ist, kann und muß u.U. der Fall eintreten, daß einem Verwaltungsakt aus Gründen des Rechts die Gültigkeit versagt bleibt, oder daß seiner zunächst einsetzenden Geltung ein Ende zu setzen ist. Daraus ergibt sich der allgemeine Grundsatz: Auch der fehlerhafte Verwaltungsakt ist im Zweifel gültig. Für die Gültigkeit spricht die Vermutung".

Die theoretische Ableitung der „Selbstbezeugungskraft" aus der Lehre von Otto Mayer und von Ernst Forsthoff ist abzulehnen[93], obwohl diese Lehre z.T.[94] immer noch in den führenden Lehrbüchern vertreten wird. Als Grund für die Selbstbezeugungskraft ist vielmehr anzusehen, daß Gesetze (z.B. § 4 KVwGO, § 4 KWSG[95]) die Beseitigung der Wirksamkeit des Verwaltungsakts nur zulassen, wenn der Verwaltungsakt über ein Anfechtungsverfahren zurückgenommen oder aufgehoben sind. Die kritsche Meinung versteht unter „Selbstbezeugungskraft" damit die Tatbestandswirkung i.S.d. deutschen Literatur. Diese Tatbestandswirkung besagt, daß der (rechtswirksame) Verwaltungsakt von allen Staatsorganen zu beachten und als gegebener „Tatbestand" ihren Entscheidungen zugrundezulegen ist[96].

4. Formelle Bestandskraft

Formelle Bestandskraft bedeutet die Unanfechtbarkeit des Verwaltungsakts. Der Adressat oder ein Betroffener kann den rechtswidrigen Verwaltungsakt zwar durch ordentliche Rechtsmittel (Widerspruch, Anfechtungskla-

---

[92] *Forsthoff*, Lehrbuch des Verwaltungsrechts, Bd. I, S. 224 ff.

[93] Vgl. vor allem *Jong H. Seok*, Verwaltungsrecht I, 1990, S. 351 ff.; *Nam J. Kim*, Verwaltungsrecht I, 1990, S. 240 ff.; *ders.*, Grundprobleme des Verwaltungsrechts, 1989, S. 211 ff.

[94] Vgl. *Do C. Kim*, Verwaltungsrecht I, 1989, S. 405 ff.; *Sang K. Lee*, Verwaltungsrecht I, 1989, S. 353 ff.

[95] Koreanisches Widerspruchsgesetz (Haengjongshimpanbop) i.d.F. v. 15.2.1984 (Gesetz Nr. 3755).

[96] Vgl. *Maurer*, Allgemeines Verwaltungsrecht, S. 220 f.

ge) anfechten. Ist die Frist für den Widerspruch oder die Klage jedoch abgelaufen, kann der Verwaltungsakt nicht oder nicht mehr angefochten werden.

In Deutschland schreibt § 51 VwVfG das Wiederaufgreifen des Verfahrens hinsichtlich der Aufhebung oder Änderung eines unanfechtbaren Verwaltungsakts vor. Das geltende Recht in Korea läßt dies nicht zu. Daher vertritt Kim[97] die Meinung, daß das Wiederaufgreifen des Verfahrens gesetzlich eingeführt werden sollte, um verfahrensrechtliche Gerechtigkeit zu sichern. Im Regierungsentwurf des Verwaltungsverfahrensgesetzes wurde das Wiederaufgreifen des Verwaltungsakts aufgenommen. Diese Bestimmung stellt eine „Übersetzung" der Bestimmung des § 51 VwVfG dar.

§ 33 Abs. 1 REVwVfG schreibt vor: Die Behörde hat auf Antrag des Betroffenen die Aufhebung oder Änderung eines unanfechtbaren Verwaltungsakts vorzunehmen, wenn 1. sich die dem Chobun zugrundeliegende- Sach- oder Rechtslage zugunsten des Betroffenen geändert hat; oder 2. neue Beweismittel vorliegen, die eine dem Betroffenen günstigere Entscheidung herbeigeführt haben würden; oder 3. Wiederaufnahmegründe entsprechend § 422 der Zivilprozeßordnung gegeben sind. Der Antrag muß binnen 60 Tagen, nachdem der Betroffene von dem Grund für das Wiederaufgreifen Kenntnis erhalten hat, oder binnen 120 Tagen nach dem Eintritt des Grundes für das Wiederaufgreifen gestellt werden (§ 33 Abs. 2 REVwVfG).

5. Materielle Bestandskraft

Materielle Bestandskraft bedeutet die inhaltliche Unabänderlichkeit oder Unaufhebbarkeit. Bestimmte Verwaltungsakte kann die erlassende Behörde und auch die Aufsichtsbehörde wegen der Fehler oder einer nachträglichen Änderung der Sachlage von Amts wegen nicht zurücknehmen, nicht ändern und nicht widerrufen. Der Verwaltungsakt ist materiell bestandskräftig, sobald er nicht mehr zurückgenommen oder widerrufen oder geändert werden kann. Der Betroffene kann die Aufhebung eines bestandkräftigen Verwaltungsakts aber durch ein Anfechtungsverfahren herbeiführen, wenn dies zugelassen ist. Als Beispiele für bestandskräftige Verwaltungsakte sind zu nennen[98]: z.B. der endgültige Bescheid eines Enteignungsausschusses über

---

[97] *Nam J. Kim*, Verwaltungsecht I, S. 210 ff.; *ders.*, Wiederaufgreifen des Verwaltungakts, in: YGGS (Sept. 1985), S. 132 f. Vgl. auch *Jong H. Seok*, Verwaltungsrecht I, 1980, S. 359 ff.; *Bo S. Shin*, Wiederaufgreifen des unanfechtbaren Verwaltungsakts, in: GSYG (März 1986), S. 74 ff.; *Myong G. Lee*, Bestandskraft des Verwaltungsakts, in: GSYG (Febr. 1985), S. 19 ff.

[98] Vgl. *Jong H. Seok*, Verwaltungsrecht I, 1990, S. 360 f.

ge) anfechten. Ist die Frist für den Widerspruch oder die Klage jedoch abgelaufen, kann der Verwaltungsakt nicht oder nicht mehr angefochten werden.

In Deutschland schreibt § 51 VwVfG das Wiederaufgreifen des Verfahrens hinsichtlich der Aufhebung oder Änderung eines unanfechtbaren Verwaltungsakts vor. Das geltende Recht in Korea läßt dies nicht zu. Daher vertritt Kim[97] die Meinung, daß das Wiederaufgreifen des Verfahrens gesetzlich eingeführt werden sollte, um verfahrensrechtliche Gerechtigkeit zu sichern. Im Regierungsentwurf des Verwaltungsverfahrensgesetzes wurde das Wiederaufgreifen des Verwaltungsakts aufgenommen. Diese Bestimmung stellt eine „Übersetzung" der Bestimmung des § 51 VwVfG dar.

§ 33 Abs. 1 REVwVfG schreibt vor: Die Behörde hat auf Antrag des Betroffenen die Aufhebung oder Änderung eines unanfechtbaren Verwaltungsakts vorzunehmen, wenn 1. sich die dem Chobun zugrundeliegende-Sach- oder Rechtslage zugunsten des Betroffenen geändert hat; oder 2. neue Beweismittel vorliegen, die eine dem Betroffenen günstigere Entscheidung herbeigeführt haben würden; oder 3. Wiederaufnahmegründe entsprechend § 422 der Zivilprozeßordnung gegeben sind. Der Antrag muß binnen 60 Tagen, nachdem der Betroffene von dem Grund für das Wiederaufgreifen Kenntnis erhalten hat, oder binnen 120 Tagen nach dem Eintritt des Grundes für das Wiederaufgreifen gestellt werden (§ 33 Abs. 2 REVwVfG).

5. Materielle Bestandskraft

Materielle Bestandskraft bedeutet die inhaltliche Unabänderlichkeit oder Unaufhebbarkeit. Bestimmte Verwaltungsakte kann die erlassende Behörde und auch die Aufsichtsbehörde wegen der Fehler oder einer nachträglichen Änderung der Sachlage von Amts wegen nicht zurücknehmen, nicht ändern und nicht widerrufen. Der Verwaltungsakt ist materiell bestandskräftig, sobald er nicht mehr zurückgenommen oder widerrufen oder geändert werden kann. Der Betroffene kann die Aufhebung eines bestandkräftigen Verwaltungsakts aber durch ein Anfechtungsverfahren herbeiführen, wenn dies zugelassen ist. Als Beispiele für bestandskräftige Verwaltungsakte sind zu nennen[98]: z.B. der endgültige Bescheid eines Enteignungsausschusses über

---

[97] *Nam J. Kim,* Verwaltungsecht I, S. 210 ff.; *ders.,* Wiederaufgreifen des Verwaltungakts, in: YGGS (Sept. 1985), S. 132 f. Vgl. auch *Jong H. Seok,* Verwaltungsrecht I, 1980, S. 359 ff.; *Bo S. Shin,* Wiederaufgreifen des unanfechtbaren Verwaltungsakts, in: GSYG (März 1986), S. 74 ff.; *Myong G. Lee,* Bestandskraft des Verwaltungsakts, in: GSYG (Febr. 1985), S. 19 ff.

[98] Vgl. *Jong H. Seok,* Verwaltungsrecht I, 1990, S. 360 f.

die Enteignung, die staatliche Erstattungsentscheidung eines Staatserstattungsausschusses, der Widerspruchsbescheid einer Widerspruchsbehörde, der feststellende Verwaltungsakt, der nach objektivem Verfahren erlassen worden ist, oder der begünstigende Verwaltungsakt, bei dem die Rücknahmebefugnis wegen des Vertrauensschutzes eingeschränkt ist.

6. Vollstreckbarkeit

Die Behörde kann die durch den Verwaltungsakt geregelten Pflichten vollstrecken. Dies gilt insbesondere für die befehlenden Verwaltungsakte. Für die Vollstreckung ist eine gesetzliche Ermächtigung erforderlich. Das Erzwingen von Handlungen, Duldungen und Unterlassungen regelt das koreanische Verwaltungs-Vollstreckungsgesetz (KVwVG)[99]. Die Vollstreckung von Geldforderungen regelt das koreanische Staatssteuerbeitreibungsgesetz[100].

IV. Nebenbestimmungen zum Verwaltungsakt

Eine Nebenbestimmung zu einem Verwaltungsakt ist eine zusätzliche Bestimmung, die die Rechtsfolge bzw. Hauptregelung ergänzt oder beschränkt[101]. Dem entgegen definierte die bisherige h.L.[102] die Nebenbestimmung als eine abhängige Willenserklärung, die die wesentliche Willenserklärung eines Verwaltungsakts beschränkt. Nach dieser Lehre konnte einem rechtsgeschäftlichen Verwaltungsakt eine Nebenbestimmung beigefügt werden, nicht hingegen einem quasi-rechtsgeschäftlichen Verwaltungsakt. Es ist aber fraglich, ob man die Nebenbestimmung als abhängige Willenserklärung definieren kann. Denn die Bedeutung der Nebenbestimmung liegt darin, daß die Behörde den Verwaltungsakt mit ihrer Hilfe den Besonderheiten der Situation anzupassen versucht[103]. Die Aufgaben der Verwaltung in der heu-

---

[99] Koranisches Verwaltungs-Vollstreckungsgesetz (KVwVG) i.d.F. v. 18.3.1954 (Gesetz Nr. 314), zul. geänd. v. 15.12.1985 (Gesetz Nr. 3755).

[100] Koreanisches Staatssteuerbeitreibungsgesetz (KSSBTG) i.d.F. v. 21.12.1974 (Gesetz Nr. 2680), zul. geänd. v. 31.12.1986 (Gesetz Nr. 3912).

[101] Vgl. *Jong H. Seok,* Verwaltungsrecht I, 1990, S. 328 ff.

[102] Vgl. vor allem *Do C. Kim,* Verwaltungsrecht I, 1989, S. 389 ff.

[103] Vgl. *Mayer/Kopp,* Allgemeines Verwaltungsrecht, S. 219 f.; *Won U. Suh,* Eine Überlegung zur Lehre von Nebenbestimmung des Verwaltungsakts, in: GSK (Nov. 1985), S. 49 ff.; *Tschol Y. Kim,* Anfechtung gegen rechtswidrige Nebenbestimmungen, in: GSYG (März 1987), S. 55 ff.

die Enteignung, die staatliche Erstattungsentscheidung eines Staatserstattungsausschusses, der Widerspruchsbescheid einer Widerspruchsbehörde, der feststellende Verwaltungsakt, der nach objektivem Verfahren erlassen worden ist, oder der begünstigende Verwaltungsakt, bei dem die Rücknahmebefugnis wegen des Vertrauensschutzes eingeschränkt ist.

6. Vollstreckbarkeit

Die Behörde kann die durch den Verwaltungsakt geregelten Pflichten vollstrecken. Dies gilt insbesondere für die befehlenden Verwaltungsakte. Für die Vollstreckung ist eine gesetzliche Ermächtigung erforderlich. Das Erzwingen von Handlungen, Duldungen und Unterlassungen regelt das koreanische Verwaltungs-Vollstreckungsgesetz (KVwVG)[99]. Die Vollstreckung von Geldforderungen regelt das koreanische Staatssteuerbeitreibungsgesetz[100].

IV. Nebenbestimmungen zum Verwaltungsakt

Eine Nebenbestimmung zu einem Verwaltungsakt ist eine zusätzliche Bestimmung, die die Rechtsfolge bzw. Hauptregelung ergänzt oder beschränkt[101]. Dem entgegen definierte die bisherige h.L.[102] die Nebenbestimmung als eine abhängige Willenserklärung, die die wesentliche Willenserklärung eines Verwaltungsakts beschränkt. Nach dieser Lehre konnte einem rechtsgeschäftlichen Verwaltungsakt eine Nebenbestimmung beigefügt werden, nicht hingegen einem quasi-rechtsgeschäftlichen Verwaltungsakt. Es ist aber fraglich, ob man die Nebenbestimmung als abhängige Willenserklärung definieren kann. Denn die Bedeutung der Nebenbestimmung liegt darin, daß die Behörde den Verwaltungsakt mit ihrer Hilfe den Besonderheiten der Situation anzupassen versucht[103]. Die Aufgaben der Verwaltung in der heu-

---

[99] Koranisches Verwaltungs-Vollstreckungsgesetz (KVwVG) i.d.F. v. 18.3.1954 (Gesetz Nr. 314), zul. geänd. v. 15.12.1985 (Gesetz Nr. 3755).

[100] Koreanisches Staatssteuerbeitreibungsgesetz (KSSBTG) i.d.F. v. 21.12.1974 (Gesetz Nr. 2680), zul. geänd. v. 31.12.1986 (Gesetz Nr. 3912).

[101] Vgl. *Jong H. Seok,* Verwaltungsrecht I, 1990, S. 328 ff.

[102] Vgl. vor allem *Do C. Kim,* Verwaltungsrecht I, 1989, S. 389 ff.

[103] Vgl. *Mayer/Kopp,* Allgemeines Verwaltungsrecht, S. 219 f.; *Won U. Suh,* Eine Überlegung zur Lehre von Nebenbestimmung des Verwaltungsakts, in: GSK (Nov. 1985), S. 49 ff.; *Tschol Y. Kim,* Anfechtung gegen rechtswidrige Nebenbestimmungen, in: GSYG (März 1987), S. 55 ff.

tigen Zeit sind sehr vielfältig. Hieraus folgt, daß die Behörde in vielen Bereichen ihre Verwaltungsakte den Erfordernissen des öffentlichen Interesses und den Bedürfnissen sowie den berechtigten Erwartungen häufig ohne das Recht zu Nebenbestimmungen nicht hinreichend anpassen kann. Aus diesem Grunde wurde die h.L. oft kritisiert; man versuchte, den Begriff der Nebenbestimmung abweichend von ihr neu zu definieren.

Auf diese Entwicklung hatten deutsche Lehrmeinungen einen großen Einfluß[104]. Die koreanische Verwaltungsrechtslehre zieht in diesem Punkt ihrer Ansichten häufig die deutsche Literatur heran. Daher sind die Erläuterungen über die Arten der Nebenbestimmungen und ihre rechtlichen Eigenheiten in der koreanischen Literatur mit denen in der deutschen Literatur grundsätzlich vergleichbar. Dies gilt etwa für die Arten der Nebenbestimmungen, wobei die Lehre die Befristung, die Bedingung, die Auflage, den Widerrufsvorbehalt, den Ausschluß der gesetzlichen Rechtswirkung und den Vorbehalt einer nachträglichen Änderung anerkennt. Die sogenannte modifizierende Auflage der deutschen Literatur wurde ebenfalls gelegentlich in die koreanische Literatur[105] eingeführt. Eine modifizierende Auflage liegt vor, wenn sie nicht eine zusätzliche Leistungspflicht begründet, sondern den Inhalt des Verwaltungsakts, also die eigentliche Genehmigung, qualitativ verändert[106].

Bei der Zulässigkeit von Nebenbestimmungen geht die h.L. in Korea davon aus, daß bei rechtlich gebundenen und bei quasi-rechtsgeschäftlichen Verwaltungsakten die Nebenbestimmung unzulässig ist. Die Kritik dagegen ist der Auffassung, daß bei rechtlich gebundenen Verwaltungsakten Nebenbestimmungen zulässig sind[107], sofern eine Spezialvorschrift besteht oder durch Nebenbestimmungen gerade die Erfüllung einer fehlenden gesetzlichen Voraussetzung sichergestellt werden soll.

---

[104] So wurde für die Behandlung der Nebenbestimmung die folgende Literatur berücksichtigt (vgl. *Nam J. Kim*, Grundprobleme des Verwaltungsrechts, 1989, S. 184 ff.): *Schachel*, Nebenbestimmungen zum Verwaltungsakt, 1980, S. 96 ff.; *Mayer / Kopp*, Allgemeines Verwaltungsrecht, 1985, S. 129; *Schweikhardt*, Allgemeines Verwaltungsrecht, 1983, S. 173; *Maurer*, Allgemeines Verwaltungsrecht, 1985, S. 258; *Wolff / Bachof*, Verwaltungsrecht I, 1974, S. 365 f.; *Weyreuther*, Modifizierende Auflagen, DVBl. 1984; *Kopp*, Verwaltungsverfahrensgesetz mit Erläuterungen, 1977, S. 358.

[105] Vgl. vor allem *Nam J. Kim*, Verwaltungsrecht I, 1990, S. 231 f.

[106] Vgl. *Maurer*, Allgemeines Verwaltungsrecht, S. 271 f.

[107] Vgl. *Nam J. Kim*, Verwaltungsrecht I, 1990, S. 232 ff.; *ders.* Grundprobleme des Verwaltungsrechts, 1989, S. 192 ff.; *Jong H. Seok*, Verwaltungsrecht I, 1990, S. 337 f.

tigen Zeit sind sehr vielfältig. Hieraus folgt, daß die Behörde in vielen Bereichen ihre Verwaltungsakte den Erfordernissen des öffentlichen Interesses und den Bedürfnissen sowie den berechtigten Erwartungen häufig ohne das Recht zu Nebenbestimmungen nicht hinreichend anpassen kann. Aus diesem Grunde wurde die h.L. oft kritisiert; man versuchte, den Begriff der Nebenbestimmung abweichend von ihr neu zu definieren.

Auf diese Entwicklung hatten deutsche Lehrmeinungen einen großen Einfluß[104]. Die koreanische Verwaltungsrechtslehre zieht in diesem Punkt ihrer Ansichten häufig die deutsche Literatur heran. Daher sind die Erläuterungen über die Arten der Nebenbestimmungen und ihre rechtlichen Eigenheiten in der koreanischen Literatur mit denen in der deutschen Literatur grundsätzlich vergleichbar. Dies gilt etwa für die Arten der Nebenbestimmungen, wobei die Lehre die Befristung, die Bedingung, die Auflage, den Widerrufsvorbehalt, den Ausschluß der gesetzlichen Rechtswirkung und den Vorbehalt einer nachträglichen Änderung anerkennt. Die sogenannte modifizierende Auflage der deutschen Literatur wurde ebenfalls gelegentlich in die koreanische Literatur[105] eingeführt. Eine modifizierende Auflage liegt vor, wenn sie nicht eine zusätzliche Leistungspflicht begründet, sondern den Inhalt des Verwaltungsakts, also die eigentliche Genehmigung, qualitativ verändert[106].

Bei der Zulässigkeit von Nebenbestimmungen geht die h.L. in Korea davon aus, daß bei rechtlich gebundenen und bei quasi-rechtsgeschäftlichen Verwaltungsakten die Nebenbestimmung unzulässig ist. Die Kritik dagegen ist der Auffassung, daß bei rechtlich gebundenen Verwaltungsakten Nebenbestimmungen zulässig sind[107], sofern eine Spezialvorschrift besteht oder durch Nebenbestimmungen gerade die Erfüllung einer fehlenden gesetzlichen Voraussetzung sichergestellt werden soll.

---

[104] So wurde für die Behandlung der Nebenbestimmung die folgende Literatur berücksichtigt (vgl. *Nam J. Kim*, Grundprobleme des Verwaltungsrechts, 1989, S. 184 ff.): *Schachel*, Nebenbestimmungen zum Verwaltungsakt, 1980, S. 96 ff.; *Mayer/Kopp*, Allgemeines Verwaltungsrecht, 1985, S. 129; *Schweikhardt*, Allgemeines Verwaltungsrecht, 1983, S. 173; *Maurer*, Allgemeines Verwaltungsrecht, 1985, S. 258; *Wolff/Bachof*, Verwaltungsrecht I, 1974, S. 365 f.; *Weyreuther*, Modifizierende Auflagen, DVBl. 1984; *Kopp*, Verwaltungsverfahrensgesetz mit Erläuterungen, 1977, S. 358.

[105] Vgl. vor allem *Nam J. Kim*, Verwaltungsrecht I, 1990, S. 231 f.

[106] Vgl. *Maurer*, Allgemeines Verwaltungsrecht, S. 271 f.

[107] Vgl. *Nam J. Kim*, Verwaltungsrecht I, 1990, S. 232 ff.; *ders.* Grundprobleme des Verwaltungsrechts, 1989, S. 192 ff.; *Jong H. Seok*, Verwaltungsrecht I, 1990, S. 337 f.

§ 7 Verwaltungsverfahren und Verwaltungsprozeß

I. Einleitung

1. Vorbemerkung

Da in Korea im Bereich des Verwaltungsverfahrens und des Verwaltungsprozesses nur wenige deutsche Lehrmeinungen vertreten werden, braucht man an dieser Stelle eigentlich das koreanische System nicht eingehend darzustellen. Damit soll nicht gesagt werden, daß die koreanischen Verwaltungsjuristen an den deutschen Lehrmeinungen hinsichtlich des Widerspruchsverfahrens und des Verwaltungsprozesses kein Interesse hätten. Vielmehr wurden die deutschen Lehrmeinungen eingeführt, so z.B. hinsichtlich der Klagebefugnis[108], des Widerspruchsverfahrens[109], der Verpflichtungsklage[110] sowie der Verwaltungsgerichtsbarkeit[111] und des vorläufigen Rechtsschutzes in Deutschland[112]. Um das wissenschaftliche Interesse koreanischer Verwaltungsjuristen am deutschen Rechtssystem in bezug auf Widerspruchsverfahren und Verwaltungsprozeß zu erklären, ist es notwendig, das koreanische System des verwaltungsprozeßrechtlichen Verfahrens darzustellen.

2. Überblick

In der koreanischen Verwaltungsdogmatik werden das Verwaltungsverfahren und der Verwaltungsprozeß im Zusammenhang mit dem Anfechtungs-

---

[108] Vgl. *Nam J. Kim*, Aufhebungsklage und Klagebefugnisse, in GSYG (Jan. 1986), S. 131 ff.; *ders.*, Grundprobleme des Verwaltungsrechts, 1989, S. 459 ff.

[109] Über das Widerspruchsverfahren in der Bundesrepublik Deutschland wurde von Jong H. Seok auf der Jahrestagung für das Jahr 1981 der Korean Public Law Association berichtet. Vgl. *Jong H. Seok*, Das Widerspruchsverfahren in der BRD, in: Public Law, Vol. X (1982), S. 9/37.

[110] Über die Verpflichtungsklage wurde von Nam J. Kim auf der Jahrestagung für das Jahr 1978 der Korean Public Law Association berichtet. Vgl. *Nam J. Kim*, Verpflichtungsklage, in: Public Law, Vol. VII (1979), S. 29/46.

[111] Über die Verwaltungsgerichtsbarkeit in der BRD wurde von Tschol Y. Kim auf der Jahrestagung für das Jahr 1980 berichtet. Vgl. *Tschol Y. Kim*, Verwaltungsgerichtsbarkeit in der Bundesrepublik Deutschland, in: Public Law, Vol. IX (1981), S. 105/118.

[112] *Jong H. Seok*, Vorläufiger Rechtsschutz nach § 80 VwGO in der BRD, in: Theses Collection in Law, hrsg. vom Department of Law/Dankook University, Vol. XII (1985), S. 51/64.

§ 7 Verwaltungsverfahren und Verwaltungsprozeß

I. Einleitung

1. Vorbemerkung

Da in Korea im Bereich des Verwaltungsverfahrens und des Verwaltungsprozesses nur wenige deutsche Lehrmeinungen vertreten werden, braucht man an dieser Stelle eigentlich das koreanische System nicht eingehend darzustellen. Damit soll nicht gesagt werden, daß die koreanischen Verwaltungsjuristen an den deutschen Lehrmeinungen hinsichtlich des Widerspruchsverfahrens und des Verwaltungsprozesses kein Interesse hätten. Vielmehr wurden die deutschen Lehrmeinungen eingeführt, so z.B. hinsichtlich der Klagebefugnis[108], des Widerspruchsverfahrens[109], der Verpflichtungsklage[110] sowie der Verwaltungsgerichtsbarkeit[111] und des vorläufigen Rechtsschutzes in Deutschland[112]. Um das wissenschaftliche Interesse koreanischer Verwaltungsjuristen am deutschen Rechtssystem in bezug auf Widerspruchsverfahren und Verwaltungsprozeß zu erklären, ist es notwendig, das koreanische System des verwaltungsprozeßrechtlichen Verfahrens darzustellen.

2. Überblick

In der koreanischen Verwaltungsdogmatik werden das Verwaltungsverfahren und der Verwaltungsprozeß im Zusammenhang mit dem Anfechtungs-

---

[108] Vgl. *Nam J. Kim,* Aufhebungsklage und Klagebefugnisse, in GSYG (Jan. 1986), S. 131 ff.; *ders.*, Grundprobleme des Verwaltungsrechts, 1989, S. 459 ff.

[109] Über das Widerspruchsverfahren in der Bundesrepublik Deutschland wurde von Jong H. Seok auf der Jahrestagung für das Jahr 1981 der Korean Public Law Association berichtet. Vgl. *Jong H. Seok,* Das Widerspruchsverfahren in der BRD, in: Public Law, Vol. X (1982), S. 9/37.

[110] Über die Verpflichtungsklage wurde von Nam J. Kim auf der Jahrestagung für das Jahr 1978 der Korean Public Law Association berichtet. Vgl. *Nam J. Kim,* Verpflichtungsklage, in: Public Law, Vol. VII (1979), S. 29/46.

[111] Über die Verwaltungsgerichtsbarkeit in der BRD wurde von Tschol Y. Kim auf der Jahrestagung für das Jahr 1980 berichtet. Vgl. *Tschol Y. Kim,* Verwaltungsgerichtsbarkeit in der Bundesrepublik Deutschland, in: Public Law, Vol. IX (1981), S. 105/118.

[112] *Jong H. Seok,* Vorläufiger Rechtsschutz nach § 80 VwGO in der BRD, in: Theses Collection in Law, hrsg. vom Department of Law/Dankook University, Vol. XII (1985), S. 51/64.

verfahren gegen Handlungen der Verwaltung untersucht (HaengjongsangJaengsong; im folgenden „Jaengsong“ abgekürzt). Das Wort „Haengjong“ bedeutet die Verwaltung, „Sang“ bedeutet von oder auf und „Jaengsong“ bedeutet die Anfechtung und die verwaltungsgerichtliche Klage.

Die Jaengsong im materiellen und weiteren Sinne[113] bedeutet das von einem Staatsorgan durchzuführende Verfahren, das über die Gestaltung oder das Bestehen eines verwaltungsrechtlichen Rechtsverhältnisses Klarheit zu schaffen hat. Die Jaengsong im formellen Sinne[114] bedeutet auch das Verfahren, das die Rechtmäßigkeit, die Gerechtigkeit und die Billigkeit eines Verwaltungsakts zu prüfen hat. Dabei spielt keine Rolle, ob es sich um ein Verwaltungsverfahren oder um eine Verwaltungsklage handelt. Jaengsong im formellen Sinne betrifft daher die Beteiligung oder Anhörung der Betroffenen im Verwaltungsverfahren. Die Jaengsong im engeren Sinne bedeutet das Verwaltungsorgan, also die Behörde und das Verwaltungsgericht, die über die öffentlich-rechtliche Streitigkeit zu entscheiden haben. Unter Jaengsong im engeren Sinne versteht man aber die Verwaltungsgerichtsbarkeit, wie sie in Deutschland und Frankreich bis zum Ende des Zweiten Weltkrieges verstanden wurde. Die Jaengsong in diesem Sinne gab es in der geschichtlichen Entwicklung des koreanischen Rechtssystems der Verwaltungsgerichtsbarkeit nicht. Man versteht die Jaengsong jetzt im engeren Sinne; denn seit der ersten KV von 1948 unterlag die rechtsprechende Gewalt ständig den ordentlichen Gerichten, die aus normalen Richtern gebildet werden (Art. 1 KV). Dies besagt aber nicht, daß im koreanischen Rechtssystem das Verwaltungsvorverfahren und verwaltungsprozeßrechtliche Verfahren nicht vorhanden wäre. Das geltende Recht, nämlich die Koreanische Verwaltungsgerichtsordnung[115], sieht vor, daß vor der Erhebung einer Verwaltungsklage das Verwaltungsvorverfahren eingeschaltet werden muß, wenn es gesetzlich vorgeschrieben ist (§ 18 Abs. 1 KVwGO). Das Vorverfahren ist im koreanischen Verwaltungsvorverfahrensgesetz (Haengjongshinpanbop)[116] geregelt.

---

[113] Vgl. *Jong H. Seok*, Verwaltungsrecht I, S. 707 f.

[114] Vgl. ebenda.

[115] Koreanische Verwaltungsgerichtsordnung (KVwGO) i.d.F. v. 15.12.1984 (Gesetz Nr. 3574). Zuvor galt die KVwGO i.d.F. v. 24.8.1951 (Gesetz Nr. 213), geändert 15.7.1955 (Gesetz Nr. 363) und 2.5.1963 (Gesetz Nr. 1339). Dieses Gesetz bestand aus 14 Paragraphen und 2 Schlußvorschriften; nämlich § 1 (Ziel), § 2 (Grundsätzliches Vorverfahren), § 3 (Beklagter), § 4 (Örtliche Zuständigkeiten), § 6 (Änderung der Beklagten), § 7 (Kontrolle), § 10 (Aufschiebende Wirkung), § 11 (Ausschluß der mündlichen Verhandlung), § 12 (Klageabweisung), § 13 (Wirkung der Urteile), § 14 (Anwendung von anderen Gesetzen).

[116] Koreanisches Verwaltungsvorverfahrensgesetz (KVwvVfG) i.d.F. v. 15.12.1984

verfahren gegen Handlungen der Verwaltung untersucht (HaengjongsangJaengsong; im folgenden „Jaengsong" abgekürzt). Das Wort „Haengjong" bedeutet die Verwaltung, „Sang" bedeutet von oder auf und „Jaengsong" bedeutet die Anfechtung und die verwaltungsgerichtliche Klage.

Die Jaengsong im materiellen und weiteren Sinne[113] bedeutet das von einem Staatsorgan durchzuführende Verfahren, das über die Gestaltung oder das Bestehen eines verwaltungsrechtlichen Rechtsverhältnisses Klarheit zu schaffen hat. Die Jaengsong im formellen Sinne[114] bedeutet auch das Verfahren, das die Rechtmäßigkeit, die Gerechtigkeit und die Billigkeit eines Verwaltungsakts zu prüfen hat. Dabei spielt keine Rolle, ob es sich um ein Verwaltungsverfahren oder um eine Verwaltungsklage handelt. Jaengsong im formellen Sinne betrifft daher die Beteiligung oder Anhörung der Betroffenen im Verwaltungsverfahren. Die Jaengsong im engeren Sinne bedeutet das Verwaltungsorgan, also die Behörde und das Verwaltungsgericht, die über die öffentlich-rechtliche Streitigkeit zu entscheiden haben. Unter Jaengsong im engeren Sinne versteht man aber die Verwaltungsgerichtsbarkeit, wie sie in Deutschland und Frankreich bis zum Ende des Zweiten Weltkrieges verstanden wurde. Die Jaengsong in diesem Sinne gab es in der geschichtlichen Entwicklung des koreanischen Rechtssystems der Verwaltungsgerichtsbarkeit nicht. Man versteht die Jaengsong jetzt im engeren Sinne; denn seit der ersten KV von 1948 unterlag die rechtsprechende Gewalt ständig den ordentlichen Gerichten, die aus normalen Richtern gebildet werden (Art. 1 KV). Dies besagt aber nicht, daß im koreanischen Rechtssystem das Verwaltungsvorverfahren und verwaltungsprozeßrechtliche Verfahren nicht vorhanden wäre. Das geltende Recht, nämlich die Koreanische Verwaltungsgerichtsordnung[115], sieht vor, daß vor der Erhebung einer Verwaltungsklage das Verwaltungsvorverfahren eingeschaltet werden muß, wenn es gesetzlich vorgeschrieben ist (§ 18 Abs. 1 KVwGO). Das Vorverfahren ist im koreanischen Verwaltungsvorverfahrensgesetz (Haengjongshinpanbop)[116] geregelt.

---

[113] Vgl. *Jong H. Seok*, Verwaltungsrecht I, S. 707 f.

[114] Vgl. ebenda.

[115] Koreanische Verwaltungsgerichtsordnung (KVwGO) i.d.F. v. 15.12.1984 (Gesetz Nr. 3574). Zuvor galt die KVwGO i.d.F. v. 24.8.1951 (Gesetz Nr. 213), geändert 15.7.1955 (Gesetz Nr. 363) und 2.5.1963 (Gesetz Nr. 1339). Dieses Gesetz bestand aus 14 Paragraphen und 2 Schlußvorschriften; nämlich § 1 (Ziel), § 2 (Grundsätzliches Vorverfahren), § 3 (Beklagter), § 4 (Örtliche Zuständigkeiten), § 6 (Änderung der Beklagten), § 7 (Kontrolle), § 10 (Aufschiebende Wirkung), § 11 (Ausschluß der mündlichen Verhandlung), § 12 (Klageabweisung), § 13 (Wirkung der Urteile), § 14 (Anwendung von anderen Gesetzen).

[116] Koreanisches Verwaltungsvorverfahrensgesetz (KVwvVfG) i.d.F. v. 15.12.1984

3. Verfassungsrechtliche Grundlagen

Art. 107 Abs. 2 KV schreibt vor, daß in letzter Instanz der Oberste Gerichtshof über die Verfassungs- und Gesetzmäßigkeit von Verordnungen, Verwaltungsvorschriften oder Verwaltungsakten entscheidet, wenn es in einem Prozeß auf deren Gültigkeit ankommt. Damit ist eine wichtige Kompetenz der Verwaltungsgerichtsbarkeit in die Zuständigkeit der ordentlichen Gerichte gegeben; die KV erkennt die Errichtung einer eigenen Verwaltungegerichtsbarkeit in Korea nicht an. Aber im Hinblick auf die Besonderheit verwaltungsrechtlicher Streitigkeiten zollt die KV doch dem Verwaltungsvorverfahren Anerkennung; Art. 107 Abs. 3 KV schreibt, wie schon gesagt, vor, daß vor dem gerichtlichen Verfahren ein Verwaltungsvorverfahren durchgeführt werden muß. Das Verwaltungsvorverfahren ist gesetzlich geregelt und soll mit den Grundsätzen gerichtlicher Verfahren in Einklang stehen. Dementsprechend schreibt § 18 Abs. 3 KVwGO vor, daß man eine Anfechtungsklage gegen den rechtswidrigen Verwaltungsakt erst dann erheben kann, wenn er das Vorverfahren bereits passiert hat, soweit die Gesetze es vorschreiben. Hinsichtlich des Verwaltungsprozesses selbst regelt die KVwGO als Ausnahme oder Sonderregelung die Klagefrist, die örtliche Zuständigkeit, die Beweislast usw. anders als im Zivilprozeß.

II. Verwaltungsvorverfahren

1. Die Bedeutung des Verwaltungsvorverfahrens

Verwaltungsvorverfahren (Haengjongshimpan) bedeutet ein Anfechtungsverfahren, in dem ein Verwaltungsakt auf die Rechts- und Interessenverletzung wegen Rechtswidrigkeit oder Ungerechtigkeit kontrolliert werden soll. Im Grunde genommen schließt Haengjongshimpan das gesamte Verfahren der Anfechtung ein, in welchem Verwaltungsorgane als Widerspruchsbehörden tätig werden. Dabei unterscheidet man die Tätigkeit im materiellen und im formellen Sinne. Im materiellen Sinne unterscheidet man wiederum das

---

(Gesetz Nr. 3755). Zuvor galt das Sowonbop (Beschwerdegesetz) i.d.F. v. 3.8.1951 (Gesetz Nr. 211). Dieses Gesetz bestand aus 14 Paragraphen und 3 Schlußvorschriften; nämlich § 1 (Ziel des Gesetzes), § 2 (Annahmebehörde), § 3 (Frist der Sowon-Erhebung), § 4 (Form der Sowon), § 5 (Inhalt der Sowon-Schrift), § 6 (Vertretung), § 7 (Maßnahme der erlassenden Behörde, § 8 (Aufschiebende Wirkung), § 9 (Bescheid nach der schriftlichen Überprüfung), § 10 (Mündliche Verhandlung, Beweisuntersuchung), § 11 (Form des Bescheids), § 12 (Ausgabe des Bescheids), § 13 (Verbindlichkeit des Bescheids), § 14 (Verbot der Wiederholung von Sowon-Erhebung).

3. Verfassungsrechtliche Grundlagen

Art. 107 Abs. 2 KV schreibt vor, daß in letzter Instanz der Oberste Gerichtshof über die Verfassungs- und Gesetzmäßigkeit von Verordnungen, Verwaltungsvorschriften oder Verwaltungsakten entscheidet, wenn es in einem Prozeß auf deren Gültigkeit ankommt. Damit ist eine wichtige Kompetenz der Verwaltungsgerichtsbarkeit in die Zuständigkeit der ordentlichen Gerichte gegeben; die KV erkennt die Errichtung einer eigenen Verwaltungerichtsbarkeit in Korea nicht an. Aber im Hinblick auf die Besonderheit verwaltungsrechtlicher Streitigkeiten zollt die KV doch dem Verwaltungsvorverfahren Anerkennung; Art. 107 Abs. 3 KV schreibt, wie schon gesagt, vor, daß vor dem gerichtlichen Verfahren ein Verwaltungsvorverfahren durchgeführt werden muß. Das Verwaltungsvorverfahren ist gesetzlich geregelt und soll mit den Grundsätzen gerichtlicher Verfahren in Einklang stehen. Dementsprechend schreibt § 18 Abs. 3 KVwGO vor, daß man eine Anfechtungsklage gegen den rechtswidrigen Verwaltungsakt erst dann erheben kann, wenn er das Vorverfahren bereits passiert hat, soweit die Gesetze es vorschreiben. Hinsichtlich des Verwaltungsprozesses selbst regelt die KVwGO als Ausnahme oder Sonderregelung die Klagefrist, die örtliche Zuständigkeit, die Beweislast usw. anders als im Zivilprozeß.

II. Verwaltungsvorverfahren

1. Die Bedeutung des Verwaltungsvorverfahrens

Verwaltungsvorverfahren (Haengjongshimpan) bedeutet ein Anfechtungsverfahren, in dem ein Verwaltungsakt auf die Rechts- und Interessenverletzung wegen Rechtswidrigkeit oder Ungerechtigkeit kontrolliert werden soll. Im Grunde genommen schließt Haengjongshimpan das gesamte Verfahren der Anfechtung ein, in welchem Verwaltungsorgane als Widerspruchsbehörden tätig werden. Dabei unterscheidet man die Tätigkeit im materiellen und im formellen Sinne. Im materiellen Sinne unterscheidet man wiederum das

---

(Gesetz Nr. 3755). Zuvor galt das Sowonbop (Beschwerdegesetz) i.d.F. v. 3.8.1951 (Gesetz Nr. 211). Dieses Gesetz bestand aus 14 Paragraphen und 3 Schlußvorschriften; nämlich § 1 (Ziel des Gesetzes), § 2 (Annahmebehörde), § 3 (Frist der Sowon-Erhebung), § 4 (Form der Sowon), § 5 (Inhalt der Sowon-Schrift), § 6 (Vertretung), § 7 (Maßnahme der erlassenden Behörde, § 8 (Aufschiebende Wirkung), § 9 (Bescheid nach der schriftlichen Überprüfung), § 10 (Mündliche Verhandlung, Beweisuntersuchung), § 11 (Form des Bescheids), § 12 (Ausgabe des Bescheids), § 13 (Verbindlichkeit des Bescheids), § 14 (Verbot der Wiederholung von Sowon-Erhebung).

Haengjongshimpan im weiteren und im engeren Sinne. Unter Haengjongshimpan im materiellen Sinne versteht man das Verfahren, in dem das Verwaltungsorgan entscheidet und das von der Behörde aufgrund der Rechtsverordnung bei ihrer hoheitlichen Entscheidung durchgeführt wird. Als Arten der Entscheidung gibt es das Anfechtungs-Jaengsong, Parteien-Jaengsong und das Popular-Jaengsong. Unter Haengjongshimpan im formellen Sinne versteht man das im koreanischen Verwaltungsvorverfahrensgesetz geregelte Vorverfahren. Die folgende Untersuchung bezieht sich auf das Haengjongshimpan im formellen Sinne.

2. Die Arten des Haengjongshimpan

Das Koreanische Verwaltungsvorverfahrensgesetz unterscheidet beim Haengjongshimpan zwischen dem Chisoshimpan (Aufhebungsverfahren)[117] und dem Muhyodung Hwaginshimpan (feststellenden Vorverfahren betr. die Nichtigkeit eines Akts)[118] sowie dem Uimu Ihaeng Shimpan (Verpflichtungsvorverfahren)[119]. Mit dem Chisoshimpan kann der Antragsteller die Aufhebung oder Änderung eines Chobun (= Verwaltungsakt) geltend machen, wenn die Rechte und Interessen des Antragstellers durch die rechtswidrige oder ungerechte Ausübung der öffentlichen Gewalt oder die Verweigerung einer Ausübung der öffentlichen Gewalt und durch das der öffentlichen Gewalt entsprechende Handeln verletzt wird. Den Begriff des Chobun definiert § 2 Abs. 2 Nr. 1 KVwvVfG wie folgt: Chobun ist die Ausübung der öffentlichen Gewalt als Rechtsvollziehung oder die Verweigerung der Ausübung der öffentlichen Gewalt im konkreten Fall und im übrigen eine entsprechende Verwaltungshandlung. Mit dem Muyhowaginshimpan kann der Antragsteller die Feststellung geltend machen, ob der Chobun wirksam ist oder nicht wirksam ist, bzw. ob ein Chobun gegeben oder nicht gegeben ist.

---

[117] Chiso in koreanischer Sprache bedeutet eine rückwirkende Zurücknahme oder Rücknahme eines Verwaltungsakts.

[118] In koreanischer Sprache „Muhyo" bedeutet die Nichtigkeit eines rechtsgeschäftlichen Akts. „Hwagin" bedeutet die Feststellung einer Tatsache oder des Rechtsverhältnisses der Verwaltung und des Rechtsverhältnisses zwischen der Verwaltung und dem Bürger.

[119] In koreanischer Sprache „Uimu" bedeutet die Pflicht. „Ihaeng" bedeutet die Erfüllung oder die Ausführung einer öffentlich-rechtlichen Pflicht.

Haengjongshimpan im weiteren und im engeren Sinne. Unter Haengjongshimpan im materiellen Sinne versteht man das Verfahren, in dem das Verwaltungsorgan entscheidet und das von der Behörde aufgrund der Rechtsverordnung bei ihrer hoheitlichen Entscheidung durchgeführt wird. Als Arten der Entscheidung gibt es das Anfechtungs-Jaengsong, Parteien-Jaengsong und das Popular-Jaengsong. Unter Haengjongshimpan im formellen Sinne versteht man das im koreanischen Verwaltungsvorverfahrensgesetz geregelte Vorverfahren. Die folgende Untersuchung bezieht sich auf das Haengjongshimpan im formellen Sinne.

2. Die Arten des Haengjongshimpan

Das Koreanische Verwaltungsvorverfahrensgesetz unterscheidet beim Haengjongshimpan zwischen dem Chisoshimpan (Aufhebungsverfahren)[117] und dem Muhyodung Hwaginshimpan (feststellenden Vorverfahren betr. die Nichtigkeit eines Akts)[118] sowie dem Uimu Ihaeng Shimpan (Verpflichtungsvorverfahren)[119]. Mit dem Chisoshimpan kann der Antragsteller die Aufhebung oder Änderung eines Chobun (= Verwaltungsakt) geltend machen, wenn die Rechte und Interessen des Antragstellers durch die rechtswidrige oder ungerechte Ausübung der öffentlichen Gewalt oder die Verweigerung einer Ausübung der öffentlichen Gewalt und durch das der öffentlichen Gewalt entsprechende Handeln verletzt wird. Den Begriff des Chobun definiert § 2 Abs. 2 Nr. 1 KVwvVfG wie folgt: Chobun ist die Ausübung der öffentlichen Gewalt als Rechtsvollziehung oder die Verweigerung der Ausübung der öffentlichen Gewalt im konkreten Fall und im übrigen eine entsprechende Verwaltungshandlung. Mit dem Muyhowaginshimpan kann der Antragsteller die Feststellung geltend machen, ob der Chobun wirksam ist oder nicht wirksam ist, bzw. ob ein Chobun gegeben oder nicht gegeben ist.

---

[117] Chiso in koreanischer Sprache bedeutet eine rückwirkende Zurücknahme oder Rücknahme eines Verwaltungsakts.

[118] In koreanischer Sprache „Muhyo" bedeutet die Nichtigkeit eines rechtsgeschäftlichen Akts. „Hwagin" bedeutet die Feststellung einer Tatsache oder des Rechtsverhältnisses der Verwaltung und des Rechtsverhältnisses zwischen der Verwaltung und dem Bürger.

[119] In koreanischer Sprache „Uimu" bedeutet die Pflicht. „Ihaeng" bedeutet die Erfüllung oder die Ausführung einer öffentlich-rechtlichen Pflicht.

3. Widerspruchsbehörde

3.1 Die Arten der Widerspruchsbehörde

Die Widerspruchsbehörde ist grundsätzlich die gegenüber der den Akt erlassenden Behörde nächsthöhere Verwaltungsbehörde (Chobunchon). Die nächsthöhere Behörde ist die an erster Stelle folgende Aufsichtsbehörde innerhalb des Systems der sachlichen Zuständigkeit der Verwaltungsorganisation. So ist der Premierminister Widerspruchsbehörde, wenn der Chobun oder die Untätigkeiten eines unter ihrer Aufsicht stehenden Ministers oder einer unter seiner Aufsicht stehenden Behörde mit dem Widerspruch angegriffen wird. Der einzelne Minister ist Widerspruchsbehörde, wenn der Chobun oder die Untätigkeiten einer ihm unterstehenden Behörde angegriffen wird. Im übrigen ist die nächsthöhere Behörde für den Bürgermeister der Stadt Seoul als Sonderfall der Premierminister, für die unter der direkten sachlichen Zuständigkeit der Regierung stehenden Bürgermeister (Jikhwalsijang) und die Provinzchefs ist der Minister des Innern die nächsthöhere Behörde. Die Aufsichtsbehörde kann – je nach der gegebenen sachlichen Zuständkeit – eine andere, unterschiedliche Behörde sein. So ist es z.B. für die polizeilichen Aufgaben, die der Bürgermeister der Stadt Seoul erledigt, im Sonderstatus der Innenminister, der auch über Widersprüche entscheidet.

Die Widerspruchsbehörde kann über den Haengjongshimpan nur nach dem Beschluß eines dafür zuständigen Ausschuses (Haengjongshimpanuiwonhoi) entscheiden, wobei dieser Ausschuss auf Antrag das Verwaltungshandeln kontrolliert und danach zu beschließen hat.

3.2 Die Befugnisse der Widerspruchsbehörde

Die Widerspruchsbehörde hat über den Widerspruch zu entscheiden; ihr fällt also Entscheidungsgewalt zu. Aber sie darf – gemäß dem Antrag des Widerspruchsführers – den eigentlichen Beschluß über den Widerspruch nicht fassen; denn das Beschlußrecht liegt, wie schon ausgeführt, bei dem Ausschuß für Haengjongshimpan (§ 6 Abs. 1 VwvVfG). Die Erhebung des Widerspruchs hat grundsätzlich keine aufschiebende Wirkung des angegriffenen Chobun. Ausnahmesweise kann aber die Widerspruchsbehörde die Vollziehung des Chobun durch Entscheidung von Amts wegen auf Antrag des Betroffenen aufschieben, wenn dafür hinreichende Gründe vorliegen, um die Nachteile der Vollziehung des Chobun oder die Fortführung des Verfahrens zu vermeiden, falls diese Entscheidung sich nicht nachteilig auf das öffentliche Wohl auswirkt (§ 21 Abs. 2 und 3 KVwvVfG). Die Widerspruchsbehörde kann die Entscheidung wiederum von Amts wegen oder auf Antrag zu-

3. Widerspruchsbehörde

3.1 Die Arten der Widerspruchsbehörde

Die Widerspruchsbehörde ist grundsätzlich die gegenüber der den Akt erlassenden Behörde nächsthöhere Verwaltungsbehörde (Chobunchon). Die nächsthöhere Behörde ist die an erster Stelle folgende Aufsichtsbehörde innerhalb des Systems der sachlichen Zuständigkeit der Verwaltungsorganisation. So ist der Premierminister Widerspruchsbehörde, wenn der Chobun oder die Untätigkeiten eines unter ihrer Aufsicht stehenden Ministers oder einer unter seiner Aufsicht stehenden Behörde mit dem Widerspruch angegriffen wird. Der einzelne Minister ist Widerspruchsbehörde, wenn der Chobun oder die Untätigkeiten einer ihm unterstehenden Behörde angegriffen wird. Im übrigen ist die nächsthöhere Behörde für den Bürgermeister der Stadt Seoul als Sonderfall der Premierminister, für die unter der direkten sachlichen Zuständigkeit der Regierung stehenden Bürgermeister (Jikhwalsijang) und die Provinzchefs ist der Minister des Innern die nächsthöhere Behörde. Die Aufsichtsbehörde kann – je nach der gegebenen sachlichen Zuständkeit – eine andere, unterschiedliche Behörde sein. So ist es z.B. für die polizeilichen Aufgaben, die der Bürgermeister der Stadt Seoul erledigt, im Sonderstatus der Innenminister, der auch über Widersprüche entscheidet.

Die Widerspruchsbehörde kann über den Haengjongshimpan nur nach dem Beschluß eines dafür zuständigen Ausschuses (Haengjongshimpanuiwonhoi) entscheiden, wobei dieser Ausschuss auf Antrag das Verwaltungshandeln kontrolliert und danach zu beschließen hat.

3.2 Die Befugnisse der Widerspruchsbehörde

Die Widerspruchsbehörde hat über den Widerspruch zu entscheiden; ihr fällt also Entscheidungsgewalt zu. Aber sie darf – gemäß dem Antrag des Widerspruchsführers – den eigentlichen Beschluß über den Widerspruch nicht fassen; denn das Beschlußrecht liegt, wie schon ausgeführt, bei dem Ausschuß für Haengjongshimpan (§ 6 Abs. 1 VwvVfG). Die Erhebung des Widerspruchs hat grundsätzlich keine aufschiebende Wirkung des angegriffenen Chobun. Ausnahmesweise kann aber die Widerspruchsbehörde die Vollziehung des Chobun durch Entscheidung von Amts wegen auf Antrag des Betroffenen aufschieben, wenn dafür hinreichende Gründe vorliegen, um die Nachteile der Vollziehung des Chobun oder die Fortführung des Verfahrens zu vermeiden, falls diese Entscheidung sich nicht nachteilig auf das öffentliche Wohl auswirkt (§ 21 Abs. 2 und 3 KVwvVfG). Die Widerspruchsbehörde kann die Entscheidung wiederum von Amts wegen oder auf Antrag zurücknehmen, wenn dies dem öffentlichen Wohle dient oder die Gründe der Entscheidung sich erledigt haben. Allerdings ist eine solche Entscheidung auf einen Beschluß des Ausschusses für Haengjongshimpan angewiesen (§ 21 Abs. 5 KVwvVfG).

3.3 Die Pflichten der Widerspruchsbehörde

Der Widerspruch kann bei der Behörde, die den Verwaltungsakt erlassen hat, eingelegt werden. In diesem Fall muß die angegriffene Behörde die Widerspruchsschrift, wenn sie sie angenommen hat, innerhalb von 10 Tagen nach der Annahme an die Widerspruchsbehörde weiterleiten (§ 17 Abs. 4 KVwvVfG). Da die Widerspruchsbehörde über den Antrag nicht selbst beschließen darf, muß die Widerspruchsschrift an den Ausschuß für Haenjongshimpan gehen (§ 22 Abs. 1 KVwvVfG).

Wenn ein Dritter den Widerspruch eingelegt hat, muß die Widerspruchsbehörde den Widerspruch dem ursprünglichen Empfänger des Chobun mitteilen (§ 22 Abs. 2 KVwVfG). Wenn die Widerspruchsbehörde endgültig über den Widerspruch entscheiden hat, muß sie die Beweismaterialien, die der Widerspruchsbehörde oder dem Ausschuß für Haengjongshimpan vorgelegt worden sind, an die Parteien unverzüglich zurückgeben, wenn dies beantragt wird (§ 40 KVwVfG).

4. Parteien des Verwaltungsvorverfahrens

Da das Verwaltungsvorverfahren mit den Grundsätzen des gerichtlichen Verfahrens in Einklang stehen soll (Art. 107 Abs. 3 Satz 2 KV), legt das Verwaltungsvorverfahrensrecht für die Beteiligten (Antragsteller und Antragsgegner) die gleiche rechtliche Stellung fest wie im Prozeß. So gilt z.B. der Parteiengrundsatz (Dispositionsprinzip), das Prinzip der mündlichen Verhandlung, die Nominierung einer Vertretung im Falle von Massenverfahren, der Übergang an den Rechtsnachfolger usw. Die Parteien des Verwaltungsvorverfahrens sind der Antragsteller, sein Vertreter sowie der Rechtsnachfolger, auf der anderen Seite die mit dem Widerspruch angegriffene Behörde.

4.1 Der Antragsteller

Den Antragsteller nennt man in Korea Chongguin; er ist die Person, die dne Antrag auf Einleitung des Verwaltungsvorverfahrens stellt, um die Aufhebung oder Änderung eines Chobun oder die Feststellung der Untätigkeit rücknehmen, wenn dies dem öffentlichen Wohle dient oder die Gründe der Entscheidung sich erledigt haben. Allerdings ist eine solche Entscheidung auf einen Beschluß des Ausschusses für Haengjongshimpan angewiesen (§ 21 Abs. 5 KVwvVfG).

3.3 Die Pflichten der Widerspruchsbehörde

Der Widerspruch kann bei der Behörde, die den Verwaltungsakt erlassen hat, eingelegt werden. In diesem Fall muß die angegriffene Behörde die Widerspruchsschrift, wenn sie sie angenommen hat, innerhalb von 10 Tagen nach der Annahme an die Widerspruchsbehörde weiterleiten (§ 17 Abs. 4 KVwvVfG). Da die Widerspruchsbehörde über den Antrag nicht selbst beschließen darf, muß die Widerspruchsschrift an den Ausschuß für Haenjongshimpan gehen (§ 22 Abs. 1 KVwvVfG).

Wenn ein Dritter den Widerspruch eingelegt hat, muß die Widerspruchsbehörde den Widerspruch dem ursprünglichen Empfänger des Chobun mitteilen (§ 22 Abs. 2 KVwVfG). Wenn die Widerspruchsbehörde endgültig über den Widerspruch entscheiden hat, muß sie die Beweismaterialien, die der Widerspruchsbehörde oder dem Ausschuß für Haengjongshimpan vorgelegt worden sind, an die Parteien unverzüglich zurückgeben, wenn dies beantragt wird (§ 40 KVwVfG).

4. Parteien des Verwaltungsvorverfahrens

Da das Verwaltungsvorverfahren mit den Grundsätzen des gerichtlichen Verfahrens in Einklang stehen soll (Art. 107 Abs. 3 Satz 2 KV), legt das Verwaltungsvorverfahrensrecht für die Beteiligten (Antragsteller und Antragsgegner) die gleiche rechtliche Stellung fest wie im Prozeß. So gilt z.B. der Parteiengrundsatz (Dispositionsprinzip), das Prinzip der mündlichen Verhandlung, die Nominierung einer Vertretung im Falle von Massenverfahren, der Übergang an den Rechtsnachfolger usw. Die Parteien des Verwaltungsvorverfahrens sind der Antragsteller, sein Vertreter sowie der Rechtsnachfolger, auf der anderen Seite die mit dem Widerspruch angegriffene Behörde.

4.1 Der Antragsteller

Den Antragsteller nennt man in Korea Chongguin; er ist die Person, die dne Antrag auf Einleitung des Verwaltungsvorverfahrens stellt, um die Aufhebung oder Änderung eines Chobun oder die Feststellung der Untätigkeit der Behörde zu erreichen. Der Chongguin ist grundsätzlich eine natürliche oder eine juristische Person. Ein rechtsfähiger Verein oder eine Stiftung kann Antragsteller sein, in ihrem Namen tritt ein Vertreter oder Verwalter auf, soweit dieser vorhanden ist (§ 10 KVwVfG). Wenn mehrere Chongguin zusammen einen Widerspruch einlegen, können sie 3 Personen als Vertreter auswählen.

Außerdem kann der Ausschuß für Haengjongshimpan die Bestellung eines Vertreters im Falle des Vorhandenseins mehrerer Chongguin empfehlen (§ 11 Abs. 1, 2 KVwvVfG). Der gewählte Vertreter kann alle Rechte hinsichtlich des Widerspruchs vornehmen, außer der Zurücknahme des Antrags selbst. Auf diese Weise kann sich der Chongguin nur durch den Vertreter an dem Verfahren beteiligen (§ 11 Abs. 3, 4 KVwvVfG). Aber der Chongguin kann den Vertreter abberufen, wenn er ihn nicht mehr für erforderlich hält (§ 11 Abs. 5 KVwvVfG). Wer ein rechtliches Interesse an der Aufhebung oder Änderung eines Chobun hat, besitzt die Antragsberechtigung für das Chisoshimpan (Aufhebungsvorverfahren) auch dann, wenn die Verbindlichkeit des Chobun durch den Ablauf einer Frist, durch die Vollziehung des Chobun oder in anderer Weise sich erledigt hat.

Wer ein rechtliches Interesse an der Feststellung hat, ob der Chobun gültig oder ungültig ist oder ob überhaupt ein Chobun gegeben ist oder nicht, hat eine entsprechende Chongguin-Berechtigung für das Muhyohwaginshimpan (Nichtigkeitsfeststellungsvorverfahren). Wer hingegen ein rechtliches Interesse am Erlaß eines Chobun besitzt, hat die Chongguin-Berechtigung, um gegen die Weigerung oder Untätigkeit der Behörde vorzugehen.

4.2 Der Widerspruchsgegner (die „beklagte“ Behörde)

Den Widerspruchsgegner, also die „beklagte“ Behörde, nennt man in Korea Pichongguin. Es ist diejenige Behörde, die den Chobun erlassen hat oder die trotz eines entsprechenden Antrages untätig geblieben ist. Ändert sich während des Verfahrens die Zuständigkeit und wird eine andere Behörde für den Erlaß des Verwaltungsakts zuständig, so wird diese Behörde nunmehr „Beklagte“ (§ 13 Abs. 1 KVwvVfG). Wenn der Antragsteller seinen Antrag nicht bei der dafür zuständigen Behörde gestellt hat oder sich die sachliche Zuständigkeit nach Antragstellung ändert oder auf eine andere Behörde übergeht, kann der Ausschuß für Haengjongshimpan auch nach Einlegung des Widerspruchs von Amts wegen den Pichongguin durch Entscheidung ändern (§ 13 Abs. 2, Abs. 5 KVwvVfG). In diesem Falle muß der Ausschuß für Haengjongshimpan die schriftliche Entscheidung an den Chongguin und an den neuen Pichongguin senden (§ 13 Abs. 4 KVwvVfG).

der Behörde zu erreichen. Der Chongguin ist grundsätzlich eine natürliche oder eine juristische Person. Ein rechtsfähiger Verein oder eine Stiftung kann Antragsteller sein, in ihrem Namen tritt ein Vertreter oder Verwalter auf, soweit dieser vorhanden ist (§ 10 KVwVfG). Wenn mehrere Chongguin zusammen einen Widerspruch einlegen, können sie 3 Personen als Vertreter auswählen.

Außerdem kann der Ausschuß für Haengjongshimpan die Bestellung eines Vertreters im Falle des Vorhandenseins mehrerer Chongguin empfehlen (§ 11 Abs. 1, 2 KVwvVfG). Der gewählte Vertreter kann alle Rechte hinsichtlich des Widerspruchs vornehmen, außer der Zurücknahme des Antrags selbst. Auf diese Weise kann sich der Chongguin nur durch den Vertreter an dem Verfahren beteiligen (§ 11 Abs. 3, 4 KVwvVfG). Aber der Chongguin kann den Vertreter abberufen, wenn er ihn nicht mehr für erforderlich hält (§ 11 Abs. 5 KVwvVfG). Wer ein rechtliches Interesse an der Aufhebung oder Änderung eines Chobun hat, besitzt die Antragsberechtigung für das Chisoshimpan (Aufhebungsvorverfahren) auch dann, wenn die Verbindlichkeit des Chobun durch den Ablauf einer Frist, durch die Vollziehung des Chobun oder in anderer Weise sich erledigt hat.

Wer ein rechtliches Interesse an der Feststellung hat, ob der Chobun gültig oder ungültig ist oder ob überhaupt ein Chobun gegeben ist oder nicht, hat eine entsprechende Chongguin-Berechtigung für das Muhyohwaginshimpan (Nichtigkeitsfeststellungsvorverfahren). Wer hingegen ein rechtliches Interesse am Erlaß eines Chobun besitzt, hat die Chongguin-Berechtigung, um gegen die Weigerung oder Untätigkeit der Behörde vorzugehen.

4.2 Der Widerspruchsgegner (die „beklagte" Behörde)

Den Widerspruchsgegner, also die „beklagte" Behörde, nennt man in Korea Pichongguin. Es ist diejenige Behörde, die den Chobun erlassen hat oder die trotz eines entsprechenden Antrages untätig geblieben ist. Ändert sich während des Verfahrens die Zuständigkeit und wird eine andere Behörde für den Erlaß des Verwaltungsakts zuständig, so wird diese Behörde nunmehr „Beklagte" (§ 13 Abs. 1 KVwvVfG). Wenn der Antragsteller seinen Antrag nicht bei der dafür zuständigen Behörde gestellt hat oder sich die sachliche Zuständigkeit nach Antragstellung ändert oder auf eine andere Behörde übergeht, kann der Ausschuß für Haengjongshimpan auch nach Einlegung des Widerspruchs von Amts wegen den Pichongguin durch Entscheidung ändern (§ 13 Abs. 2, Abs. 5 KVwvVfG). In diesem Falle muß der Ausschuß für Haengjongshimpan die schriftliche Entscheidung an den Chongguin und an den neuen Pichongguin senden (§ 13 Abs. 4 KVwvVfG).

Wegen der Änderung des Pichongguin braucht der Antragsteller also nicht erneut Widerspruch einzulegen; denn der Antrag gegen den ursprünglichen Widerspruchsgegner gilt als zurückgenommen und der Antrag richtet sich nun gegen den neuen Pichongguin, mit Rückwirkung auf den Zeitpunkt, an dem der Widerspruch zuerst eingelegt worden ist (§ 13 Abs. 4 KVwvVfG).

5. Widerspruchsfrist

Das koreanische Verwaltungsvorverfahren legt eine Frist für die Einlegung des Widerspruchs (Shimpan) fest. Da Muhyodong Hwaginshimpan und Uimuihaengshimpan gegen die Verweigerung eines Chobun unabhängig von der Widerspruchsfrist sind, betrifft diese Frist insbesondere Chisoshimpan (Aufhebungsvorverfahren). Der Widerspruch muß grundsätzlich innerhalb von 60 Tagen nach der Kenntnisnahme vom Erlaß des Chobun eingelegt werden; ausnahmsweise kann man den Widerspruch innerhalb von 90 Tagen einlegen, wenn man sich im Ausland befindet und von dort den Widerspruch einlegt (§ 18 Abs. 1 KVwvVfG).

Nach dem Ablauf von 180 Tagen seit Erlaß der Entscheidung ist die Einlegung des Widerspruchs ausgeschlossen, wenn nicht außerordentliche Gründe für die verspätete Einlegung vorhanden sind. Man kann also auch dann noch Widerspruch einlegen, wenn es entsprechende Gründe gibt. Solche Gründe liegen insbesondere dann vor, wenn man aus objektiven Gründen nicht in der Lage war, innerhalb von 180 Tagen den Widerspruch einzulegen. Die Rechtsprechung[120] sieht solche Gründe als gegeben an im Falle eines Dritten, der nicht in der Lage gewesen ist, den Widerspruch unter Einhaltung der Frist einzulegen (z.B. weil er keine Kenntnis vom Verwaltungsakt erlangt hatte).

6. Rechtsbehelfsbelehrung

6.1 Vorbemerkung

Die Rechtsbehelfsbelehrung (Goji) wurde erst im Jahr 1984 bei der völligen Änderung des koreanischen Verwaltungsvorverfahrensgesetzes in dieses Gesetz aufgenommen. Vorher hatte das damals geltende Recht eine Pflicht zur Rechtsbehelfsbelehrung nicht anerkannt. Während in Deutschland sowohl

[120] KHG, 88 Nu 29 Urteil v. 27.9.1988. Dazu die kritische Anmerkung von *Nam J. Kim*, in: Gesetz-Zeitung Nr. 1813 (19.1.1989), S. 11.

Wegen der Änderung des Pichongguin braucht der Antragsteller also nicht erneut Widerspruch einzulegen; denn der Antrag gegen den ursprünglichen Widerspruchsgegner gilt als zurückgenommen und der Antrag richtet sich nun gegen den neuen Pichongguin, mit Rückwirkung auf den Zeitpunkt, an dem der Widerspruch zuerst eingelegt worden ist (§ 13 Abs. 4 KVwvVfG).

5. Widerspruchsfrist

Das koreanische Verwaltungsvorverfahren legt eine Frist für die Einlegung des Widerspruchs (Shimpan) fest. Da Muhyodong Hwaginshimpan und Uimuihaengshimpan gegen die Verweigerung eines Chobun unabhängig von der Widerspruchsfrist sind, betrifft diese Frist insbesondere Chisoshimpan (Aufhebungsvorverfahren). Der Widerspruch muß grundsätzlich innerhalb von 60 Tagen nach der Kenntnisnahme vom Erlaß des Chobun eingelegt werden; ausnahmsweise kann man den Widerspruch innerhalb von 90 Tagen einlegen, wenn man sich im Ausland befindet und von dort den Widerspruch einlegt (§ 18 Abs. 1 KVwvVfG).

Nach dem Ablauf von 180 Tagen seit Erlaß der Entscheidung ist die Einlegung des Widerspruchs ausgeschlossen, wenn nicht außerordentliche Gründe für die verspätete Einlegung vorhanden sind. Man kann also auch dann noch Widerspruch einlegen, wenn es entsprechende Gründe gibt. Solche Gründe liegen insbesondere dann vor, wenn man aus objektiven Gründen nicht in der Lage war, innerhalb von 180 Tagen den Widerspruch einzulegen. Die Rechtsprechung[120] sieht solche Gründe als gegeben an im Falle eines Dritten, der nicht in der Lage gewesen ist, den Widerspruch unter Einhaltung der Frist einzulegen (z.B. weil er keine Kenntnis vom Verwaltungsakt erlangt hatte).

6. Rechtsbehelfsbelehrung

6.1 Vorbemerkung

Die Rechtsbehelfsbelehrung (Goji) wurde erst im Jahr 1984 bei der völligen Änderung des koreanischen Verwaltungsvorverfahrensgesetzes in dieses Gesetz aufgenommen. Vorher hatte das damals geltende Recht eine Pflicht zur Rechtsbehelfsbelehrung nicht anerkannt. Während in Deutschland sowohl

---

[120] KHG, 88 Nu 29 Urteil v. 27.9.1988. Dazu die kritische Anmerkung von *Nam J. Kim*, in: Gesetz-Zeitung Nr. 1813 (19.1.1989), S. 11.

die Verwaltungsbehörden als auch die Gerichte die Rechtsbehelfsbelehrung vorzunehmen haben (§ 58 Abs. 1 VwGO), wurde in Korea diese nur hinsichtlich des Verwaltungsvorverfahrens eingeführt. Die Einführung der Rechtsbehelfsbelehrung hat den Sinn, die Rechtsunkenntnis der Rechtsuchenden in verfahrensrechtlicher Hinsicht möglichst zu beseitigen[121] und jedem die Möglichkeit zu sichern, den Widerspruch einlegen zu können und die Möglichkeit dazu nicht zu verlieren. Auch veranlaßt diese Pflicht die Verwaltungsbehörde, bei Erlaß und der Vorarbeit zum Erlaß eines Verwaltungsakts entsprechend sorgfältig zu verfahren.

6.2 Die Arten der Goji (Rechtsbehelfsbelehrung)

Das Verwaltungsvorverfahrensgesetz unterscheidet zwischen der Rechtsbehelfsbelehrung von Amts wegen und derjenigen auf Antrag. Die Rechtsbehelfsbelehrung von Amts wegen gibt es im Falle des schriftlichen Erlasses eines Chobun (Verwaltungsakts); der Betroffene muß darüber belehrt werden, daß ein Widerspruchsrecht besteht; ferner muß ihm die Widerspruchsbehörde das Verfahren der Einlegung des Widerspruchs und die Frist für die Einlegung des Widerspruchs mitteilen. Die Goji (Rechtsbehelfsbelehrung) richtet sich vor allem an den Adressaten des Verwaltungsakts; aber bei Verwaltungsakten mit Doppelwirkung sollte die Rechtsbehelfsbelehrung auch an den Dritten gerichtet werden[122], obwohl dies gesetzlich nicht geregelt ist. Wenn die Behörde die Rechtsbelehrung unterläßt, berührt das die Rechtswirksamkeit des Verwaltungsakts nicht.

Folge der Unterlassung der Rechtsbehelfsbelehrung ist, daß sich die Widerspruchsfrist von 60 Tagen auf 180 Tage verlängert. Wenn der Antragsteller wegen fehlender Belehrung den Widerspruch bei einer nicht zuständigen Behörde einlegt, muß diese Behörde die Widerspruchsschrift an die dafür zuständige Behörde weiterleiten und dem Antragsteller darüber Mitteilung machen (§ 17 Abs. 2 KVwvVfG). Wenn die Behörde den Betroffenen über das Verfahren und die Frist des Widerspruchs fehlerhaft belehrt, hat das zur Folge, daß der bei falscher Stelle verspätet eingelegte Widerspruch von der Behörde, an welche die Widerspruchsschrift gelangt ist, der zuständigen Behörde zuzusenden ist und dem Antragsteller dies mitgeteilt werden muß. Im zweiten Falle wird der Widerspruch so behandelt, als ob der innerhalb der gesetzlichen Frist eingelegt worden wäre.

---

[121] Vgl. *Pietzner / Ronellenfitsch*, Das Assessorexamen im öffentlichen Recht, S. 353 f.

[122] *Jong H. Seok*, Verwaltungsrecht I, 1990, S. 764 f.

die Verwaltungsbehörden als auch die Gerichte die Rechtsbehelfsbelehrung vorzunehmen haben (§ 58 Abs. 1 VwGO), wurde in Korea diese nur hinsichtlich des Verwaltungsvorverfahrens eingeführt. Die Einführung der Rechtsbehelfsbelehrung hat den Sinn, die Rechtsunkenntnis der Rechtsuchenden in verfahrensrechtlicher Hinsicht möglichst zu beseitigen[121] und jedem die Möglichkeit zu sichern, den Widerspruch einlegen zu können und die Möglichkeit dazu nicht zu verlieren. Auch veranlaßt diese Pflicht die Verwaltungsbehörde, bei Erlaß und der Vorarbeit zum Erlaß eines Verwaltungsakts entsprechend sorgfältig zu verfahren.

6.2 Die Arten der Goji (Rechtsbehelfsbelehrung)

Das Verwaltungsvorverfahrensgesetz unterscheidet zwischen der Rechtsbehelfsbelehrung von Amts wegen und derjenigen auf Antrag. Die Rechtsbehelfsbelehrung von Amts wegen gibt es im Falle des schriftlichen Erlasses eines Chobun (Verwaltungsakts); der Betroffene muß darüber belehrt werden, daß ein Widerspruchsrecht besteht; ferner muß ihm die Widerspruchsbehörde das Verfahren der Einlegung des Widerspruchs und die Frist für die Einlegung des Widerspruchs mitteilen. Die Goji (Rechtsbehelfsbelehrung) richtet sich vor allem an den Adressaten des Verwaltungsakts; aber bei Verwaltungsakten mit Doppelwirkung sollte die Rechtsbehelfsbelehrung auch an den Dritten gerichtet werden[122], obwohl dies gesetzlich nicht geregelt ist. Wenn die Behörde die Rechtsbelehrung unterläßt, berührt das die Rechtswirksamkeit des Verwaltungsakts nicht.

Folge der Unterlassung der Rechtsbehelfsbelehrung ist, daß sich die Widerspruchsfrist von 60 Tagen auf 180 Tage verlängert. Wenn der Antragsteller wegen fehlender Belehrung den Widerspruch bei einer nicht zuständigen Behörde einlegt, muß diese Behörde die Widerspruchsschrift an die dafür zuständige Behörde weiterleiten und dem Antragsteller darüber Mitteilung machen (§ 17 Abs. 2 KVwvVfG). Wenn die Behörde den Betroffenen über das Verfahren und die Frist des Widerspruchs fehlerhaft belehrt, hat das zur Folge, daß der bei falscher Stelle verspätet eingelegte Widerspruch von der Behörde, an welche die Widerspruchsschrift gelangt ist, der zuständigen Behörde zuzusenden ist und dem Antragsteller dies mitgeteilt werden muß. Im zweiten Falle wird der Widerspruch so behandelt, als ob der innerhalb der gesetzlichen Frist eingelegt worden wäre.

---

[121] Vgl. *Pietzner / Ronellenfitsch*, Das Assessorexamen im öffentlichen Recht, S. 353 f.

[122] *Jong H. Seok*, Verwaltungsrecht I, 1990, S. 764 f.

7. Widerspruchsbescheid

7.1 Allgemeines

7.1.1 Bedeutung des Widerspruchsbescheids

Wie schon oben erwähnt wurde, kann die Widerspruchsbehörde nur nach dem Beschluß des dafür zuständigen Ausschusses für Haengjongshimpan entscheiden, wobei dieser Ausschuß über den Inhalt des Widerspruchsbescheids befindet. Wenn der Ausschuß über den Antrag beschlossen hat, macht er darüber der Widerspruchsbehörde Mitteilung. Der Beschluß des Ausschusses ist für die Widerspruchsbehörde verbindlich. Daher ist es ausgeschlossen, daß die Widerspruchsbehörde den Beschluß des Ausschusses ändert oder anders entscheidet. Sie kann auch keine Wiederholung der Beschlußfassung verlangen[123].

7.1.2 Bescheidungsfrist

Die Widerspruchsbehörde muß grundsätzlich über den Widerspruch innerhalb 60 Tagen nach Eingang der Widerspruchsschrift entscheiden. Wenn es besondere Gründe gibt, die die Entscheidung verzögern, kann diese Frist einmal um 30 Tage verlängert werden (§ 34 Abs. 1, Abs. 2 KVwvVfG). Wenn die Widerspruchsbehörde veranlaßt hat, daß der Widerspruch Einlegende eine fehlerhaft angebrachte Widerspruchsschrift berichtigt, wird die Zeit, die für die Berichtigung nötig war, nicht auf die Bescheidungsfrist angerechnet.

7.1.3 Rechtlicher Charakter des Widerspruchsbescheids

Da die Entscheidung der Widerspruchsbehörde quasi eine verwaltungsrechtliche Streitigkeit voraussetzt, stellt sich die Entscheidung über den Widerspruch als ein urteilender oder feststellender Akt dar, vergleichbar einem gerichtlichen Urteil. Man qualifiziert daher den Widerspruchsbescheid als quasi-rechtsprechenden Akt. Er ist ein gebundener Akt, kein Ermessensakt.

---

[123] *Jong H. Seok,* Verwaltungsrecht I, 1990, S. 774 f.

7. Widerspruchsbescheid

7.1 Allgemeines

7.1.1 Bedeutung des Widerspruchsbescheids

Wie schon oben erwähnt wurde, kann die Widerspruchsbehörde nur nach dem Beschluß des dafür zuständigen Ausschusses für Haengjongshimpan entscheiden, wobei dieser Ausschuß über den Inhalt des Widerspruchsbescheids befindet. Wenn der Ausschuß über den Antrag beschlossen hat, macht er darüber der Widerspruchsbehörde Mitteilung. Der Beschluß des Ausschusses ist für die Widerspruchsbehörde verbindlich. Daher ist es ausgeschlossen, daß die Widerspruchsbehörde den Beschluß des Ausschusses ändert oder anders entscheidet. Sie kann auch keine Wiederholung der Beschlußfassung verlangen[123].

7.1.2 Bescheidungsfrist

Die Widerspruchsbehörde muß grundsätzlich über den Widerspruch innerhalb 60 Tagen nach Eingang der Widerspruchsschrift entscheiden. Wenn es besondere Gründe gibt, die die Entscheidung verzögern, kann diese Frist einmal um 30 Tage verlängert werden (§ 34 Abs. 1, Abs. 2 KVwvVfG). Wenn die Widerspruchsbehörde veranlaßt hat, daß der Widerspruch Einlegende eine fehlerhaft angebrachte Widerspruchsschrift berichtigt, wird die Zeit, die für die Berichtigung nötig war, nicht auf die Bescheidungsfrist angerechnet.

7.1.3 Rechtlicher Charakter des Widerspruchsbescheids

Da die Entscheidung der Widerspruchsbehörde quasi eine verwaltungsrechtliche Streitigkeit voraussetzt, stellt sich die Entscheidung über den Widerspruch als ein urteilender oder feststellender Akt dar, vergleichbar einem gerichtlichen Urteil. Man qualifiziert daher den Widerspruchsbescheid als quasi-rechtsprechenden Akt. Er ist ein gebundener Akt, kein Ermessensakt.

---

[123] *Jong H. Seok*, Verwaltungsrecht I, 1990, S. 774 f.

7.1.4 Zustellung

Das Verfahren der Entscheidung über den Widerspruch beginnt mit der Zustellung des Widerspruchsbescheids an den Antragsteller. Der Widerspruchsbescheid wird erst wirksam, wenn er dem Antragsteller zugestellt worden ist (§ 38 Abs. 1, 2 KVwvVfG). Wenn ein Dritter am Widerspruchsverfahren beteiligt ist, muß auch ihm der Widerspruchsbescheid zugestellt werden. Wenn ein Chobun, der aufgrund der gegebenen Vorschriften bekanntgemacht worden ist, durch Bescheid aufgehoben oder geändert wird, muß die erlassende Behörde dem Betroffenen davon unverzüglich Mitteilung machen (§ 37 Abs. 4 KVwvVfG).

7.2 Die Arten des Widerspruchsbescheids

Die Widerspruchsbehörde prüft zuerst die Statthaftigkeit der Einlegung des Widerspruchs. Ist diese nicht statthaft, verwirft die Widerspruchsbehörde sie durch Bescheid; ist der Widerspruch in der Sache nicht begründet, weist ihn die Widerspruchsbehörde ab. Unabhängig von dieser Möglichkeit der Abweisung kann die erlassende Behörde den Chobun aufheben oder ändern.

Wenn der Widerspruch begründet ist, trifft die Widerspruchsbehörde folgende Entscheidung: In einem Chisoshimpan (Aufhebungsvorverfahren) hebt die Widerspruchsbehörde den Chobun auf, ändert ihn oder veranlaßt die erlassende Behörde, den Chobun aufzuheben oder zu ändern. Bei einem Muhyohwaginshimpan (feststellendes Vorverfahren wegen Nichtigkeit eines Akts) trifft die Widerspruchsbehörde die Feststellung, ob der Chobun nichtig ist oder nicht. Bei einem Uimuihaengshimpan (Verpflichtungsvorverfahren) erläßt die Widerspruchsbehörde selbst den Chobun, der vom Antragsteller bei der zum Erlaß befugten Behörde beantragt worden ist; sie kann aber auch die zum Erlaß befugte Behörde durch Bescheid verpflichten, ihrerseits den Chobun zu erlassen.

Eine besondere Art des Widerspruchsbescheids, für die es keinen vergleichbaren Fall im deutschen Verwaltungsrecht gibt, ist Sajongjaeqyol. Dieser Bescheid bedeutet, daß die Widerspruchsbehörde den Widerspruch abweist, weil die Aufhebung oder die Änderung des an sich rechtswidrigen Chobun in erheblichem Maße mit dem Interesse des öffentlichen Wohls in Widerspruch stehen würde. Allerdings muß in diesen Fällen dem Betroffenen der dadurch entstehende Schaden ersetzt werden (§ 33 Abs. 2 KVwvVfG).

7.1.4 Zustellung

Das Verfahren der Entscheidung über den Widerspruch beginnt mit der Zustellung des Widerspruchsbescheids an den Antragsteller. Der Widerspruchsbescheid wird erst wirksam, wenn er dem Antragsteller zugestellt worden ist (§ 38 Abs. 1, 2 KVwvVfG). Wenn ein Dritter am Widerspruchsverfahren beteiligt ist, muß auch ihm der Widerspruchsbescheid zugestellt werden. Wenn ein Chobun, der aufgrund der gegebenen Vorschriften bekanntgemacht worden ist, durch Bescheid aufgehoben oder geändert wird, muß die erlassende Behörde dem Betroffenen davon unverzüglich Mitteilung machen (§ 37 Abs. 4 KVwvVfG).

7.2 Die Arten des Widerspruchsbescheids

Die Widerspruchsbehörde prüft zuerst die Statthaftigkeit der Einlegung des Widerspruchs. Ist diese nicht statthaft, verwirft die Widerspruchsbehörde sie durch Bescheid; ist der Widerspruch in der Sache nicht begründet, weist ihn die Widerspruchsbehörde ab. Unabhängig von dieser Möglichkeit der Abweisung kann die erlassende Behörde den Chobun aufheben oder ändern.

Wenn der Widerspruch begründet ist, trifft die Widerspruchsbehörde folgende Entscheidung: In einem Chisoshimpan (Aufhebungsvorverfahren) hebt die Widerspruchsbehörde den Chobun auf, ändert ihn oder veranlaßt die erlassende Behörde, den Chobun aufzuheben oder zu ändern. Bei einem Muhyohwaginshimpan (feststellendes Vorverfahren wegen Nichtigkeit eines Akts) trifft die Widerspruchsbehörde die Feststellung, ob der Chobun nichtig ist oder nicht. Bei einem Uimuihaengshimpan (Verpflichtungsvorverfahren) erläßt die Widerspruchsbehörde selbst den Chobun, der vom Antragsteller bei der zum Erlaß befugten Behörde beantragt worden ist; sie kann aber auch die zum Erlaß befugte Behörde durch Bescheid verpflichten, ihrerseits den Chobun zu erlassen.

Eine besondere Art des Widerspruchsbescheids, für die es keinen vergleichbaren Fall im deutschen Verwaltungsrecht gibt, ist Sajongjaeqyol. Dieser Bescheid bedeutet, daß die Widerspruchsbehörde den Widerspruch abweist, weil die Aufhebung oder die Änderung des an sich rechtswidrigen Chobun in erheblichem Maße mit dem Interesse des öffentlichen Wohls in Widerspruch stehen würde. Allerdings muß in diesen Fällen dem Betroffenen der dadurch entstehende Schaden ersetzt werden (§ 33 Abs. 2 KVwvVfG).

III. Verwaltungsprozeß

1. Einleitung

1.1 Vorbemerkung

Beim Verwaltungsprozeß geht es, ebenso wie beim Verwaltungsvorverfahren, im wesentlichen um das Verfahren der Anfechtung von Handlungen der Verwaltung. Aber im literarischen Sprachgebrauch geht man beim Verwaltungsprozeß ganz allgemein von der Verwaltungsklage oder der verwaltungsprozessualen Klage aus. Das Wort „Verwaltungsprozeß" des deutschen Verständnisses drückt man in Korea mit Haengjongsosong (Verwaltungsklage) aus. Es wurde schon erwähnt, daß die koreanische Verfassung und das geltende Recht keine eigenen Verwaltungsgerichte kennen, sondern die Gerichtsbarkeit in der Zuständigkeit der ordentlichen Gerichte liegt (Art. 107 Abs. 2 KV). Da aber die koreanische Verwaltungsgerichtsordnung doch öffentlichrechtliche Streitigkeiten regelt, kann man davon ausgehen, daß die koreanische Verwaltungsgerichtsbarkeit letztlich doch mit der deutschen Verwaltungsgerichtsbarkeit vergleichbar ist, abgesehen natürlich davon, daß es keine besonderen Verwaltungsgerichte gibt.

Die koreanische Literatur, insbesondere die Lehrbücher über das Allgemeine Verwaltungsrecht, gehen ausführlich darauf ein, ob die Verwaltungsklage bzw. die Verwaltungsgerichtsbarkeit in Korea als Verwaltungstätigkeit oder als rechtsprechende Tätigkeit zu qualifizieren ist. Diese Behandlung der Problematik liefert einen Anhaltspunkt dafür, daß die Verwaltungsjuristen in Korea die Grundgedanken des Systems der deutschen Verwaltungsgerichtsbarkeit aus Deutschland übernommen haben und davon beeinflußt worden sind.

In den Lehrbüchern wird eingehend die Verwaltungsgerichtsbarkeit in Deutschland dargestellt, wobei es in Korea üblich ist, daß man vergleichend die kontinentaleuropäischen und die anglo-amerikanischen Systemkomponenten aufzeigt[124]. Am liebsten weist man auf die deutsche Literatur hin oder zitiert die deutsche Literatur, soweit zum Vergleich geeignete Zusammenhänge erkennbar sind oder der Verweis auf deutsche Literatur notwendig erscheint. So hat z.B. die deutsche Lehrmeinung über die Klagebefugnis und das Rechtsschutzbedürfnis die Bildung der koreanischen Auffassungen maßgeblich beeinflußt, so daß diese im Zusammenhang mit der Rezeption des deutschen Verwaltungsrechts zu sehen sind.

---

[124] Vor allem *Jong H. Seok*, Verwaltungsrecht I, 1990, S. 782 ff.; *Do C. Kim*, Verwaltungsrecht I, 1989, S. 662 ff.

III. Verwaltungsprozeß

1. Einleitung

1.1 Vorbemerkung

Beim Verwaltungsprozeß geht es, ebenso wie beim Verwaltungsvorverfahren, im wesentlichen um das Verfahren der Anfechtung von Handlungen der Verwaltung. Aber im literarischen Sprachgebrauch geht man beim Verwaltungsprozeß ganz allgemein von der Verwaltungsklage oder der verwaltungsprozessualen Klage aus. Das Wort „Verwaltungsprozeß" des deutschen Verständnisses drückt man in Korea mit Haengjongsosong (Verwaltungsklage) aus. Es wurde schon erwähnt, daß die koreanische Verfassung und das geltende Recht keine eigenen Verwaltungsgerichte kennen, sondern die Gerichtsbarkeit in der Zuständigkeit der ordentlichen Gerichte liegt (Art. 107 Abs. 2 KV). Da aber die koreanische Verwaltungsgerichtsordnung doch öffentlichrechtliche Streitigkeiten regelt, kann man davon ausgehen, daß die koreanische Verwaltungsgerichtsbarkeit letztlich doch mit der deutschen Verwaltungsgerichtsbarkeit vergleichbar ist, abgesehen natürlich davon, daß es keine besonderen Verwaltungsgerichte gibt.

Die koreanische Literatur, insbesondere die Lehrbücher über das Allgemeine Verwaltungsrecht, gehen ausführlich darauf ein, ob die Verwaltungsklage bzw. die Verwaltungsgerichtsbarkeit in Korea als Verwaltungstätigkeit oder als rechtsprechende Tätigkeit zu qualifizieren ist. Diese Behandlung der Problematik liefert einen Anhaltspunkt dafür, daß die Verwaltungsjuristen in Korea die Grundgedanken des Systems der deutschen Verwaltungsgerichtsbarkeit aus Deutschland übernommen haben und davon beeinflußt worden sind.

In den Lehrbüchern wird eingehend die Verwaltungsgerichtsbarkeit in Deutschland dargestellt, wobei es in Korea üblich ist, daß man vergleichend die kontinentaleuropäischen und die anglo-amerikanischen Systemkomponenten aufzeigt[124]. Am liebsten weist man auf die deutsche Literatur hin oder zitiert die deutsche Literatur, soweit zum Vergleich geeignete Zusammenhänge erkennbar sind oder der Verweis auf deutsche Literatur notwendig erscheint. So hat z.B. die deutsche Lehrmeinung über die Klagebefugnis und das Rechtsschutzbedürfnis die Bildung der koreanischen Auffassungen maßgeblich beeinflußt, so daß diese im Zusammenhang mit der Rezeption des deutschen Verwaltungsrechts zu sehen sind.

---

[124] Vor allem *Jong H. Seok,* Verwaltungsrecht I, 1990, S. 782 ff.; *Do C. Kim,* Verwaltungsrecht I, 1989, S. 662 ff.

1.2 Rechtliche Grundlagen

Die koreanische Verfassung von 1948 und auch die von 1987 erkennen eine Verwaltungsgerichtsbarkeit als besondere Gerichtsbarkeit eigentlich nicht an, während das Verwaltungsvorverfahren nach Art. 107 Abs. 3 KV ausdrücklich vorgeschrieben ist. Hinsichtlich der Gerichtsbarkeit in Korea schreibt Art. 107 Abs. 2 KV für Korea vor: „Kommt es in einem Prozeß auf die Gültigkeit von Verordnungen, Verwaltungsvorschriften oder Verwaltungsakten an, so entscheidet über deren Verfassungs- und Gesetzmäßigkeit in letzter Instanz der Oberste Gerichtshof".

Daraus ergibt sich, wie schon dargestellt, daß die Verwaltungsgerichtsbarkeit in die Zuständigkeit der ordentlichen Gerichte fällt. Daraus folgt aber nicht, daß die KV die Verwaltungsklage bzw. Verwaltungsgerichtsbarkeit verworfen hat. Nach der Befreiung von der japanischen Besatzung im Jahr 1945 mußte das koreanische Rechtssystem – nach der Übernahme des japanischen Rechtssystems – die Unterschiede zwischen Öffentlichem Recht und Privatrecht anerkennen. Daraus ergab sich, daß öffentlich-rechtliche Streitigkeiten im Vergleich zu zivilrechtlichen Streitigkeiten eine andere Regelung erfahren mußten, und deshalb wurde die koreanische Verwaltungsgerichtsordnung von 1951 verabschiedet, die prozeßrechtliche Sonderregelungen für öffentlich-rechtliche Streitigkeiten vorschreibt. Zum Beispiel gibt es im Verwaltungsprozeß zwei Instanzen, nämlich das obere Gericht als erste Instanz und das oberste Gericht als zweite Instanz (The Supreme Court, Daebopwan in Koreanisch). Auch ist die Klagefrist gesetzlich festgelegt (§ 9 Abs. 1, 2 KVwvVfG).

Die koreanische Verwaltungsgerichtsordnung von 1984 besteht aus 46 Paragraphen und 6 Schlußvorschriften. Sie behandelt: § 1 (Ziele des Gesetzes), § 2 (Definition über Chobun und Untätigkeit), § 3 (Arten der Verwaltungsklage), § 4 (Anfechtungsklage), § 5 (Fristberechnung im Ausland), § 6 (Bekanntmachung über verfassungswidrige Verordnungen und Vorschriften), § 7 (Versendung der Streitunterlagen), § 8 (Anpassung anderer Gesetze), § 9 (Örtliche Zuständigkeit), § 10 (Versendung und Zusammensetzung zusammenhängender Klagen), § 11 (Vorfragen), § 12 (Klagebefugnis), § 13 (Beklagter), § 14 (Änderung der Beklagten), § 15 (Gemeinsame Klage), § 16 Beteiligung eines Dritten), § 17 (Beteiligung der Verwaltungsbehörde), § 18 (Verhältnis zum Verwaltungsvorverfahren), § 19 (Gegenstand von Chisososong), § 20 (Klagefrist), § 21 (Klageänderung), § 22 (Klageänderung infolge Änderung des Chobun), § 23 (Aussetzung der Vollziehung), § 24 (Aufhebung der Suspensionswirkung), § 25 (Befehl zur Vorlage von Material im Vorverfahren), § 26 (Untersuchung von Amts wegen), § 27 (Aufhebung von Ermessensakten), § 28 (Sajongpangyol), § 29 (Wirkung des Urteils), § 31

1.2 Rechtliche Grundlagen

Die koreanische Verfassung von 1948 und auch die von 1987 erkennen eine Verwaltungsgerichtsbarkeit als besondere Gerichtsbarkeit eigentlich nicht an, während das Verwaltungsvorverfahren nach Art. 107 Abs. 3 KV ausdrücklich vorgeschrieben ist. Hinsichtlich der Gerichtsbarkeit in Korea schreibt Art. 107 Abs. 2 KV für Korea vor: „Kommt es in einem Prozeß auf die Gültigkeit von Verordnungen, Verwaltungsvorschriften oder Verwaltungsakten an, so entscheidet über deren Verfassungs- und Gesetzmäßigkeit in letzter Instanz der Oberste Gerichtshof".

Daraus ergibt sich, wie schon dargestellt, daß die Verwaltungsgerichtsbarkeit in die Zuständigkeit der ordentlichen Gerichte fällt. Daraus folgt aber nicht, daß die KV die Verwaltungsklage bzw. Verwaltungsgerichtsbarkeit verworfen hat. Nach der Befreiung von der japanischen Besatzung im Jahr 1945 mußte das koreanische Rechtssystem – nach der Übernahme des japanischen Rechtssystems – die Unterschiede zwischen Öffentlichem Recht und Privatrecht anerkennen. Daraus ergab sich, daß öffentlich-rechtliche Streitigkeiten im Vergleich zu zivilrechtlichen Streitigkeiten eine andere Regelung erfahren mußten, und deshalb wurde die koreanische Verwaltungsgerichtsordnung von 1951 verabschiedet, die prozeßrechtliche Sonderregelungen für öffentlich-rechtliche Streitigkeiten vorschreibt. Zum Beispiel gibt es im Verwaltungsprozeß zwei Instanzen, nämlich das obere Gericht als erste Instanz und das oberste Gericht als zweite Instanz (The Supreme Court, Daebopwan in Koreanisch). Auch ist die Klagefrist gesetzlich festgelegt (§ 9 Abs. 1, 2 KVwvVfG).

Die koreanische Verwaltungsgerichtsordnung von 1984 besteht aus 46 Paragraphen und 6 Schlußvorschriften. Sie behandelt: § 1 (Ziele des Gesetzes), § 2 (Definition über Chobun und Untätigkeit), § 3 (Arten der Verwaltungsklage), § 4 (Anfechtungsklage), § 5 (Fristberechnung im Ausland), § 6 (Bekanntmachung über verfassungswidrige Verordnungen und Vorschriften), § 7 (Versendung der Streitunterlagen), § 8 (Anpassung anderer Gesetze), § 9 (Örtliche Zuständigkeit), § 10 (Versendung und Zusammensetzung zusammenhängender Klagen), § 11 (Vorfragen), § 12 (Klagebefugnis), § 13 (Beklagter), § 14 (Änderung der Beklagten), § 15 (Gemeinsame Klage), § 16 Beteiligung eines Dritten), § 17 (Beteiligung der Verwaltungsbehörde), § 18 (Verhältnis zum Verwaltungsvorverfahren), § 19 (Gegenstand von Chisososong), § 20 (Klagefrist), § 21 (Klageänderung), § 22 (Klageänderung infolge Änderung des Chobun), § 23 (Aussetzung der Vollziehung), § 24 (Aufhebung der Suspensionswirkung), § 25 (Befehl zur Vorlage von Material im Vorverfahren), § 26 (Untersuchung von Amts wegen), § 27 (Aufhebung von Ermessensakten), § 28 (Sajongpangyol), § 29 (Wirkung des Urteils), § 31

(Wiedereinsetzungsantrag eines Dritten), § 32 (Prozeßkosten), § 33 (Wirkung des Urteils über Prozeßkosten), § 33 (Indirekter Zwang des Aufhebungsurteils gegenüber dem verweigernden Chobun), § 35 (Klagebefugnis bei der feststellenden Klage über rechtswidrige Untätigkeit), § 37 (Änderung der Klage), § 38 (Anwendung anderer Bestimungen), § 39 (Beklagter bei der Parteienklage), § 40 (Örtliche Zuständigkeit bei der Parteienklage), § 41 (Klagefrist bei der Parteienklage), § 42 (Änderung der Klage bei der Parteienklage), § 43 (Einschränkung vorläufiger Vollziehungsentscheidungen), § 44 (Anwendung anderer Bestimmungen), § 45 (Klageerhebung einer Popularklage und einer Organklage), § 46 (Anpassung anderer Bestimmungen bei der Popularklage und der Organklage).

2. Arten der Verwaltungsklage

In der deutschen Literatur[125] ist es üblich, zwischen der Gestaltungsklage, der Leistungsklage und der Feststellungsklage zu unterscheiden. Dagegen geht die koreanische Literatur davon aus, daß es als Arten der Verwaltungsklage die Anfechtungsklage (Hanggososong), die Parteienstreitigkeit (Dangsajasosong) und die Popularklage (Minjungsosong) sowie die Organstreitigkeit (Gikwansosong) gibt, weil die koreanische Verwaltungsgerichtsordnung diese Arten der Klagen ausdrücklich geregelt hat (§ 3 KVwGO).

Die Anfechtungsklage zerfällt wiederum in drei Klagearten, nämlich Chisososong (Aufhebungsklage), Muhyodeungshwaginsosong (Nichtigkeits-Feststellungsklage), und Bujaguiuibophwaginsosong (Untätigkeits-Feststellungsklage) (vgl. § 4 KVwGO). Im folgenden beschäftigt sich diese Untersuchung nur mit der Anfechtungsklage eingehender.

Unter der Anfechtungsklage versteht man die Klage, die sich gegen einen rechtswidrigen Chobun oder gegen die Untätigkeit der Behörde oder einen rechtswidrigen Widerspruchsbescheid anfechtend richtet. Es geht also um die Aufhebung oder Änderung eines Verwaltungsakts oder um die Feststellung der Rechtswidrigkeit einer Verwaltungsuntätigkeit. Der Anfechtende möchte seine subjektiv-öffentlichen Rechte und seine Interessen gegen den rechtswidrigen Chobun, den Widerspruchsbescheid oder die Untätigkeit der Behörde verteidigen[126].

---

[125] Z.B. *Pietzner / Ronellenfitsch*, Das Assessorexamen im öffentlichen Recht, S. 112 f.

[126] Vgl. *Jong H. Seok*, Verwaltungsrecht I, S. 810 ff.

(Wiedereinsetzungsantrag eines Dritten), § 32 (Prozeßkosten), § 33 (Wirkung des Urteils über Prozeßkosten), § 33 (Indirekter Zwang des Aufhebungsurteils gegenüber dem verweigernden Chobun), § 35 (Klagebefugnis bei der feststellenden Klage über rechtswidrige Untätigkeit), § 37 (Änderung der Klage), § 38 (Anwendung anderer Bestimungen), § 39 (Beklagter bei der Parteienklage), § 40 (Örtliche Zuständigkeit bei der Parteienklage), § 41 (Klagefrist bei der Parteienklage), § 42 (Änderung der Klage bei der Parteienklage), § 43 (Einschränkung vorläufiger Vollziehungsentscheidungen), § 44 (Anwendung anderer Bestimmungen), § 45 (Klageerhebung einer Popularklage und einer Organklage), § 46 (Anpassung anderer Bestimmungen bei der Popularklage und der Organklage).

2. Arten der Verwaltungsklage

In der deutschen Literatur[125] ist es üblich, zwischen der Gestaltungsklage, der Leistungsklage und der Feststellungsklage zu unterscheiden. Dagegen geht die koreanische Literatur davon aus, daß es als Arten der Verwaltungsklage die Anfechtungsklage (Hanggososong), die Parteienstreitigkeit (Dangsajasosong) und die Popularklage (Minjungsosong) sowie die Organstreitigkeit (Gikwansosong) gibt, weil die koreanische Verwaltungsgerichtsordnung diese Arten der Klagen ausdrücklich geregelt hat (§ 3 KVwGO).

Die Anfechtungsklage zerfällt wiederum in drei Klagearten, nämlich Chisososong (Aufhebungsklage), Muhyodeungshwaginsosong (Nichtigkeits-Feststellungsklage), und Bujaguiuibophwaginsosong (Untätigkeits-Feststellungsklage) (vgl. § 4 KVwGO). Im folgenden beschäftigt sich diese Untersuchung nur mit der Anfechtungsklage eingehender.

Unter der Anfechtungsklage versteht man die Klage, die sich gegen einen rechtswidrigen Chobun oder gegen die Untätigkeit der Behörde oder einen rechtswidrigen Widerspruchsbescheid anfechtend richtet. Es geht also um die Aufhebung oder Änderung eines Verwaltungsakts oder um die Feststellung der Rechtswidrigkeit einer Verwaltungsuntätigkeit. Der Anfechtende möchte seine subjektiv-öffentlichen Rechte und seine Interessen gegen den rechtswidrigen Chobun, den Widerspruchsbescheid oder die Untätigkeit der Behörde verteidigen[126].

---

[125] Z.B. *Pietzner / Ronellenfitsch,* Das Assessorexamen im öffentlichen Recht, S. 112 f.

[126] Vgl. *Jong H. Seok,* Verwaltungsrecht I, S. 810 ff.

Chisososong (Aufhebungsklage) ist die Klage, mit der die ganze oder teilweise Aufhebung oder auch die Änderung eines rechtswidrigen Chobun und des entsprechenden Widerspruchsbescheids erreicht werden soll. Die Aufhebungsklage gegen den Widerspruch ist nur dann zulässig, wenn dem Widerspruchsbescheid ein Fehler anhaftet (§ 19 KVwGO). Um einen nichtigen Verwaltungsakt zu beseitigen, kann man sich ebenfalls der Klageform der Aufhebungsklage bedienen, obwohl eigentlich die Nichtigkeitsfeststellungsklage die richtige Klageform bedeuten würde[127]. Die Aufhebungsklage hat den Sinn, die Rechtmäßigkeit der Verwaltung zu gewährleisten und den Rechtsschutz der Privatpersonen sicherzustellen[128]. Hinsichtlich der Rechtsnatur der Aufhebungsklage war umstritten, ob es sich um eine Gestaltungsklage oder um eine Feststellungsklage oder um eine atypische Klage handeln sollte. Die herrschende Meinung[129] versteht sie nunmehr als Gestaltungsklage. § 29 Abs. 1 KVwGO schreibt vor, daß die den Verwaltungsakt (Chobun) aufhebende Entscheidung auch Dritte bindet. Aus dieser Bestimmung ergibt sich, daß die Aufhebungsklage als Gestaltungsklage zu verstehen ist. Dennoch darf nicht übersehen werden, daß dem Kläger kein materielles Aufhebungsrecht hinsichtlich des Verwaltungsakts zusteht. Deshalb ist die Anfechtungsklage mit der zivilprozeßrechtlichen Gestaltungsklage nicht ohne weiteres vergleichbar[130].

Die Nichtigkeits-Feststellungsklage (Muhyodeung Hwagin Sosong) ist die Klage, in der geklärt werden soll, ob der angefochtene Chobun (Verwaltungsakt) nichtig ist oder nicht, bzw. ob der Widerspruchsbescheid verbindlich ist oder nicht, oder aber auch, ob der Chobun oder der Widerspruchsbescheid bereits als solche existieren oder nicht. Da der nichtige Verwaltungsakt äußerlich als Verwaltungsakt in Erscheinung tritt, benötigt man häufig die Feststellung, daß trotz der äußeren Wirkung der Verwaltungsakt nichtig ist und keine Wirkung erzeugt. Die Untätigkeits-Feststellungsklage (Bujaguiuibophwaginsosong) ist die Klage, mit der die Rechtswidrigkeit der Untätigkeit einer Behörde festgestellt werden soll. Nach der gesetzlichen Definition der Untätigkeit in § 2 Abs. 1 Nr. 2 KVwGO ist dann die „Untätigkeit" zu bejahen, wenn die Behörde auf den Antrag zum Erlaß eines Verwaltungsakts

---

[127] Vgl. *Do C. Kim*, Verwaltungsrecht I, 1988, S. 537 f.; *Sang K. Lee*, Verwaltungsrecht I, 1988, S. 637 f.

[128] Vgl. *Won U. Suh*, Klagebefugnisse bei der Aufhebungsklage, in: GSYG (Juli 1987), S. 85 ff.; *ders.*, Auswirkung des Aufhebungsurteils, in: YGGS (April 1985), S. 159 f.

[129] Vgl. *Nam J. Kim*, Verwaltungsrecht I, 1990, S. 535 f.; *Jong H. Seok*, Verwaltungsrecht I, 1990, S. 812 f.

[130] Vgl. *Nam J. Kim*, ebenda.

Chisososong (Aufhebungsklage) ist die Klage, mit der die ganze oder teilweise Aufhebung oder auch die Änderung eines rechtswidrigen Chobun und des entsprechenden Widerspruchsbescheids erreicht werden soll. Die Aufhebungsklage gegen den Widerspruch ist nur dann zulässig, wenn dem Widerspruchsbescheid ein Fehler anhaftet (§ 19 KVwGO). Um einen nichtigen Verwaltungsakt zu beseitigen, kann man sich ebenfalls der Klageform der Aufhebungsklage bedienen, obwohl eigentlich die Nichtigkeitsfeststellungsklage die richtige Klageform bedeuten würde[127]. Die Aufhebungsklage hat den Sinn, die Rechtmäßigkeit der Verwaltung zu gewährleisten und den Rechtsschutz der Privatpersonen sicherzustellen[128]. Hinsichtlich der Rechtsnatur der Aufhebungsklage war umstritten, ob es sich um eine Gestaltungsklage oder um eine Feststellungsklage oder um eine atypische Klage handeln sollte. Die herrschende Meinung[129] versteht sie nunmehr als Gestaltungsklage. § 29 Abs. 1 KVwGO schreibt vor, daß die den Verwaltungsakt (Chobun) aufhebende Entscheidung auch Dritte bindet. Aus dieser Bestimmung ergibt sich, daß die Aufhebungsklage als Gestaltungsklage zu verstehen ist. Dennoch darf nicht übersehen werden, daß dem Kläger kein materielles Aufhebungsrecht hinsichtlich des Verwaltungsakts zusteht. Deshalb ist die Anfechtungsklage mit der zivilprozeßrechtlichen Gestaltungsklage nicht ohne weiteres vergleichbar[130].

Die Nichtigkeits-Feststellungsklage (Muhyodeung Hwagin Sosong) ist die Klage, in der geklärt werden soll, ob der angefochtene Chobun (Verwaltungsakt) nichtig ist oder nicht, bzw. ob der Widerspruchsbescheid verbindlich ist oder nicht, oder aber auch, ob der Chobun oder der Widerspruchsbescheid bereits als solche existieren oder nicht. Da der nichtige Verwaltungsakt äußerlich als Verwaltungsakt in Erscheinung tritt, benötigt man häufig die Feststellung, daß trotz der äußeren Wirkung der Verwaltungsakt nichtig ist und keine Wirkung erzeugt. Die Untätigkeits-Feststellungsklage (Bujaguiuibophwaginsosong) ist die Klage, mit der die Rechtswidrigkeit der Untätigkeit einer Behörde festgestellt werden soll. Nach der gesetzlichen Definition der Untätigkeit in § 2 Abs. 1 Nr. 2 KVwGO ist dann die „Untätigkeit" zu bejahen, wenn die Behörde auf den Antrag zum Erlaß eines Verwaltungsakts

---

[127] Vgl. *Do C. Kim*, Verwaltungsrecht I, 1988, S. 537 f.; *Sang K. Lee*, Verwaltungsrecht I, 1988, S. 637 f.

[128] Vgl. *Won U. Suh*, Klagebefugnisse bei der Aufhebungsklage, in: GSYG (Juli 1987), S. 85 ff.; *ders.*, Auswirkung des Aufhebungsurteils, in: YGGS (April 1985), S. 159 f.

[129] Vgl. *Nam J. Kim*, Verwaltungsrecht I, 1990, S. 535 f.; *Jong H. Seok*, Verwaltungsrecht I, 1990, S. 812 f.

[130] Vgl. *Nam J. Kim*, ebenda.

trotz der gegebenen Pflicht, einen Verwaltungsakt innerhalb einer bestimmten Zeit zu erlassen, nicht tätig wird. Voraussetzung ist also, daß der Antragsteller gemäß dem Gesetz einen Antrag auf Erlaß eines Verwaltungsakts gestellt hat und daß die Behörde verpflichtet ist, den Verwaltungsakt zu erlassen; ferner, daß die Behörde trotz dieser Pflicht untätig geblieben ist. Die Untätigkeits-Feststellungsklage ist eigentlich mit der Verpflichtungsklage gleich einzuordnen, wenn man das materiell-rechtliche Ergebnis vergleicht. Die Untätigkeit der Behörde besteht darin, daß sie den beantragten Verwaltungsakt trotz bestehender Verpflichtung nicht erläßt und mit der gerichtlichen Aufhebung dieser Untätigkeit die Behörde verpflichtet wird, den ursprünglich beantragten Verwaltungsakt zu erlassen, gleich ob nur ein Feststellungs- oder ein Verpflichtungsurteil ergeht. Das Gericht kann auf Antrag des Betroffenen die Behörde verpflichten, innerhalb eines bestimmten Zeitraums den Verwaltungsakt zu erlassen, wenn eine entsprechende Pflicht nicht erfüllt ist. Außerdem kann das Gericht bestimmen, daß wegen der Verzögerung eine bestimmte Entschädigung zu erstatten ist und unverzüglich gewährt werden muß (§ 34 Abs. 1 KVwGO). Da die Verwaltungsjuristen in Korea die Notwendigkeit der Normierung einer Verpflichtungsklage immer behauptet haben, mußte die geänderte Verwaltungsgerichtsordnung, die dem nicht folgte, gleich nach der Verabschiedung unter Kritik[131] geraten. Man diskutiert nun darüber, ob die Möglichkeit besteht, die Verpflichtungsklage in Form einer atypischen Anfechtungsklage einzuführen, ohne daß das Gesetz sie vorsieht; dies wird von den führenden Verwaltungsrechtlern ohnedies bejaht[132].

3. Klagebefugnis

Klagebefugnis heißt in koreanischer Sprache „Soui Iik" oder „Soik". Für die Klagebefugnis nach der deutschen VwGO wird nur gefordert, daß der Kläger geltend macht, durch den Verwaltungsakt oder seine Ablehnung oder Unterlassung in seinen Rechten verletzt zu sein; darüber hinaus wird nur das allgemeine Rechtsschutzbedürfnis erwartet. Nach der koreanischen KVwGO, die den Ausdruck „Rechtsverletzung" nicht gebraucht und nicht zur Voraussetzung der Klagebefugnis macht, gilt eine andere Anforderung. Nach § 12 KVwGO kann die Anfechtungsklage erheben, wer „Bopyulsangiik" (gesetzliches Interesse) an der Aufhebung eines Chobun (Verwaltungsakts) hat, die

---

[131] Vgl. *Nam J. Kim*, Probleme beim Änderungsentwurf der Verwaltungsgerichtsordnung, in: GSK (April 1985), S. 91 f.; *Jang S. Maeng*, Eine Untersuchung zur Untätigkeitsklage, Diss. Dankook Universität, Seoul 1983.

[132] Vgl. *Do C. Kim*, Verwaltungsrecht I, S. 681 f.; *Nam J. Kim*, Verwaltungsrecht I, 1990, S. 626; *Jong H. Seok*, Verwaltungsrecht I, 1990, S. 733 ff., 819 f.

trotz der gegebenen Pflicht, einen Verwaltungsakt innerhalb einer bestimmten Zeit zu erlassen, nicht tätig wird. Voraussetzung ist also, daß der Antragsteller gemäß dem Gesetz einen Antrag auf Erlaß eines Verwaltungsakts gestellt hat und daß die Behörde verpflichtet ist, den Verwaltungsakt zu erlassen; ferner, daß die Behörde trotz dieser Pflicht untätig geblieben ist. Die Untätigkeits-Feststellungsklage ist eigentlich mit der Verpflichtungsklage gleich einzuordnen, wenn man das materiell-rechtliche Ergebnis vergleicht. Die Untätigkeit der Behörde besteht darin, daß sie den beantragten Verwaltungsakt trotz bestehender Verpflichtung nicht erläßt und mit der gerichtlichen Aufhebung dieser Untätigkeit die Behörde verpflichtet wird, den ursprünglich beantragten Verwaltungsakt zu erlassen, gleich ob nur ein Feststellungs- oder ein Verpflichtungsurteil ergeht. Das Gericht kann auf Antrag des Betroffenen die Behörde verpflichten, innerhalb eines bestimmten Zeitraums den Verwaltungsakt zu erlassen, wenn eine entsprechende Pflicht nicht erfüllt ist. Außerdem kann das Gericht bestimmen, daß wegen der Verzögerung eine bestimmte Entschädigung zu erstatten ist und unverzüglich gewährt werden muß (§ 34 Abs. 1 KVwGO). Da die Verwaltungsjuristen in Korea die Notwendigkeit der Normierung einer Verpflichtungsklage immer behauptet haben, mußte die geänderte Verwaltungsgerichtsordnung, die dem nicht folgte, gleich nach der Verabschiedung unter Kritik[131] geraten. Man diskutiert nun darüber, ob die Möglichkeit besteht, die Verpflichtungsklage in Form einer atypischen Anfechtungsklage einzuführen, ohne daß das Gesetz sie vorsieht; dies wird von den führenden Verwaltungsrechtlern ohnedies bejaht[132].

3. Klagebefugnis

Klagebefugnis heißt in koreanischer Sprache „Soui Iik“ oder „Soik“. Für die Klagebefugnis nach der deutschen VwGO wird nur gefordert, daß der Kläger geltend macht, durch den Verwaltungsakt oder seine Ablehnung oder Unterlassung in seinen Rechten verletzt zu sein; darüber hinaus wird nur das allgemeine Rechtsschutzbedürfnis erwartet. Nach der koreanischen KVwGO, die den Ausdruck „Rechtsverletzung“ nicht gebraucht und nicht zur Voraussetzung der Klagebefugnis macht, gilt eine andere Anforderung. Nach § 12 KVwGO kann die Anfechtungsklage erheben, wer „Bopyulsangiik“ (gesetzliches Interesse) an der Aufhebung eines Chobun (Verwaltungsakts) hat, die

[131] Vgl. *Nam J. Kim*, Probleme beim Änderungsentwurf der Verwaltungsgerichtsordnung, in: GSK (April 1985), S. 91 f.; *Jang S. Maeng*, Eine Untersuchung zur Untätigkeitsklage, Diss. Dankook Universität, Seoul 1983.

[132] Vgl. *Do C. Kim*, Verwaltungsrecht I, S. 681 f.; *Nam J. Kim*, Verwaltungsrecht I, 1990, S. 626; *Jong H. Seok*, Verwaltungsrecht I, 1990, S. 733 ff., 819 f.

„Chisososong" (Aufhebungsklage) erheben. In Korea wird also die Klagebefugnis vom gesetzlichen oder rechtlichen Interesse aus beurteilt. Das Rechtsschutzbedürfnis für das gerichtliche Verfahren bestimmt § 12 S. 2 KVwGO; normalerweise ist dies ohne weiteres gegeben; aber wenn die Wirkung des Verwaltungakts infolge Ablauf einer Frist, infolge Vollziehung des Verwaltungsakts oder aus anderen Gründen bereits erledigt ist, kann bei entsprechendem Interesse die Anfechtungsklage gleichwohl erhoben werden; ferner, wenn ein gesetzliches Interesse an der Wiederherstellung der verletzten Zustandes geltend gemacht werden kann. Allerdings ist das Rechtsschutzbedürfnis zu verneinen, wenn der Kläger sein Klageziel auf andere Weise sachgerechter (einfacher, schneller oder billiger) erreichen könnte[133].

Da die Frage der Klagebefugnis davon abhängig ist, wie man das „rechtliche Interesse" zu verstehen hat, sind die Dinge im einzelnen in den Lehrmeinungen umstritten. Kim[134] vertritt die Meinung, daß man das rechtliche Interesse mit dem subjektiv-öffentlichen Recht gleichsetzen sollte. Hiergegen vertritt Seok[135] die Meinung, daß das gesetzliche Interesse sowohl das subjektiv-öffentliche Recht als auch schutzwürdige Interessen (Bohoiik) bedeuten solle, wobei allerdings Kim das schutzwürdige Interesse mit in das subjektive Recht eingeordnet hat. Die Rechtprechung[136] unterscheidet das schutzwürdige Interesse vom bloßen Rechtsreflex, hat aber zu dem Begriff des schutzwürdigen Interesses im einzelnen nicht Stellung genommen. Da diese Frage bereits oben eingehend dargestellt wurde[137], braucht an dieser Stelle nichts Näheres ausgeführt zu werden.

Im einzelnen wird die Klagebefugnis nach der jeweiligen Klageart unten im Zusammenhang mit der deutschen Rezeption näher dargestellt, soweit diese in dieser Untersuchung von Nutzen ist.

---

[133] Vgl. *Nam J. Kim,* Verwaltungsrecht I, 1990, S. 429 f.; *Bo S. Shin,* Die materielle Voraussetzung der Aufhebungsklage, in: YGGS (Juni 1988), S. 95 f.; dazu vgl. *Pietzner / Ronellenfitsch,* Das Assessorexamen im öffentlichen Recht, S. 123 f.

[134] *Nam J. Kim,* Aufhebungsklage und Soui lik, in: GSYG (Jan. 1986), S. 138 f.; *ders.,* Verwaltungsrecht I, 1990, S. 530 f.; *ders.,* Bezeichnung einer Parkverbotzone und Prozeßvoraussetzung, in: GSYG (Nov. 1986), S. 207 f.

[135] *Jong H. Seok,* Verwaltungsrecht I, 1990, S. 841 ff.; *ders.,* Eine Untersuchung zu Tendenzen der Rechtsprechung über das schutzwürdige Interesse, in: Law Review, hrsg. von der School of Law / Dankook Universität, Vol. XV (1989), S. 33 ff.

[136] KHG, 69 Nu 106 Urteil v. 30.12.1969; KHG, 73 Nu 173 Urteil v. 9.4.1974; KHG, 73 Nu 96.97 Urteil v. 13.5.1975; KHG, 87 Nu 873 Urteil v. 14.6.1988.

[137] Vgl. oben § 5 II 4.

„Chisososong" (Aufhebungsklage) erheben. In Korea wird also die Klagebefugnis vom gesetzlichen oder rechtlichen Interesse aus beurteilt. Das Rechtsschutzbedürfnis für das gerichtliche Verfahren bestimmt § 12 S. 2 KVwGO; normalerweise ist dies ohne weiteres gegeben; aber wenn die Wirkung des Verwaltungakts infolge Ablauf einer Frist, infolge Vollziehung des Verwaltungsakts oder aus anderen Gründen bereits erledigt ist, kann bei entsprechendem Interesse die Anfechtungsklage gleichwohl erhoben werden; ferner, wenn ein gesetzliches Interesse an der Wiederherstellung der verletzten Zustandes geltend gemacht werden kann. Allerdings ist das Rechtsschutzbedürfnis zu verneinen, wenn der Kläger sein Klageziel auf andere Weise sachgerechter (einfacher, schneller oder billiger) erreichen könnte[133].

Da die Frage der Klagebefugnis davon abhängig ist, wie man das „rechtliche Interesse" zu verstehen hat, sind die Dinge im einzelnen in den Lehrmeinungen umstritten. Kim[134] vertritt die Meinung, daß man das rechtliche Interesse mit dem subjektiv-öffentlichen Recht gleichsetzen sollte. Hiergegen vertritt Seok[135] die Meinung, daß das gesetzliche Interesse sowohl das subjektiv-öffentliche Recht als auch schutzwürdige Interessen (Bohoiik) bedeuten solle, wobei allerdings Kim das schutzwürdige Interesse mit in das subjektive Recht eingeordnet hat. Die Rechtprechung[136] unterscheidet das schutzwürdige Interesse vom bloßen Rechtsreflex, hat aber zu dem Begriff des schutzwürdigen Interesses im einzelnen nicht Stellung genommen. Da diese Frage bereits oben eingehend dargestellt wurde[137], braucht an dieser Stelle nichts Näheres ausgeführt zu werden.

Im einzelnen wird die Klagebefugnis nach der jeweiligen Klageart unten im Zusammenhang mit der deutschen Rezeption näher dargestellt, soweit diese in dieser Untersuchung von Nutzen ist.

---

[133] Vgl. *Nam J. Kim*, Verwaltungsrecht I, 1990, S. 429 f.; *Bo S. Shin*, Die materielle Voraussetzung der Aufhebungsklage, in: YGGS (Juni 1988), S. 95 f.; dazu vgl. *Pietzner / Ronellenfitsch*, Das Assessorexamen im öffentlichen Recht, S. 123 f.

[134] *Nam J. Kim*, Aufhebungsklage und Soui lik, in: GSYG (Jan. 1986), S. 138 f.; *ders.*, Verwaltungsrecht I, 1990, S. 530 f.; *ders.*, Bezeichnung einer Parkverbotzone und Prozeßvoraussetzung, in: GSYG (Nov. 1986), S. 207 f.

[135] *Jong H. Seok*, Verwaltungsrecht I, 1990, S. 841 ff.; *ders.*, Eine Untersuchung zu Tendenzen der Rechtsprechung über das schutzwürdige Interesse, in: Law Review, hrsg. von der School of Law / Dankook Universität, Vol. XV (1989), S. 33 ff.

[136] KHG, 69 Nu 106 Urteil v. 30.12.1969; KHG, 73 Nu 173 Urteil v. 9.4.1974; KHG, 73 Nu 96.97 Urteil v. 13.5.1975; KHG, 87 Nu 873 Urteil v. 14.6.1988.

[137] Vgl. oben § 5 II 4.

4. Klagefrist

Die Klagefrist bedeutet eine Ausschlußfrist. Wenn man innerhalb dieser Frist nicht die Klage erhebt, gibt es keine gerichtliche Anfechtung mehr. Die Anfechtungsklage muß, wie schon gesagt, innerhalb von 60 Tagen (mit bestimmten Ausnahmen) nach Zustellung des Widerspruchsbescheids erhoben werden (§§ 5, 20 Abs. 1 KVwGO). Wenn das Vorverfahren nicht erforderlich ist[138], oder wenn während der Vorverfahrens ein Widerspruchsbescheid nicht erforderlich ist[139], dann ist die Klage innerhalb von 180 Tagen nach Kenntnisnahme von dem Erlaß des Verwaltungsakts oder aber innerhalb eines Jahres nach dem Erlaß des Verwaltungsakts zu erheben. In diesem Fall ist die Klagefrist keine Ausschließlichkeitsfrist. Wenn man daher hinreichende Gründe für die Rechtfertigung der Versäumnisfrist hat, kann die Klage auch unabhängig von der Klagefrist noch nachträglich erhoben werden (§ 20 Abs. 2 KVwGO).

Bei der Nichtigkeits-Feststellungklage gibt es hingegen keine Klagefrist (§ 38 Abs. 1 KVwGO). Wenn man aber eine Anfechtungsklage erhebt, mit dem Ziel einer gerichtlichen Klärung der Nichtigkeit eines Verwaltungsakts, dann muß man die Klagefrist wie bei der Anfechtungsklage einhalten[140]. Die Untätigkeits-Feststellungsklage schließlich muß innerhalb von 60 Tagen nach dem Ergehen des Widerspruchsbescheids erhoben werden.

---

[138] Das Vorverfahren ist nicht erforderlich, wenn ein gleichartiger Widerspruch von der Widerspruchsbehörde abgewiesen wurde, wenn ein Adressat von mehreren Adressaten rechtmäßig einen Widerspruch erhoben hat, wenn ein Verwaltungsakt vom zusammenhängenden Verwaltungsakt oder einem stufenweisen Verwaltungsakt zum gleichen Ziele bereits von der Widerspruchsbehörde beschieden worden ist, wenn man die Klage gegen den Verwaltungsakt, der nach der gerichtlichen Verhandlung von der Behörde geändert worden ist, erhebt, oder wenn die Behörde irrtümlich angekündigt hat, daß das Vorverfahren nicht erforderlich sei (§ 18 Abs. 3 KVwGO).

[139] Es ist das Bescheiden der Widerspruchsbehörde nicht erforderlich, wenn diese innerhalb der Bescheidungsfrist (60 Tage) nicht bescheidet, wenn ein dringendes Bedürfnis dafür besteht, um einen erheblichen Schaden infolge der Vollziehung des Verwaltungsakts oder der Fortführung des Verfahrens zu vermeiden, wenn die Widerspruchsbehörde den Beschluß oder das Bescheiden über den Widerspruchsantrag unmöglich machende Gründe hat, wenn gerechte Gründe dafür bestehen, daß man das Bescheiden der Widerspruchsbehörde nicht erwarten kann (§ 18 Abs. 2 KVwGO).

[140] Vgl. *Jong H. Seok*, Verwaltungsrecht I, 1990, S. 855 f.

4. Klagefrist

Die Klagefrist bedeutet eine Ausschlußfrist. Wenn man innerhalb dieser Frist nicht die Klage erhebt, gibt es keine gerichtliche Anfechtung mehr. Die Anfechtungsklage muß, wie schon gesagt, innerhalb von 60 Tagen (mit bestimmten Ausnahmen) nach Zustellung des Widerspruchsbescheids erhoben werden (§§ 5, 20 Abs. 1 KVwGO). Wenn das Vorverfahren nicht erforderlich ist[138], oder wenn während der Vorverfahrens ein Widerspruchsbescheid nicht erforderlich ist[139], dann ist die Klage innerhalb von 180 Tagen nach Kenntnisnahme von dem Erlaß des Verwaltungsakts oder aber innerhalb eines Jahres nach dem Erlaß des Verwaltungsakts zu erheben. In diesem Fall ist die Klagefrist keine Ausschließlichkeitsfrist. Wenn man daher hinreichende Gründe für die Rechtfertigung der Versäumnisfrist hat, kann die Klage auch unabhängig von der Klagefrist noch nachträglich erhoben werden (§ 20 Abs. 2 KVwGO).

Bei der Nichtigkeits-Feststellungklage gibt es hingegen keine Klagefrist (§ 38 Abs. 1 KVwGO). Wenn man aber eine Anfechtungsklage erhebt, mit dem Ziel einer gerichtlichen Klärung der Nichtigkeit eines Verwaltungsakts, dann muß man die Klagefrist wie bei der Anfechtungsklage einhalten[140]. Die Untätigkeits-Feststellungsklage schließlich muß innerhalb von 60 Tagen nach dem Ergehen des Widerspruchsbescheids erhoben werden.

---

[138] Das Vorverfahren ist nicht erforderlich, wenn ein gleichartiger Widerspruch von der Widerspruchsbehörde abgewiesen wurde, wenn ein Adressat von mehreren Adressaten rechtmäßig einen Widerspruch erhoben hat, wenn ein Verwaltungsakt vom zusammenhängenden Verwaltungsakt oder einem stufenweisen Verwaltungsakt zum gleichen Ziele bereits von der Widerspruchsbehörde beschieden worden ist, wenn man die Klage gegen den Verwaltungsakt, der nach der gerichtlichen Verhandlung von der Behörde geändert worden ist, erhebt, oder wenn die Behörde irrtümlich angekündigt hat, daß das Vorverfahren nicht erforderlich sei (§ 18 Abs. 3 KVwGO).

[139] Es ist das Bescheiden der Widerspruchsbehörde nicht erforderlich, wenn diese innerhalb der Bescheidungsfrist (60 Tage) nicht bescheidet, wenn ein dringendes Bedürfnis dafür besteht, um einen erheblichen Schaden infolge der Vollziehung des Verwaltungsakts oder der Fortführung des Verfahrens zu vermeiden, wenn die Widerspruchsbehörde den Beschluß oder das Bescheiden über den Widerspruchsantrag unmöglich machende Gründe hat, wenn gerechte Gründe dafür bestehen, daß man das Bescheiden der Widerspruchsbehörde nicht erwarten kann (§ 18 Abs. 2 KVwGO).

[140] Vgl. *Jong H. Seok*, Verwaltungsrecht I, 1990, S. 855 f.

§ 8 Die übrige verwaltungsrechtliche Literatur in Korea

I. Monographien

1. Vorbemerkung

Das literarische Schaffen und die wissenschaftliche Arbeit in Korea sind stark vom rechtswissenschaftlichen Ausbildungssystem abhängig. Dies ist darauf zurückzuführen, daß die rechtswissenschaftliche Ausbildung an der juristischen Fakultät keine Bezüge zur Praxis hat, weil beide vollständig voneinander getrennt sind[141]. In Korea gibt es derzeit ca. 33.320 Jurastudenten in etwa 68 juristischen Fakultäten, in jedem Jahr beginnen etwa 7.500 Studenten ihr Studium. Um Jurist zu werden, muß ein Jurastudent das Staatsexamen für Juristen, das in drei Prüfungsabschnitte zerfällt, bestehen. Nur etwa 300[142] von 14.000 Kandidaten[143] pro Jahr bestehen das Staatsexamen für Juristen. Die übrigen Juraabsolventen müssen auf eine juristische Laufbahn verzichten. Die Zahl der koreanischen Juristen belief sich im Jahr 1986 auf ca. 3.500, hierunter waren 900 Richter, 600 Staatsanwälte und 2.000 Rechtsanwälte.

An diesen Gegebenheiten orientieren sich die koreanischen Rechtslehrer mit ihrer Literatur für Prüfungskandidaten des staatlichen Juristenexamens Daher gibt es zahlreiche Lehrbücher für die Erste und Zweite Prüfung.

Hinzu kommt, daß die Verlage es vermeiden, wissenschaftliche Arbeiten als Monographien zu veröffentlichen. Wer eine wissenschaftliche Arbeit veröffentlichen will, muß die Druckkosten alleine tragen. In der Regel verhindert dies die Veröffentlichung einer Monographie. Um diese Lücke zu schließen, ist es üblich geworden, Arbeiten als Dissertationen oder als Festschriften anläßlich des 60. Geburtstages oder der Emeritierung zu veröffentlichen; daher entsprechen Dissertationen und Festschriften in Korea den Monographien nach deutschen Verhältnissen.

---

[141] *Chan H.* Chung, Das rechtswissenschaftliche Ausbildungssystem Koreas und das Rechtsdenken der Koreaner, in: stud. iur. 1987, Heft 2, S. 53 f.

[142] Seit dem Jahr 1981 wurde erst die Zahl auf 300 festgelegt. Im Jahr 1963 waren es nur 41; im Jahr 1967 haben nur 5 Kandidaten das Staatsexamen bestanden.

[143] Die meisten Kandidaten scheiterten schon am ersten Prüfungsabschnitt, da in den Pflichtfächern mit einem Multiple-Choice-Test geprüft wird. Pflichtfächer in der ersten Prüfungsstufe sind: Verfassungsrecht, Zivilrecht, Strafecht, Grundlage der Wirtschaftswissenschaft, koreanische Geschichte und Weltgeschichte. Zusätzlich muß jeder Kandidat eine Fremdsprache und ein Fach aus verschiedenen Wahlfächern auswählen.

§ 8 Die übrige verwaltungsrechtliche Literatur in Korea

I. Monographien

1. Vorbemerkung

Das literarische Schaffen und die wissenschaftliche Arbeit in Korea sind stark vom rechtswissenschaftlichen Ausbildungssystem abhängig. Dies ist darauf zurückzuführen, daß die rechtswissenschaftliche Ausbildung an der juristischen Fakultät keine Bezüge zur Praxis hat, weil beide vollständig voneinander getrennt sind[141]. In Korea gibt es derzeit ca. 33.320 Jurastudenten in etwa 68 juristischen Fakultäten, in jedem Jahr beginnen etwa 7.500 Studenten ihr Studium. Um Jurist zu werden, muß ein Jurastudent das Staatsexamen für Juristen, das in drei Prüfungsabschnitte zerfällt, bestehen. Nur etwa 300[142] von 14.000 Kandidaten[143] pro Jahr bestehen das Staatsexamen für Juristen. Die übrigen Juraabsolventen müssen auf eine juristische Laufbahn verzichten. Die Zahl der koreanischen Juristen belief sich im Jahr 1986 auf ca. 3.500, hierunter waren 900 Richter, 600 Staatsanwälte und 2.000 Rechtsanwälte.

An diesen Gegebenheiten orientieren sich die koreanischen Rechtslehrer mit ihrer Literatur für Prüfungskandidaten des staatlichen Juristenexamens Daher gibt es zahlreiche Lehrbücher für die Erste und Zweite Prüfung.

Hinzu kommt, daß die Verlage es vermeiden, wissenschaftliche Arbeiten als Monographien zu veröffentlichen. Wer eine wissenschaftliche Arbeit veröffentlichen will, muß die Druckkosten alleine tragen. In der Regel verhindert dies die Veröffentlichung einer Monographie. Um diese Lücke zu schließen, ist es üblich geworden, Arbeiten als Dissertationen oder als Festschriften anläßlich des 60. Geburtstages oder der Emeritierung zu veröffentlichen; daher entsprechen Dissertationen und Festschriften in Korea den Monographien nach deutschen Verhältnissen.

---

[141] *Chan H.* Chung, Das rechtswissenschaftliche Ausbildungssystem Koreas und das Rechtsdenken der Koreaner, in: stud. iur. 1987, Heft 2, S. 53 f.

[142] Seit dem Jahr 1981 wurde erst die Zahl auf 300 festgelegt. Im Jahr 1963 waren es nur 41; im Jahr 1967 haben nur 5 Kandidaten das Staatsexamen bestanden.

[143] Die meisten Kandidaten scheiterten schon am ersten Prüfungsabschnitt, da in den Pflichtfächern mit einem Multiple-Choice-Test geprüft wird. Pflichtfächer in der ersten Prüfungsstufe sind: Verfassungsrecht, Zivilrecht, Strafecht, Grundlage der Wirtschaftswissenschaft, koreanische Geschichte und Weltgeschichte. Zusätzlich muß jeder Kandidat eine Fremdsprache und ein Fach aus verschiedenen Wahlfächern auswählen.

2. Monographien

Do C. Kim veröffentlichte 1968 seine Lehre vom Staatsnotrecht (Gukgaggingupkwop, Chongunsa Verlag). Die zweite Auflage dieses Werkes erfolgte im Jahr 1972, die dritte Auflage im Jahr 1981. In diesem behandelt er rechtsvergleichend das Notstandsrecht in England, den Vereinigten Staaten von Amerika, der Bundesrepublik Deutschland und in Österreich.

Je Y. Kim veröffentlichte im Jahr 1974 seine Lehre vom Verwaltungsverfahrensrecht (Haengjongjoichabop, Iljekwang Verlag). Diese Arbeit wurde 1973 von der Chungang Universität als Dissertation angenommen. Kim untersuchte Entwicklungstendenzen der Gesetzgebung bei Verwaltungsverfahrensgesetzen in Deutschland und in Österreich, wobei er den Schwerpunkt auf die Entwicklung in der Bundesrepublik Deutschland legt. Kim beschäftigte sich ständig weiter mit der Frage des Verwaltungsverfahrens. So führte er ein Forschungsvorhaben[144] über die Einführungsmöglichkeit des Verwaltungsverfahrenssystems in Korea durch. Dieses wurde finanziell von der koreanischen Regierung unterstützt.

Die Ergebnisse wurden 1981 in drei hektographierten Bänden veröffentlicht. Der erste Band (267 Seiten) beschäftigt sich mit der allgemeinen Lehre vom Verwaltungsverfahrensgesetz und den Verwaltungsverfahrensgesetzen von Österreich, Deutschland und den Vereinigten Staaten von Amerika. Zusätzlich macht Kim Vorschläge, was die Regierung bei der Gesetzgebung eines Verwaltungsverfahrensgesetzes zu berücksichtigen habe. Der zweite Band (73 Seiten) enthält die Zusammenfassung der Ergebnisse. Der dritte Band (219 Seiten) enthält die Ergebnisse einer Untersuchung über verfahrensrechtliche Bestimmungen im geltenden koreanischen Recht.

Zu nennen sind noch folgende Werke:

- Yo Y. Kim/Sang D. Lee, Study of the Model Administrative Procedure Act of Korea (Samyoungsa Verlag), 1989, 134 Seiten. Der erste Teil dieses Werks behandelt: Theoretical Reflections, nämlich Basic Requirement of Administrative Procedure Act, Comparative Law insights, Problems of Statutes of Law, Model Administrative Procedure Act; der zweite Teil dieses Werks behandelt: Model Administrativ Procedure Act of Korea; im einzelnen: Views of Drafters, The Model Act, Opinions on the Model Act.
- Ye Y. Kim/Sang D. Lee, Eine vergleichende Untersuchung zum Verwaltungsverfahrensgesetz (Institute of Legal Research/Chungang Universität, 1986, 148 Seiten). Kim beschäftigt sich mit Fragen zum Verwaltungsverfahrensgesetz in Öster-

---

[144] Dies war eine Zusammenarbeit von *Je Y. Kim* und *Young S. Kwon* an der ChungAng Universität und *Jong Hyun Seok* an der Dankook Universität.

2. Monographien

Do C. Kim veröffentlichte 1968 seine Lehre vom Staatsnotrecht (Gukgaggingupkwop, Chongunsa Verlag). Die zweite Auflage dieses Werkes erfolgte im Jahr 1972, die dritte Auflage im Jahr 1981. In diesem behandelt er rechtsvergleichend das Notstandsrecht in England, den Vereinigten Staaten von Amerika, der Bundesrepublik Deutschland und in Österreich.

Je Y. Kim veröffentlichte im Jahr 1974 seine Lehre vom Verwaltungsverfahrensrecht (Haengjongjoichabop, Iljekwang Verlag). Diese Arbeit wurde 1973 von der Chungang Universität als Dissertation angenommen. Kim untersuchte Entwicklungstendenzen der Gesetzgebung bei Verwaltungsverfahrensgesetzen in Deutschland und in Österreich, wobei er den Schwerpunkt auf die Entwicklung in der Bundesrepublik Deutschland legt. Kim beschäftigte sich ständig weiter mit der Frage des Verwaltungsverfahrens. So führte er ein Forschungsvorhaben[144] über die Einführungsmöglichkeit des Verwaltungsverfahrenssystems in Korea durch. Dieses wurde finanziell von der koreanischen Regierung unterstützt.

Die Ergebnisse wurden 1981 in drei hektographierten Bänden veröffentlicht. Der erste Band (267 Seiten) beschäftigt sich mit der allgemeinen Lehre vom Verwaltungsverfahrensgesetz und den Verwaltungsverfahrensgesetzen von Österreich, Deutschland und den Vereinigten Staaten von Amerika. Zusätzlich macht Kim Vorschläge, was die Regierung bei der Gesetzgebung eines Verwaltungsverfahrensgesetzes zu berücksichtigen habe. Der zweite Band (73 Seiten) enthält die Zusammenfassung der Ergebnisse. Der dritte Band (219 Seiten) enthält die Ergebnisse einer Untersuchung über verfahrensrechtliche Bestimmungen im geltenden koreanischen Recht.

Zu nennen sind noch folgende Werke:

- Yo Y. Kim/Sang D. Lee, Study of the Model Administrative Procedure Act of Korea (Samyoungsa Verlag), 1989, 134 Seiten. Der erste Teil dieses Werks behandelt: Theoretical Reflections, nämlich Basic Requirement of Administrative Procedure Act, Comparative Law insights, Problems of Statutes of Law, Model Administrative Procedure Act; der zweite Teil dieses Werks behandelt: Model Administrativ Procedure Act of Korea; im einzelnen: Views of Drafters, The Model Act, Opinions on the Model Act.
- Ye Y. Kim/Sang D. Lee, Eine vergleichende Untersuchung zum Verwaltungsverfahrensgesetz (Institute of Legal Research/Chungang Universität, 1986, 148 Seiten). Kim beschäftigt sich mit Fragen zum Verwaltungsverfahrensgesetz in Öster-

[144] Dies war eine Zusammenarbeit von *Ie Y. Kim* und *Young S. Kwon* an der ChungAng Universität und *Jong Hyun Seok* an der Dankook Universität.

reich und in der Bundesrepublik Deutschland; Lee behandelt das Verwaltungsverfahrensgesetz in den Vereinigten Staaten von Amerika.

- Je Y. Kim/Sang D. Lee/Sang K. Lee/Nam J. Kim, Study of Administrative Procedure – American Experience and Prospect for Korean Law (Institute of Legal Research/Chungang Universität, 1987, 135 Seiten). Je Y. Kim behandelt in diesem Buch: Prospect on the Administrative Procedure Act of Korea; Nam J. Kim behandelt das Thema: Administrative Planing Procedure; Ang K. Lee referiert über: Experience and Lessons of the U.S. Administrative Procedure Act; Sang D. Lee behandelt das Thema: Rele-Making Procedure.
- Byung Sak, Gu (Hrsg.), Öffentlich-rechtliche Fragen der Datenverarbeitungsgesellschaft in der Zukunft (Korean Public Law Association, 1987, Maschinenschrift, 163 Seiten).
- Korean Public Law Association (Hrsg.), Influence and Lessons of the US. Constitution in Korea (Daehag Verlag, 1987, 290 Seiten). In diesem Werk wird behandelt: Influence of U.S. Constitution in Korea: A Preliminary, Freedom of Expresson, Equal Protection of Law, the Presidential System, Jucicial Review, Due Process of Law, Constitutionalism and Administrative Law.
- Sueng D. Yang, Industrie-Eigentumsrecht (Bopgyong Verlag, 1984, 714 Seiten).
- Song K. Park, Die Lehre vom Widerspruchsgesetz (Haengjong shimpanbop), Bopryongpyochanboguebhoi, 1986 (495 Seiten). In der koreanischen Sprache bedeutet „Haengjong" die Verwaltung und „Shimpan" bedeutet (ver-)bescheiden. Unter „Haengjong shimpan ist also der Widerspruch i.S.d. deutschen Verwaltungsrechts zu verstehen. In Deutschland regelt die VwGO das Widerspruchsverfahren und die Verwaltungsklage. In Korea regelt das KWSG das Widerspruchsverfahren und die KVwGO die Verwaltungsklage.
- Sang K. Lee, Verwaltunganfechtungsrecht (Haengjongjaengsongbop), Bobmunsa Verlag 1985 (577 Seiten). Dieses Werk behandelt das Widerspruchsverfahren nach dem KWSG und die Verwaltungsklage nach der KVwvFG.
- Sang K. Lee, Fallbearbeitung im Verwaltungsrecht, (Haengjongbopyonsuip), Bobmunsa Verlag 1982 (410 Seiten).
- Nam J. Kim/Kyong G. Lee, Fallbearbeitung im Verwaltungsrecht, Gosiyongusa Verlag, 1970; ²1980; ³1984; ⁴1987.
- Won U. Suh/Gang H. Lee, Fallbearbeitung im öffentlichen Recht, Bopjisa Verlag, 1985 (791 Seiten):
- Gyong C. Yu, Öffentlich-rechtliche Einschränkung der Flächennutzung, Gangwon National University, 1990 (279 Seiten). Yu promovierte mit der gleichen Thematik bereits 1988 an der Korea Universität. Die rechtsvergleichende Arbeit behandelt öffentlich-rechtliche Einschränkung der Flächennutzung in verschiedenen Ländern, nämlich in Großbritannien, den U.S.A., in Frankreich und in der Bundesrepublik Deutschland. Das deutsche Baurecht[145] stellt er nach den rechtlichen Grundlagen

[145] Eigentlich wurde diese bereits mehrmals abgehandelt. Vgl. *Jong H. Seok*, Eine vergleichende Untersuchung zum Charakter der Bauverwaltung als Raumordnung in der Bundesrepublik Deutschland, in: Faculty Research Papers/Dankook Universität,

reich und in der Bundesrepublik Deutschland; Lee behandelt das Verwaltungsverfahrensgesetz in den Vereinigten Staaten von Amerika.

- Je Y. Kim/Sang D. Lee/Sang K. Lee/Nam J. Kim, Study of Administrative Procedure – American Experience and Prospect for Korean Law (Institute of Legal Research/Chungang Universität, 1987, 135 Seiten). Je Y. Kim behandelt in diesem Buch: Prospect on the Administrative Procedure Act of Korea; Nam J. Kim behandelt das Thema: Administrative Planing Procedure; Ang K. Lee referiert über: Experience and Lessons of the U.S. Administrative Procedure Act; Sang D. Lee behandelt das Thema: Rele-Making Procedure.
- Byung Sak, Gu (Hrsg.), Öffentlich-rechtliche Fragen der Datenverarbeitungsgesellschaft in der Zukunft (Korean Public Law Association, 1987, Maschinenschrift, 163 Seiten).
- Korean Public Law Association (Hrsg.), Influence and Lessons of the US. Constitution in Korea (Daehag Verlag, 1987, 290 Seiten). In diesem Werk wird behandelt: Influence of U.S. Constitution in Korea: A Preliminary, Freedom of Expresson, Equal Protection of Law, the Presidential System, Jucicial Review, Due Process of Law, Constitutionalism and Administrative Law.
- Sueng D. Yang, Industrie-Eigentumsrecht (Bopgyong Verlag, 1984, 714 Seiten).
- Song K. Park, Die Lehre vom Widerspruchsgesetz (Haengjong shimpanbop), Bopryongpyochanboguebhoi, 1986 (495 Seiten). In der koreanischen Sprache bedeutet „Haengjong“ die Verwaltung und „Shimpan“ bedeutet (ver-)bescheiden. Unter „Haengjong shimpan ist also der Widerspruch i.S.d. deutschen Verwaltungsrechts zu verstehen. In Deutschland regelt die VwGO das Widerspruchsverfahren und die Verwaltungsklage. In Korea regelt das KWSG das Widerspruchsverfahren und die KVwGO die Verwaltungsklage.
- Sang K. Lee, Verwaltunganfechtungsrecht (Haengjongjaengsongbop), Bobmunsa Verlag 1985 (577 Seiten). Dieses Werk behandelt das Widerspruchsverfahren nach dem KWSG und die Verwaltungsklage nach der KVwvFG.
- Sang K. Lee, Fallbearbeitung im Verwaltungsrecht, (Haengjongbopyonsuip), Bobmunsa Verlag 1982 (410 Seiten).
- Nam J. Kim/Kyong G. Lee, Fallbearbeitung im Verwaltungsrecht, Gosiyongusa Verlag, 1970; ²1980; ³1984; ⁴1987.
- Won U. Suh/Gang H. Lee, Fallbearbeitung im öffentlichen Recht, Bopjisa Verlag, 1985 (791 Seiten):
- Gyong C. Yu, Öffentlich-rechtliche Einschränkung der Flächennutzung, Gangwon National University, 1990 (279 Seiten). Yu promovierte mit der gleichen Thematik bereits 1988 an der Korea Universität. Die rechtsvergleichende Arbeit behandelt öffentlich-rechtliche Einschränkung der Flächennutzung in verschiedenen Ländern, nämlich in Großbritannien, den U.S.A., in Frankreich und in der Bundesrepublik Deutschland. Das deutsche Baurecht[145] stellt er nach den rechtlichen Grundlagen

[145] Eigentlich wurde diese bereits mehrmals abgehandelt. Vgl. *Jong H. Seok*, Eine vergleichende Untersuchung zum Charakter der Bauverwaltung als Raumordnung in der Bundesrepublik Deutschland, in: Faculty Research Papers/Dankook Universität,

(Bundesbaugesetz, Baunutzungsverordnung, Städtebauförderungsgesetz sowie Baugesetzbuch) dar. Er behandelt das Aufstellungsverfahren und rechtliche Fragen der Bauleitplanung, nämlich Flächennutzungsplan und Bebauungsplan. Die gerichtliche Planungskontrolle in der Bundesrepublik Deutschland behandelt er anhand der Rechtsprechung[146] und der Literatur[147]. Auch auf die Lehre vom Planungsermessen[148] in der Bundesrepublik Deutschland geht er ein, wobei er im Ergebnis dazu gelangt[149], daß diese Lehre[150] zum Aufbau einer Lehre der gerichtlichen Kontrolle in Korea zu dienen vermag.

In Korea gibt es 68 Universitäten oder Hochschulen, die eine juristische Fakultät oder eine juristische Abteilung haben, die meistens auch das Promotionsrecht besitzen. In den vergangenen 40 Jahren erschienen daher zahlreiche Dissertationen auf dem Gebiet des Verwaltungsrechts.

Vol. XIV (1980), S. 377/406; *ders.*, Demokratisierung der raumordnenden Planung, in: Theses Collection in Law, hrsg. vom Department of Law/Dankook Universität, Vol. XII (1982), S. 205/229; *ders.*, Das System des Raumordnungs- und Bauplanungsrechts in der Bundesrepublik Deutschland, in: Festschrift zur Emeritierung von Prof. Dr. Se Chang Yun, Seoul (Bakyoung Verlag) 1983, S. 309/328.

[146] So z.B. BVerfGE 3, 31; BVerwGE 6, 11.

[147] So z.B. *Bachof*, Die Verwaltungsgerichtliche Klage auf Vornahme einer Amtshandlung; *Blümel*, Raumplanung, vollendete Tatsachen und Rechtsschutz, in: Festgabe für E. Forsthoff, S. 133 ff.; *Obermayer*, Der Plan als verwaltungsrechtliches Institut, in: VVDStRL 18 (1960); *Bartlsperger*, Die Bauleitplanung als Reservat des Verwaltungsstaates, DVBl. 1957, S. 360 ff.; *Brohm*, Rechtsschutz im Bauplanungsrecht, 1959; *Ossenbühl*, „Welche normativen Anforderungen stellt der Verfassungsgrundsatz des demokratischen Rechtsstaates an die planende staatliche Tätigkeit?" Gutachten für den 50. Deutschen Juristentag, 1974; *Luhmann*, Funktionale Methode und juristische Entscheidung, AöR 94 (1969).

[148] Die Lehre vom Planungsermessen wurde von Jong H. Seok bereits vorgestellt, Vgl. *Jong H. Seok*, Planungsermessen und Abwägungsgebot, in: GSK (Okt. 1980), S. 33 ff.; *ders.*, Verwaltungsermessen und Planungsermessen, in: GSYG (Juli 1981), S. 101 ff.; *ders.*, Die gerichtliche Kontrolle über Planungsnormen I, II, in: GSK (Nov. 1982), S. 38 ff.; ebd. (Dez. 1982), S. 71 ff.

[149] *Gyong C. Yu*, Öffentlich-rechtliche Einschränkung auf Flächennutzung, 1990, S. 232 f.

[150] *Yu* berücksichtigte folgende deutsche Literatur: *Bachof*, Beurteilungsspielraum, Ermessen und unbestimmter Rechtsbegriff, JZ 1965, S. 97; *Ule*, Zur Anwendung unbestimmter Rechtsbegriffe im Verwaltungsrecht, in: Gedächtnisschrift für W. Jellinek, 1955, S. 309; *Hoppe*, Rechtsschutz bei der Planung von Straßen und Verkehrsanlagen, 1971; *ders.*, Zur Struktur von Normen des Planungsrechts, DVBl. 1974, S. 64 ff.; *Schmidt-Aßmann*, Verwaltungsverantwortung und Verwaltungsgerichtsbarkeit, in: VVDStRL 34 (1975); *Heinze*, Das planungsrechtliche Abwägungsgebot, NVwZ 1986, S. 87 f.

(Bundesbaugesetz, Baunutzungsverordnung, Städtebauförderungsgesetz sowie Baugesetzbuch) dar. Er behandelt das Aufstellungsverfahren und rechtliche Fragen der Bauleitplanung, nämlich Flächennutzungsplan und Bebauungsplan. Die gerichtliche Planungskontrolle in der Bundesrepublik Deutschland behandelt er anhand der Rechtsprechung[146] und der Literatur[147]. Auch auf die Lehre vom Planungsermessen[148] in der Bundesrepublik Deutschland geht er ein, wobei er im Ergebnis dazu gelangt[149], daß diese Lehre[150] zum Aufbau einer Lehre der gerichtlichen Kontrolle in Korea zu dienen vermag.

In Korea gibt es 68 Universitäten oder Hochschulen, die eine juristische Fakultät oder eine juristische Abteilung haben, die meistens auch das Promotionsrecht besitzen. In den vergangenen 40 Jahren erschienen daher zahlreiche Dissertationen auf dem Gebiet des Verwaltungsrechts.

Vol. XIV (1980), S. 377/406; *ders.*, Demokratisierung der raumordnenden Planung, in: Theses Collection in Law, hrsg. vom Department of Law/Dankook Universität, Vol. XII (1982), S. 205/229; *ders.*, Das System des Raumordnungs- und Bauplanungsrechts in der Bundesrepublik Deutschland, in: Festschrift zur Emeritierung von Prof. Dr. Se Chang Yun, Seoul (Bakyoung Verlag) 1983, S. 309/328.

[146] So z.B. BVerfGE 3, 31; BVerwGE 6, 11.

[147] So z.B. *Bachof*, Die Verwaltungsgerichtliche Klage auf Vornahme einer Amtshandlung; *Blümel*, Raumplanung, vollendete Tatsachen und Rechtsschutz, in: Festgabe für E. Forsthoff, S. 133 ff.; *Obermayer*, Der Plan als verwaltungsrechtliches Institut, in: VVDStRL 18 (1960); *Bartlsperger*, Die Bauleitplanung als Reservat des Verwaltungsstaates, DVBl. 1957, S. 360 ff.; *Brohm*, Rechtsschutz im Bauplanungsrecht, 1959; *Ossenbühl*, „Welche normativen Anforderungen stellt der Verfassungsgrundsatz des demokratischen Rechtsstaates an die planende staatliche Tätigkeit?" Gutachten für den 50. Deutschen Juristentag, 1974; *Luhmann*, Funktionale Methode und juristische Entscheidung, AöR 94 (1969).

[148] Die Lehre vom Planungsermessen wurde von Jong H. Seok bereits vorgestellt, Vgl. *Jong H. Seok*, Planungsermessen und Abwägungsgebot, in: GSK (Okt. 1980), S. 33 ff.; *ders.*, Verwaltungsermessen und Planungsermessen, in: GSYG (Juli 1981), S. 101 ff.; *ders.*, Die gerichtliche Kontrolle über Planungsnormen I, II, in: GSK (Nov. 1982), S. 38 ff.; ebd. (Dez. 1982), S. 71 ff.

[149] *Gyong C. Yu*, Öffentlich-rechtliche Einschränkung auf Flächennutzung, 1990, S. 232 f.

[150] *Yu* berücksichtigte folgende deutsche Literatur: *Bachof*, Beurteilungsspielraum, Ermessen und unbestimmter Rechtsbegriff, JZ 1965, S. 97; *Ule*, Zur Anwendung unbestimmter Rechtsbegriffe im Verwaltungsrecht, in: Gedächtnisschrift für W. Jellinek, 1955, S. 309; *Hoppe*, Rechtsschutz bei der Planung von Straßen und Verkehrsanlagen, 1971; *ders.*, Zur Struktur von Normen des Planungsrechts, DVBl. 1974, S. 64 ff.; *Schmidt-Aßmann*, Verwaltungsverantwortung und Verwaltungsgerichtsbarkeit, in: VVDStRL 34 (1975); *Heinze*, Das planungsrechtliche Abwägungsgebot, NVwZ 1986, S. 87 f.

Diese Untersuchung hat sich daher auf die beispielshafte Nennung einiger Titel in den 80er Jahren zu beschränken:

- Kyung W. Lee, Die Rechtsstellung der Studenten in der Universität, Diss., Seoul National Universität, Seoul 1990 (koreanisch);
- Ui C. Gang, Eine Untersuchung zur Lehre vom Verwaltungsplan, Diss., Chungnam Universität, Daejon 1989 (koreanisch);
- Du H. Kim, Eine Untersuchung zum System von Normsetzung durch Verwaltung, Diss., Myungji Universität, Seoul 1989 (koreanisch);
- Myung K. Kim, Eine Untersuchung zum nicht-hoheitlichen Verwaltungshandeln, Diss., Busan Universität, Busan 1989 (koreanisch);
- Gan S. Kim, Eine Untersuchung über das Widerspruchsverfahren im Steuerrecht, Diss., ChungAng Universität, Seoul 1989 (koreanisch);
- Joo H. Lee, Urban Planung Restriction and Wipeout Compensation, Diss., HanYang Universität, Seoul 1989 (koreanisch);
- Eui J. Kang, A Study on Legal Principles of Administrative Planung, Diss., Chongnam National Universität, Daejon 1989 (koreanisch);
- Ie Y. Kim (Hrsg.), Sammelwerk zum Verwaltungsverfahrensgesetz, Samyoungsa Verlag, 1989 (395 Seiten) (koreanisch);
- Sae K. Kim, Eine Studie über die Bürgerbeteiligung bei kommunalen Planungen – im Zusammenhang mit der Entwicklung des Städtebaugesetzes in der Bundesrepublik Deutschland, Dong-A Universität, Busan 1968 (koreanisch);
- Hul I, Yoo, A Study on the Planing Restriction and the Protection of Individual Rights, Diss., Sung Kyun Kwan Universität, Seoul 1988 (koreanisch);
- Myung S. Pyo, A Study on the Administrative Acts, Diss., DhungAng Universiät, Seoul 1988 (koreanisch);
- Yon H. Cho, A Study on the Collective Administrative Litigation System, Diss., Chosun Universität, Kwangju 1987 (koreanisch);
- Il J. Han, A Study on the Participation in Administrative Litigation, Diss., Dankook Universität, Seoul 1987 (koreanisch);
- Jae H. Ko, A Study on Systems Analytic of Korean Educational Law, Diss., Dankook Universität, Seoul 1987 (koreanisch);
- Jang S. Maeng, Eine Untersuchung zur Untätigkeitsklage, Diss., Dankook Universität, Seoul 1983 (koreanisch);
- Pyung J. Park, A Study on Land Tax System in Korea, Diss., Chongnam Universität, Daejon 1983 (koreanisch);
- Hyang K. Kim, Eine Untersuchung über das Widerspruchsverfahren – mit besonderer Rücksicht auf den Widerspruch als Vorverfahren, Diss., Korea Universität, Seoul 1983 (koreanisch);
- Hyun C. Hong, An empirical Study on the Administrative Procedure, Diss., Chung Ang Universität, Seoul 1983 (koreanisch);
- Se T. Oh, A Study on the Law for Protection of Cultural Properties, Diss., Dankook Universität, Seoul 1982 (koreanisch);
- Moon Y. Kang, Verwaltungsrecht in England, Chonggu Verlag, 1965 (koreanisch);
- Se C. Yun, Einführung in das Verwaltungsrecht in England, Iljokwag, 1964 (koreanisch);
- Se C. Yun, Verwaltungsrecht in England und U.S.A., Korea Universität, 1976 (koreanisch);
- Sang K. Lee, Verwaltungsrechtslehre in U.S.A., Bobmunsa Verlag, 1963 (koreanisch).

Diese Untersuchung hat sich daher auf die beispielshafte Nennung einiger Titel in den 80er Jahren zu beschränken:

- Kyung W. Lee, Die Rechtsstellung der Studenten in der Universität, Diss., Seoul National Universität, Seoul 1990 (koreanisch);
- Ui C. Gang, Eine Untersuchung zur Lehre vom Verwaltungsplan, Diss., Chungnam Universität, Daejon 1989 (koreanisch);
- Du H. Kim, Eine Untersuchung zum System von Normsetzung durch Verwaltung, Diss., Myungji Universität, Seoul 1989 (koreanisch);
- Myung K. Kim, Eine Untersuchung zum nicht-hoheitlichen Verwaltungshandeln, Diss., Busan Universität, Busan 1989 (koreanisch);
- Gan S. Kim, Eine Untersuchung über das Widerspruchsverfahren im Steuerrecht, Diss., ChungAng Universität, Seoul 1989 (koreanisch);
- Joo H. Lee, Urban Planung Restriction and Wipeout Compensation, Diss., HanYang Universität, Seoul 1989 (koreanisch);
- Eui J. Kang, A Study on Legal Principles of Administrative Planung, Diss., Chongnam National Universität, Daejon 1989 (koreanisch);
- Ie Y. Kim (Hrsg.), Sammelwerk zum Verwaltungsverfahrensgesetz, Samyoungsa Verlag, 1989 (395 Seiten) (koreanisch);
- Sae K. Kim, Eine Studie über die Bürgerbeteiligung bei kommunalen Planungen – im Zusammenhang mit der Entwicklung des Städtebaugesetzes in der Bundesrepublik Deutschland, Dong-A Universität, Busan 1968 (koreanisch);
- Hul I, Yoo, A Study on the Planing Restriction and the Protection of Individual Rights, Diss., Sung Kyun Kwan Universität, Seoul 1988 (koreanisch);
- Myung S. Pyo, A Study on the Administrative Acts, Diss., DhungAng Universiät, Seoul 1988 (koreanisch);
- Yon H. Cho, A Study on the Collective Administrative Litigation System, Diss., Chosun Universität, Kwangju 1987 (koreanisch);
- Il J. Han, A Study on the Participation in Administrative Litigation, Diss., Dankook Universität, Seoul 1987 (koreanisch);
- Jae H. Ko, A Study on Systems Analytic of Korean Educational Law, Diss., Dankook Universität, Seoul 1987 (koreanisch);
- Jang S. Maeng, Eine Untersuchung zur Untätigkeitsklage, Diss., Dankook Universität, Seoul 1983 (koreanisch);
- Pyung J. Park, A Study on Land Tax System in Korea, Diss., Chongnam Universität, Daejon 1983 (koreanisch);
- Hyang K. Kim, Eine Untersuchung über das Widerspruchsverfahren – mit besonderer Rücksicht auf den Widerspruch als Vorverfahren, Diss., Korea Universität, Seoul 1983 (koreanisch);
- Hyun C. Hong, An empirical Study on the Administrative Procedure, Diss., Chung Ang Universität, Seoul 1983 (koreanisch);
- Se T. Oh, A Study on the Law for Protection of Cultural Properties, Diss., Dankook Universität, Seoul 1982 (koreanisch);
- Moon Y. Kang, Verwaltungsrecht in England, Chonggu Verlag, 1965 (koreanisch);
- Se C. Yun, Einführung in das Verwaltungsrecht in England, Iljokwag, 1964 (koreanisch);
- Se C. Yun, Verwaltungsrecht in England und U.S.A., Korea Universität, 1976 (koreanisch);
- Sang K. Lee, Verwaltungsrechtslehre in U.S.A., Bobmunsa Verlag, 1963 (koreanisch).

Es ist üblich, daß man eine Festschrift anläßlich des 60. Geburtstags oder zur Emeritierung sowie zum 70. Geburtstag veröffentlicht. Obwohl man in Korea fachlich bei den Lehrstühlen zwischen dem Verfassungsrecht und dem Verwaltungsrecht unterscheidet, umfaßt eine Festschrift im öffentlichen Recht sowohl verfassungsrechtliche als auch verwaltungsrechtliche Abhandlungen.

Die erste Festschrift erschien im Jahr 1977 als Monographie für den Verfassungsrechtler Prof. Dr. Tae Y. Han zum 60. Geburtstag. Am Anfang seiner wissenschaftlichen Laufbahn beschäftigte sich Han mit dem öffentlichen Recht, also Verfassungsrecht und Verwaltungsrecht. So z.B. erschien sein Lehrbuch des Verwaltungsrechts 1957 und 1959. Ein Lehrbuch über besonderes Verwaltungsrecht veröffentlichte er im Jahr 1955. 1958 veröffentlichte Han ein Lehrbuch über „Fallbearbeitung im Verwaltungsrecht", 1961 die Allgemeine und Besondere Verwaltungsrechtslehre. 1963 erschien seine „Allgemeine Verwaltungsrechtslehre". Danach orientierte sich Han am Verfassungsrecht. Han hat zum dogmatischen Aufbau und zu der Entwicklung des koreanischen öffentlichen Rechts hervorragend beigetragen. Dabei übernahm Han die führende Rolle in der dogmatischen Bildung des Verfassungsrechts in Korea.

In die Festschrift für Han wurden folgende verwaltungsrechtliche Abhandlungen aufgenommen: Hae G. Ahn, Die Umweltänderung der koreanischen Verwaltung und die Aufgabe für die Zukunft, S. 448 ff.; Nam J. Kim, Die Grenze der Nebenbestimmung zum Verwaltungsakt, S. 472 ff.; Ie Y. Kim, Der Begriff des Verwaltungsakts und der fehlerhafte Verwaltungsakt, S. 487 ff.; Won U. Suh, Enscheidungsprozeß der Verwaltung und die Verwaltungsklage, S. 307 ff.; Tschoi, Y. Kim, Die Voraussetzung der staatlichen Haftung nach § 2 Koreanisches Staatshaftungsgesetz, S. 525 ff.; Won J. Kim, The Environmental Rights and Administrative Remedies in Administrative State, S. 549 ff.; Myung G. Lee, Der rechtliche Charakter des Gemeingebrauchs von öffentlichen Sachen, S. 573 ff.

Auf dem Gebiet des Verwaltungsrechts erschien die erste Festschrift zum 60. Geburtstag für Prof. Dr. Do C. Kim im Jahr 1982. Seit Beginn seiner wissenschaftlichen Laufbahn beschäftigte sich Kim vor allem mit dem Verwaltungsrecht. In den 50er und 60er Jahren hat Kim durch zahlreiche Lehrbücher eine führende Rolle beim dogmatischen Aufbau und der Entwicklung der koreanischen Verwaltungsrechtswissenschaften erlangt. Er veröffentlichte zuerst das Lehrbuch über Besonderes Verwaltungsrecht im Jahr 1956. Danach folgte das Verwaltungsrecht (Allgemeines Verwaltungsrecht) 1958, wobei dieses bis 1966 jährlich eine „geänderte Auflage" erfuhr. Sein überarbeitetes Lehrbuch über Verwaltungsrecht II (Besonderes Verwaltungsrecht) erschien im Jahr 1959, bis 1966 ebenfalls in einer jährlich „geänderten" Auflage. Im Jahr 1967 veröffentlichte er die Lehrbücher „Verwaltungsrecht I und II", wobei die letze Auflage im Jahr 1989 nach zahlreichen Änderungen und Ergänzungen oder Neuauflagen (1973 und 1981) erschien.

Es ist üblich, daß man eine Festschrift anläßlich des 60. Geburtstags oder zur Emeritierung sowie zum 70. Geburtstag veröffentlicht. Obwohl man in Korea fachlich bei den Lehrstühlen zwischen dem Verfassungsrecht und dem Verwaltungsrecht unterscheidet, umfaßt eine Festschrift im öffentlichen Recht sowohl verfassungsrechtliche als auch verwaltungsrechtliche Abhandlungen.

Die erste Festschrift erschien im Jahr 1977 als Monographie für den Verfassungsrechtler Prof. Dr. Tae Y. Han zum 60. Geburtstag. Am Anfang seiner wissenschaftlichen Laufbahn beschäftigte sich Han mit dem öffentlichen Recht, also Verfassungsrecht und Verwaltungsrecht. So z.B. erschien sein Lehrbuch des Verwaltungsrechts 1957 und 1959. Ein Lehrbuch über besonderes Verwaltungsrecht veröffentlichte er im Jahr 1955. 1958 veröffentlichte Han ein Lehrbuch über „Fallbearbeitung im Verwaltungsrecht", 1961 die Allgemeine und Besondere Verwaltungsrechtslehre. 1963 erschien seine „Allgemeine Verwaltungsrechtslehre". Danach orientierte sich Han am Verfassungsrecht. Han hat zum dogmatischen Aufbau und zu der Entwicklung des koreanischen öffentlichen Rechts hervorragend beigetragen. Dabei übernahm Han die führende Rolle in der dogmatischen Bildung des Verfassungsrechts in Korea.

In die Festschrift für Han wurden folgende verwaltungsrechtliche Abhandlungen aufgenommen: Hae G. Ahn, Die Umweltänderung der koreanischen Verwaltung und die Aufgabe für die Zukunft, S. 448 ff.; Nam J. Kim, Die Grenze der Nebenbestimmung zum Verwaltungsakt, S. 472 ff.; Ie Y. Kim, Der Begriff des Verwaltungsakts und der fehlerhafte Verwaltungsakt, S. 487 ff.; Won U. Suh, Enscheidungsprozeß der Verwaltung und die Verwaltungsklage, S. 307 ff.; Tschoi, Y. Kim, Die Voraussetzung der staatlichen Haftung nach § 2 Koreanisches Staatshaftungsgesetz, S. 525 ff.; Won J. Kim, The Environmental Rights and Administrative Remedies in Administrative State, S. 549 ff.; Myung G. Lee, Der rechtliche Charakter des Gemeingebrauchs von öffentlichen Sachen, S. 573 ff.

Auf dem Gebiet des Verwaltungsrechts erschien die erste Festschrift zum 60. Geburtstag für Prof. Dr. Do C. Kim im Jahr 1982. Seit Beginn seiner wissenschaftlichen Laufbahn beschäftigte sich Kim vor allem mit dem Verwaltungsrecht. In den 50er und 60er Jahren hat Kim durch zahlreiche Lehrbücher eine führende Rolle beim dogmatischen Aufbau und der Entwicklung der koreanischen Verwaltungsrechtswissenschaften erlangt. Er veröffentlichte zuerst das Lehrbuch über Besonderes Verwaltungsrecht im Jahr 1956. Danach folgte das Verwaltungsrecht (Allgemeines Verwaltungsrecht) 1958, wobei dieses bis 1966 jährlich eine „geänderte Auflage" erfuhr. Sein überarbeitetes Lehrbuch über Verwaltungsrecht II (Besonderes Verwaltungsrecht) erschien im Jahr 1959, bis 1966 ebenfalls in einer jährlich „geänderten" Auflage. Im Jahr 1967 veröffentlichte er die Lehrbücher „Verwaltungsrecht I und II", wobei die letze Auflage im Jahr 1989 nach zahlreichen Änderungen und Ergänzungen oder Neuauflagen (1973 und 1981) erschien.

In diese Festschrift wurden – abgesehen von 14 verfassungsrechtlichen Abhandlungen, auf welche an dieser Stelle nicht näher eingegangen werden soll – die folgenden verwaltungsrechtlichen Abhandlungen aufgenommen:

- Won U. Suh, Moderne Verwaltung und Planungsermessen (S. 282 ff.). Dabei stellt Suh die deutsche Lehre vom Planungsermessen, insbesondere die Lehrmeinungen von Ossenbühl, Badura und Hoppe ausführlich dar[151].
- Nam J. Kim, Anspruch auf fehlerfreie Ausübung der Ernennensentscheidung (S. 314 ff.)
- Seung D. Yang, Gerichtliche Kontrolle von Ermessensakten in England (S. 324 ff.)
- Young H. Kim, Verwaltungsvertrag (S. 335 ff.)
- Yun H. Park, Das verwaltungsrechtliche Vollzugsmittel (S. 354 ff.)
- Ie Y. Kim, Eine dogmatische Untersuchung zum Verwaltungsverfahren (S. 390 ff.)
- Jong H. Seok, Das Planfeststellungsverfahren nach dem Verwaltungsverfahrensgesetz der Bundesrepublik Deutschland (S. 412 ff.)
- Tschol Y. Kim, Das Widerspruchsverfahren im Vergleich in der Republik Korea und der Bundesrepublik Deutschland (S. 434 ff.)
- Won J. Kim, Verbesserungsvorschläge für das geltende System über Verwaltungsklage (S. 449 ff.)
- Jae S. Lee, Anwendungsgrenze der Grundsätze der Zivilklage und Verwaltungsklage (S. 470 ff.)
- Byung T. Chun, „Justiciability" Doctrine (S. 494 ff.)
- Sang W. Lee, Gründung des Writ und deren Beeinflussung auf die Entwicklung der Verwaltungsgerichtsbarkeit in England (S. 516 ff.)
- Dong H. Kim, Recours pour excès de pouvoir in Frankreich (S. 525 ff.)
- Gyung Huh, Ein kurzer Überblick über die Verwaltungsgerichtsordnung in der Bundesrepublik Deutschland (S. 544 ff.)
- Song H. Choi, Die geschichtliche Entwicklung des Verwaltungsrechts in den U.S.A. (S. 640 ff.).

Im Jahr 1983 erschien die Festschrift für Prof. Dr. Se Chang Yun zur Emeritierung; 1987 folgte die Festschrift für Prof. Dr. Kyu Bok Lee zum 60. Geburtstag; ihr schloß sich 1989 die Festschrift für Prof. Dr. Ie Yeol Kim zum 60. Geburtstag an. Sie alle weisen zahlreiche verfassungs- und verwaltungsrechtliche Abhandlungen auf. Davon werden im folgenden diejenigen Abhandlungen, die vor allem die deutsche Literatur berücksichtigen oder sich auf sie beziehen, von ihrer Thematik her zusammengestellt.

---

[151] Die berücksichtigte deutsche Literatur: *Ossenbühl*, „Welche normativen Anforderungen stellt der Verfassungsgrundsatz des demokratischen Rechtsstaates an die planende staatliche Tätigkeit?" Gutachten B für den 50. Deutschen Juristentag; *ders.*, Vom unbestimmten Gesetzesbegriff zur letztverbindlichen Verwaltungsentscheidung, DVBl. 1974, S. 311 ff.; *Hoppe*, Rechtsschutz bei der Planung von Straßen und anderen Verkehrsanlagen, 1981; *ders.*, Zur Struktur von Normen des Planungsrechts, DVBl. 1974, S. 641 ff.; *Badura*, Das Planungsermessen und die rechtsstaatliche Funktion des allgemeinen Verwaltungsrechts, in: Festschrift zum 25jährigen Bestehen des Bayerischen Verfassungsgerichtshofes, S. 157 ff.

In diese Festschrift wurden – abgesehen von 14 verfassungsrechtlichen Abhandlungen, auf welche an dieser Stelle nicht näher eingegangen werden soll – die folgenden verwaltungsrechtlichen Abhandlungen aufgenommen:

- Won U. Suh, Moderne Verwaltung und Planungsermessen (S. 282 ff.). Dabei stellt Suh die deutsche Lehre vom Planungsermessen, insbesondere die Lehrmeinungen von Ossenbühl, Badura und Hoppe ausführlich dar[151].
- Nam J. Kim, Anspruch auf fehlerfreie Ausübung der Ernennensentscheidung (S. 314 ff.)
- Seung D. Yang, Gerichtliche Kontrolle von Ermessensakten in England (S. 324 ff.)
- Young H. Kim, Verwaltungsvertrag (S. 335 ff.)
- Yun H. Park, Das verwaltungsrechtliche Vollzugsmittel (S. 354 ff.)
- Ie Y. Kim, Eine dogmatische Untersuchung zum Verwaltungsverfahren (S. 390 ff.)
- Jong H. Seok, Das Planfeststellungsverfahren nach dem Verwaltungsverfahrensgesetz der Bundesrepublik Deutschland (S. 412 ff.)
- Tschol Y. Kim, Das Widerspruchsverfahren im Vergleich in der Republik Korea und der Bundesrepublik Deutschland (S. 434 ff.)
- Won J. Kim, Verbesserungsvorschläge für das geltende System über Verwaltungsklage (S. 449 ff.)
- Jae S. Lee, Anwendungsgrenze der Grundsätze der Zivilklage und Verwaltungsklage (S. 470 ff.)
- Byung T. Chun, „Justiciability" Doctrine (S. 494 ff.)
- Sang W. Lee, Gründung des Writ und deren Beeinflussung auf die Entwicklung der Verwaltungsgerichtsbarkeit in England (S. 516 ff.)
- Dong H. Kim, Recours pour excès de pouvoir in Frankreich (S. 525 ff.)
- Gyung Huh, Ein kurzer Überblick über die Verwaltungsgerichtsordnung in der Bundesrepublik Deutschland (S. 544 ff.)
- Song H. Choi, Die geschichtliche Entwicklung des Verwaltungsrechts in den U.S.A. (S. 640 ff.).

Im Jahr 1983 erschien die Festschrift für Prof. Dr. Se Chang Yun zur Emeritierung; 1987 folgte die Festschrift für Prof. Dr. Kyu Bok Lee zum 60. Geburtstag; ihr schloß sich 1989 die Festschrift für Prof. Dr. Ie Yeol Kim zum 60. Geburtstag an. Sie alle weisen zahlreiche verfassungs- und verwaltungsrechtliche Abhandlungen auf. Davon werden im folgenden diejenigen Abhandlungen, die vor allem die deutsche Literatur berücksichtigen oder sich auf sie beziehen, von ihrer Thematik her zusammengestellt.

---

[151] Die berücksichtigte deutsche Literatur: *Ossenbühl*, „Welche normativen Anforderungen stellt der Verfassungsgrundsatz des demokratischen Rechtsstaates an die planende staatliche Tätigkeit?" Gutachten B für den 50. Deutschen Juristentag; *ders.*, Vom unbestimmten Gesetzesbegriff zur letztverbindlichen Verwaltungsentscheidung, DVBl. 1974, S. 311 ff.; *Hoppe*, Rechtsschutz bei der Planung von Straßen und anderen Verkehrsanlagen, 1981; *ders.*, Zur Struktur von Normen des Planungsrechts, DVBl. 1974, S. 641 ff.; *Badura*, Das Planungsermessen und die rechtsstaatliche Funktion des allgemeinen Verwaltungsrechts, in: Festschrift zum 25jährigen Bestehen des Bayerischen Verfassungsgerichtshofes, S. 157 ff.

In Festschrift für Ce C. Yun: Myung G. Lee, Handlungsformen der Verwaltung, S. 16 ff.; Yun H. Park, Verwaltungsakt mit Doppelwirkung, S. 28 ff.; Do C. Kim / Tschoi Y. Kim, Vergleichende Untersuchung zum Staatshaftungsgesetz in der Republik Korea und der Bundesrepublik Deutschland, S. 41 ff.; Nam J. Kim, Öffentliche Beschränkung und Entschädigung, S. 64 ff.; Jong H. Soek, Öffentliches Baurecht in der Bundesrepublik Deutschland, S. 309 ff.; Won J. Kim, Der Grundsatz des Vertrauensschutzes nach der Rechtsprechung des Bundesfinanzhofs in der Steuerverwaltung, S. 373 ff. – Bei der Bearbeitung der obigen Abhandlungen wurde folgende deutsche Literatur berücksichtigt oder zitiert: Ossenbühl, Die Handlungsformen der Verwaltung, JuS 1979, S. 681 ff.; Brohm, Die Dogmatik des Verwaltungsrechts vor den Gegenwartsaufgaben der Verwaltung, in: VVDStRL 30 (1972), S. 247 f.; Krause, Rechtsformen des Verwaltungshandelns, 1974, S. 23 f.; Zacher, Verwaltung durch Subventionen, in: VVDStRL 19 (1967), S. 308 ff.; Salzwedel, Die Grenzen der Zulässigkeit des öffentlich-rechtlichen Vertrages, 1958; Laubinger, Der Verwaltungsakt mit Doppelwirkung, Göttinger Rechtswissenschaftliche Studien, Bd. 65, S. 33 ff.; Vogel, Die Verwirklichung der Rechtsstaatsidee im Staatshaftungsrecht – Zur Reform des Staatshaftungsgesetzes, DVBl. 1978, S. 658 ff.; Ossenbühl, Staatshaftungsrecht, 1978; Bonk, Zum neuen Staatshaftungsgesetz, DVBl. 1981, S. 803 ff.; Rüfner, Zum neuen Staatshaftungsgesetz, JURA 1982, S. 2 ff.; Papier, Der enteignungsgleiche und enteignende Eingriff, JURA 1981, S. 65 f.; Gassner, Die Situationsgebundenheit des Grundeigentums und Gesetz, NVwZ 1982, S. 165 ff.; Soell, Die Bedeutung der Sozialpflichtigkeit des Grundeigentums bei der Landschaftspflege und dem Naturschutz, DVBl. 1983, S. 241 ff.; Brohm, Rechtsschutz im Bauplanungsrecht, 1960; Gelzer, Bauplanungsrecht; Ernst / Hoppe, Das öffentliche Bau- und Bodenrecht, Raumplanungsrecht, 1981.

In Festschrift für Gyu B. Lee: Nam J. Kim, Selbstbezeugungskraft, Tatbestandswirkung und gerichtliche Vorfrage, S. 227 ff.; Gyung C. Yu, Die Besonderheit der Planungsnorm und Planungsermessen, S. 290 ff.; Jang S. Maeng, Öffentlich-rechtlicher Folgenbeseitigungsanspruch, S. 385 ff. – Bei der Bearbeitung obiger Abhandlungen wurde folgende deutsche Literatur berücksichtigt oder zitiert: Becker, Öffentliche Unternehmen als Gegenstand des Wirtschaftsverwaltungsrechts, DÖV 1984, S. 317; ders., Handlungsformen der Verwaltung gegenüber der Wirtschaft, JA 1986, S. 326; Ossenbühl, Die Handlungsformen der Verwaltung, JuS 1979, S. 632 ff.; J. Ipsen, Verbindlichkeit, Bestandskraft und Bindungswirkung von Verwaltungsakten, Die Verwaltung 1984, S. 171 f.; Erichsen / Knoke, Bestandskraft von Verwaltungsakten, NVwZ 1983, S. 189 ff.; Jesch, Die Bindung des Zivilrichters an Verwaltungsakte, 1956, S. 57 ff.; Breuer, Verfassungstruktur und Raumordnung, VerwArch 1978; Bachof, Die verwaltungsgerichtliche Klage auf Vornahme einer Amtshandlung; Blümel, Raumplanung, vollendete Tatsachen und Rechtsschutz, in: Festgabe für E. Forsthoff, S. 133 ff.; Bartlsperger, Die Bauleitplanung als Reservat des Verwaltungsstaates, DVBl. 1957, S. 360 ff.; Brohm, Rechtsschutz im Bauplanungsrecht, 1959; Luhmann, Funktionale Methode und juristische Entscheidung, AöR 94 (1969); Badura, Planungsermessen und rechtsstaatliche Funktion des allgemeinen Verwaltungsrechts, in: Festschrift zum 25jährigen Bestehen des Bayerischen Verfassungsgerichtshofs, 1972; Ule, Zur Anwendung unbestimmter Rechtsbegriffe im Verwaltungsrecht, in: Gedächtnisschrift für W. Jellinek, 1955; Hoppe, Zur Struktur von Normen des Planungsrechts, DVBl. 1974, S. 64 ff.; Erichsen, Verwaltungsrecht und Verwaltungsgerichtsbarkeit I, 1977; Bachof, Die verwaltungsgerichtliche Klage auf Vornahme einer Amtshandlung, 2. Aufl., S. 129 ff.; Stern, Verwaltungsprozessuale Probleme in der öffentlich-rechtlichen Klausur, Schriftenreihe der Juristischen Schulung.

In Festschrift für Ce C. Yun: Myung G. Lee, Handlungsformen der Verwaltung, S. 16 ff.; Yun H. Park, Verwaltungsakt mit Doppelwirkung, S. 28 ff.; Do C. Kim / Tschoi Y. Kim, Vergleichende Untersuchung zum Staatshaftungsgesetz in der Republik Korea und der Bundesrepublik Deutschland, S. 41 ff.; Nam J. Kim, Öffentliche Beschränkung und Entschädigung, S. 64 ff.; Jong H. Soek, Öffentliches Baurecht in der Bundesrepublik Deutschland, S. 309 ff.; Won J. Kim, Der Grundsatz des Vertrauensschutzes nach der Rechtsprechung des Bundesfinanzhofs in der Steuerverwaltung, S. 373 ff. – Bei der Bearbeitung der obigen Abhandlungen wurde folgende deutsche Literatur berücksichtigt oder zitiert: Ossenbühl, Die Handlungsformen der Verwaltung, JuS 1979, S. 681 ff.; Brohm, Die Dogmatik des Verwaltungsrechts vor den Gegenwartsaufgaben der Verwaltung, in: VVDStRL 30 (1972), S. 247 f.; Krause, Rechtsformen des Verwaltungshandelns, 1974, S. 23 f.; Zacher, Verwaltung durch Subventionen, in: VVDStRL 19 (1967), S. 308 ff.; Salzwedel, Die Grenzen der Zulässigkeit des öffentlich-rechtlichen Vertrages, 1958; Laubinger, Der Verwaltungsakt mit Doppelwirkung, Göttinger Rechtswissenschaftliche Studien, Bd. 65, S. 33 ff.; Vogel, Die Verwirklichung der Rechtsstaatsidee im Staatshaftungsrecht – Zur Reform des Staatshaftungsgesetzes, DVBl. 1978, S. 658 ff.; Ossenbühl, Staatshaftungsrecht, 1978; Bonk, Zum neuen Staatshaftungsgesetz, DVBl. 1981, S. 803 ff.; Rüfner, Zum neuen Staatshaftungsgesetz, JURA 1982, S. 2 ff.; Papier, Der enteignungsgleiche und enteignende Eingriff, JURA 1981, S. 65 f.; Gassner, Die Situationsgebundenheit des Grundeigentums und Gesetz, NVwZ 1982, S. 165 ff.; Soell, Die Bedeutung der Sozialpflichtigkeit des Grundeigentums bei der Landschaftspflege und dem Naturschutz, DVBl. 1983, S. 241 ff.; Brohm, Rechtsschutz im Bauplanungsrecht, 1960; Gelzer, Bauplanungsrecht; Ernst / Hoppe, Das öffentliche Bau- und Bodenrecht, Raumplanungsrecht, 1981.

In Festschrift für Gyu B. Lee: Nam J. Kim, Selbstbezeugungskraft, Tatbestandswirkung und gerichtliche Vorfrage, S. 227 ff.; Gyung C. Yu, Die Besonderheit der Planungsnorm und Planungsermessen, S. 290 ff.; Jang S. Maeng, Öffentlich-rechtlicher Folgenbeseitigungsanspruch, S. 385 ff. – Bei der Bearbeitung obiger Abhandlungen wurde folgende deutsche Literatur berücksichtigt oder zitiert: Becker, Öffentliche Unternehmen als Gegenstand des Wirtschaftsverwaltungsrechts, DÖV 1984, S. 317; ders., Handlungsformen der Verwaltung gegenüber der Wirtschaft, JA 1986, S. 326; Ossenbühl, Die Handlungsformen der Verwaltung, JuS 1979, S. 632 ff.; J. Ipsen, Verbindlichkeit, Bestandskraft und Bindungswirkung von Verwaltungsakten, Die Verwaltung 1984, S. 171 f.; Erichsen / Knoke, Bestandskraft von Verwaltungsakten, NVwZ 1983, S. 189 ff.; Jesch, Die Bindung des Zivilrichters an Verwaltungsakte, 1956, S. 57 ff.; Breuer, Verfassungstruktur und Raumordnung, VerwArch 1978; Bachof, Die verwaltungsgerichtliche Klage auf Vornahme einer Amtshandlung; Blümel, Raumplanung, vollendete Tatsachen und Rechtsschutz, in: Festgabe für E. Forsthoff, S. 133 ff.; Bartlsperger, Die Bauleitplanung als Reservat des Verwaltungsstaates, DVBl. 1957, S. 360 ff.; Brohm, Rechtsschutz im Bauplanungsrecht, 1959; Luhmann, Funktionale Methode und juristische Entscheidung, AöR 94 (1969); Badura, Planungsermessen und rechtsstaatliche Funktion des allgemeinen Verwaltungsrechts, in: Festschrift zum 25jährigen Bestehen des Bayerischen Verfassungsgerichtshofs, 1972; Ule, Zur Anwendung unbestimmter Rechtsbegriffe im Verwaltungsrecht, in: Gedächtnisschrift für W. Jellinek, 1955; Hoppe, Zur Struktur von Normen des Planungsrechts, DVBl. 1974, S. 64 ff.; Erichsen, Verwaltungsrecht und Verwaltungsgerichtsbarkeit I, 1977; Bachof, Die verwaltungsgerichtliche Klage auf Vornahme einer Amtshandlung, 2. Aufl., S. 129 ff.; Stern, Verwaltungsprozessuale Probleme in der öffentlich-rechtlichen Klausur, Schriftenreihe der Juristischen Schulung.

In Festschrift für Ie Y. Kim: Myung S. Pyo, Ein kurzer Beitrag über den Begriff des Verwaltungsakts, S. 11 ff.; Yun H. Park, Nebenbestimmung zum Verwaltungsakt, S. 37 ff.; Jong H. Seok, Rücknahme und Widerruf des Verwaltungsakts, S. 57 ff.; Jang S. Maeng, Gefährdungshaftung im öffentlichen Recht, S. 139 ff.; Nam J. Kim, Europäische Charta der Kommunalen Selbstverwaltung, S. 223 ff.; Kwan H. Lee, Polizeihaftung, S. 237 ff. – Bei der Bearbeitung obiger Abhandlungen wurde folgende deutsche Literatur berücksichtigt oder zitiert: Elster, Begünstigende Verwaltungsakte mit Bedingungen, Einschränkungen und Auflagen, 1979; Kormann, System der rechtsgeschäftlichen Staatsakte, 1910; Schneider, Nebenbestimmungen und Verwaltungsprozeß; Laubinger, Die Anfechtbarkeit von Nebenbestimmungen, VerwArch 1973; Maurer, Das Vertrauensschutzprinzip bei Rücknahme und Widerruf von Verwaltungsakten, Verwaltungsverfahren. Festschrift zum 50jährigen Bestehen des Richard Boorberg Verlags, 1977; Ossenbühl, Staatshaftungsrecht, 3. Aufl.; Wilke, Die Haftung des Staates für rechtswidriges, aber schuldloses Verhalten eines Amtsträgers in Wahrnehmung von Hoheitsrechten, 1960; Jaenicke, Gefährdungshaftung im öffentlichen Recht, VVDStRL 20 (1963); Henke, Die Rechtsformen der sozialen Sicherung und das allgemeine Verwaltungsrecht, in: VVDStRL 28 (1970); Hans, Allgemeines Polizei- und Ordnungsrecht, 1958; Drews / Wacke, Allgemeines Polizeirecht, 1961; Uhlig, Haftung für ordnungswidrigen Zustand einer Sache bei Eigentumswechsel, DÖV 1962; Hurst, Problem der Zustandshaftung nach dem Polizei- und Ordnungsrecht im Falle der Rechtsfolge, DVBl. 1963.

II. Handbücher

Handbücher sind auf dem Gebiet des öffentlichen Rechts in Korea selten zu finden. Dies ist darauf zurückzuführen, daß die Ausbildung für Juristen stark auf das Staatsexamen für Juristen ausgerichtet ist und sich die wissenschaftliche Arbeit dementsprechend vor allem in Lehrbüchern niederschlägt. In Korea gibt es zahlreiche Lehrbücher und Bücher für die Vorbereitung des Staatsesamens. Dagegen gibt es nur wenige Handbücher und keine Kommentare zu den einzelnen Gesetzen. Daher mußten die Lehrbücher die Funktionen eines Handbuchs und eines Kommentars übernehmen. Dies gilt auch für die Verwaltungsrechtswissenschaft.

Die Rechtsprechungsentwicklung des koreanischen Obersten Gerichtes wird in einem Handbuch von Do C. Kim verfolgt. Sein Titel ist „Sammelwerk der Verwaltungsrechtsprechung" (Comprehensive Law Report on Public Administration Korea[152]). es besteht aus drei Bänden. In den Bänden wurden etwa 9.000 Urteile und Entscheidungen des KHG bis Ende 1975 entsprechend der Gliederung im 4. Lehrbuch für das Verwaltungsrecht zusammengestellt.

---

[152] *Do C. Kim* (Hrsg.), Comprehensive Law Report on Public Administration of Korea, Bd. I (1.622 Seiten), II (2.957 Seiten), III (4.619 Seiten), The Korean Administrative Science Research Institute (KASRI), Seoul 1976.

In Festschrift für Ie Y. Kim: Myung S. Pyo, Ein kurzer Beitrag über den Begriff des Verwaltungsakts, S. 11 ff.; Yun H. Park, Nebenbestimmung zum Verwaltungsakt, S. 37 ff.; Jong H. Seok, Rücknahme und Widerruf des Verwaltungsakts, S. 57 ff.; Jang S. Maeng, Gefährdungshaftung im öffentlichen Recht, S. 139 ff.; Nam J. Kim, Europäische Charta der Kommunalen Selbstverwaltung, S. 223 ff.; Kwan H. Lee, Polizeihaftung, S. 237 ff. – Bei der Bearbeitung obiger Abhandlungen wurde folgende deutsche Literatur berücksichtigt oder zitiert: Elster, Begünstigende Verwaltungsakte mit Bedingungen, Einschränkungen und Auflagen, 1979; Kormann, System der rechtsgeschäftlichen Staatsakte, 1910; Schneider, Nebenbestimmungen und Verwaltungsprozeß; Laubinger, Die Anfechtbarkeit von Nebenbestimmungen, VerwArch 1973; Maurer, Das Vertrauensschutzprinzip bei Rücknahme und Widerruf von Verwaltungsakten, Verwaltungsverfahren. Festschrift zum 50jährigen Bestehen des Richard Boorberg Verlags, 1977; Ossenbühl, Staatshaftungsrecht, 3. Aufl.; Wilke, Die Haftung des Staates für rechtswidriges, aber schuldloses Verhalten eines Amtsträgers in Wahrnehmung von Hoheitsrechten, 1960; Jaenicke, Gefährdungshaftung im öffentlichen Recht, VVDStRL 20 (1963); Henke, Die Rechtsformen der sozialen Sicherung und das allgemeine Verwaltungsrecht, in: VVDStRL 28 (1970); Hans, Allgemeines Polizei- und Ordnungsrecht, 1958; Drews / Wacke, Allgemeines Polizeirecht, 1961; Uhlig, Haftung für ordnungswidrigen Zustand einer Sache bei Eigentumswechsel, DÖV 1962; Hurst, Problem der Zustandshaftung nach dem Polizei- und Ordnungsrecht im Falle der Rechtsfolge, DVBl. 1963.

II. Handbücher

Handbücher sind auf dem Gebiet des öffentlichen Rechts in Korea selten zu finden. Dies ist darauf zurückzuführen, daß die Ausbildung für Juristen stark auf das Staatsexamen für Juristen ausgerichtet ist und sich die wissenschaftliche Arbeit dementsprechend vor allem in Lehrbüchern niederschlägt. In Korea gibt es zahlreiche Lehrbücher und Bücher für die Vorbereitung des Staatsesamens. Dagegen gibt es nur wenige Handbücher und keine Kommentare zu den einzelnen Gesetzen. Daher mußten die Lehrbücher die Funktionen eines Handbuchs und eines Kommentars übernehmen. Dies gilt auch für die Verwaltungsrechtswissenschaft.

Die Rechtsprechungsentwicklung des koreanischen Obersten Gerichtes wird in einem Handbuch von Do C. Kim verfolgt. Sein Titel ist „Sammelwerk der Verwaltungsrechtsprechung" (Comprehensive Law Report on Public Administration Korea[152]). es besteht aus drei Bänden. In den Bänden wurden etwa 9.000 Urteile und Entscheidungen des KHG bis Ende 1975 entsprechend der Gliederung im 4. Lehrbuch für das Verwaltungsrecht zusammengestellt.

[152] *Do C. Kim* (Hrsg.), Comprehensive Law Report on Public Administration of Korea, Bd. I (1.622 Seiten), II (2.957 Seiten), III (4.619 Seiten), The Korean Administrative Science Research Institute (KASRI), Seoul 1976.

- Im Band I wurden die Urteile und die anderen Entscheidungen aus folgenden Bereichen zusammengestellt: Allgemeines über die Verwaltung, Prüfung der Verfassungswidrigkeit, Rechtsquellen des Verwaltungsrechts und Anwendung sowie Auslegung des Verwaltungsrechts, Rechtsverhältnis der Verwaltung, subjektiv-öffentliches Recht und Pflicht, Anwendung der privatrechtlichen Bestimmungen am öffentlich-rechtlichen Verhältnis, Besonderes Gewaltverhältnis, öffentlich-rechtsgeschäftlicher Tatbestand, Normsetzung der Verwaltung, öffentlich-rechtliche Akte von Privatpersonen, Verwaltungsakt, Verwaltungsvertrag und öffentlich-rechtliche Vereinbarung, Verwaltungsstrafe und Verwaltungszwang, staatliche Ersatzleistungen, Entschädigung der Verwaltung.
- In Band II wurden die Urteile und die anderen Entscheidungen aus den Bereichen: Haengjongshimpan (Verwaltungswiderspruch), Verwaltungsklage, Verwaltungsorganisationsrecht des Staates, Selbstverwaltungsorganisationsrecht, Beamtenrecht, Polizeirecht und Leistungsverwaltungsrecht zusammengestellt.
- In Band III wurden die Urteile und die anderen Entscheidungen aus den Bereichen: Leistungsverwaltungsrecht (Fortsetzung), Entwicklungsverwaltungsrecht, Allgemeines zum Finanzrecht, Steuerrecht und Wehrverwaltungsrecht zusammengestellt.

Hinsichtlich der Rechtsprechung wurde auch ein Handbuch (Administrative Law Cases Annotated I und II – comprehensive supreme court cases)[153] von Sang Kyu Rhi im Jahr 1977 veröffentlicht. Dieses Handbuch stellte die wichtige Rechtsprechung mit Anmerkungen zusammen; die Gliederung von Rhi gleicht der der Lehrbücher des Allgemeinen[154] und Besonderen Verwaltungsrechts[155] von Seok. Dies bedeutet, daß es ein Lehrbuch des Verwaltungsrechts unter besonderer Berücksichtigung der Rechtsprechung mit Anmerkungen ist. Rhi sah vor, einen dritten Band zu veröffentlichen, was aber noch nicht erfolgt ist.

Eine Sammlung von Widerspruchsbescheiden wurde in Form eines Handbuchs vom Ministerium für Gesetzgebung zusammengestellt: Widerspruchsbescheidsammlung Band I, II und III[156]. Diese Sammlung ist nicht verkäuflich und der Allgemeinheit nicht zugänglich ist.

---

[153] *Sang Kyu Rhi*, Administrative Law Cases Annotated I – comprehensive court cases, Sam Young Sa., 1977 (1.125 S.); *ders.*, Administrative Law Cases Annotated II – comprehensive supreme court cases, Sam Yeong Co., 1979 (1.051 S.).

[154] *Sang K. Rhi*, Neues Verwaltungsrecht, Seoul (Bobmunsa Verlag) ^{1}1964, ^{2}1973, ^{3}1979, ^{4}1981, ^{5}1985, ^{6}1989.

[155] *Sang K. Rhi*, Neues Verwaltungsrecht II, Seoul (Bobmunsa Verlag) ^{1}1965, ^{2}1973, ^{3}1979, ^{4}1981, ^{5}1986, ^{6}1989.

[156] Ministerium für Gesetzgebung (Hrsg.), Widerspruchsbescheidsammlung (522 Seiten), 1987; Bd. II (647 Seiten), 1988; Bd. III (614 Seiten), 1989.

- Im Band I wurden die Urteile und die anderen Entscheidungen aus folgenden Bereichen zusammengestellt: Allgemeines über die Verwaltung, Prüfung der Verfassungswidrigkeit, Rechtsquellen des Verwaltungsrechts und Anwendung sowie Auslegung des Verwaltungsrechts, Rechtsverhältnis der Verwaltung, subjektiv-öffentliches Recht und Pflicht, Anwendung der privatrechtlichen Bestimmungen am öffentlich-rechtlichen Verhältnis, Besonderes Gewaltverhältnis, öffentlich-rechtsgeschäftlicher Tatbestand, Normsetzung der Verwaltung, öffentlich-rechtliche Akte von Privatpersonen, Verwaltungsakt, Verwaltungsvertrag und öffentlich-rechtliche Vereinbarung, Verwaltungsstrafe und Verwaltungszwang, staatliche Ersatzleistungen, Entschädigung der Verwaltung.
- In Band II wurden die Urteile und die anderen Entscheidungen aus den Bereichen: Haengjongshimpan (Verwaltungswiderspruch), Verwaltungsklage, Verwaltungsorganisationsrecht des Staates, Selbstverwaltungsorganisationsrecht, Beamtenrecht, Polizeirecht und Leistungsverwaltungsrecht zusammengestellt.
- In Band III wurden die Urteile und die anderen Entscheidungen aus den Bereichen: Leistungsverwaltungsrecht (Fortsetzung), Entwicklungsverwaltungsrecht, Allgemeines zum Finanzrecht, Steuerrecht und Wehrverwaltungsrecht zusammengestellt.

Hinsichtlich der Rechtsprechung wurde auch ein Handbuch (Administrative Law Cases Annotated I und II – comprehensive supreme court cases)[153] von Sang Kyu Rhi im Jahr 1977 veröffentlicht. Dieses Handbuch stellte die wichtige Rechtsprechung mit Anmerkungen zusammen; die Gliederung von Rhi gleicht der der Lehrbücher des Allgemeinen[154] und Besonderen Verwaltungsrechts[155] von Seok. Dies bedeutet, daß es ein Lehrbuch des Verwaltungsrechts unter besonderer Berücksichtigung der Rechtsprechung mit Anmerkungen ist. Rhi sah vor, einen dritten Band zu veröffentlichen, was aber noch nicht erfolgt ist.

Eine Sammlung von Widerspruchsbescheiden wurde in Form eines Handbuchs vom Ministerium für Gesetzgebung zusammengestellt: Widerspruchsbescheidsammlung Band I, II und III[156]. Diese Sammlung ist nicht verkäuflich und der Allgemeinheit nicht zugänglich ist.

---

[153] *Sang Kyu Rhi,* Administrative Law Cases Annotated I – comprehensive court cases, Sam Young Sa., 1977 (1.125 S.); *ders.,* Administrative Law Cases Annotated II – comprehensive supreme court cases, Sam Yeong Co., 1979 (1.051 S.).

[154] *Sang K. Rhi,* Neues Verwaltungsrecht, Seoul (Bobmunsa Verlag) [1]1964, [2]1973, [3]1979, [4]1981, [5]1985, [6]1989.

[155] *Sang K. Rhi,* Neues Verwaltungsrecht II, Seoul (Bobmunsa Verlag) [1]1965, [2]1973, [3]1979, [4]1981, [5]1986, [6]1989.

[156] Ministerium für Gesetzgebung (Hrsg.), Widerspruchsbescheidsammlung (522 Seiten), 1987; Bd. II (647 Seiten), 1988; Bd. III (614 Seiten), 1989.

III. Zeitschriften

In Korea gibt es zahlreiche monatliche Zeitschriften für die Rechtswissenschaft, z.B.: Sabophaengjong (Justizverwaltung) seit 1951, Bupjung (Recht und Politik) seit 1954, Gosikye (Zeitschriften für Staatsexamen, abgekürzt: GSK) seit 1956, Panryeyolbo (Monatlicher Bericht für die Rechtsprechung, abgekürzt: PRYB), The Sae Bup Jung (Neues Recht und Politik) seit 1971, Gosiyong (Zeitschrift für Staatsexamen-Forschung, Abgekürzt: GSYG), Yolganos (Monatliche Zeitschrift für Staatsexamen, abgekürzt YGGS) seit 1974. Diese Zeitschrift ist eigentlich eine informierende und einführende Zeitschrift für Jurastudenten oder sonstige Studenten, die sich in der Vorbereitung zum Staatsexamen für Juristen (Sabopgosi) oder Staatsexamen für höhere Staatsbeamte im Außenministerium (Oimugosi) befinden. Hinsichtlich der Funktion der Zeitschrift gleicht sie JURA in der Bundesrepublik Deutschland. Damit ist festzuhalten, daß es Fachzeitschriften für bestimmte Fachgebiete im Bereich der Rechtswissenschaft bisher nicht gibt. Diese Tatsache könnte für die dogmatische Entwicklung und die Fortentwicklung der koreanischen Rechtswissenschaft überhaupt nachteilig sein.

Aber dieses Manko wurde in gewisser Weise überwunden. Zum einen benutzen koreanische Juristen diese Zeitschrift trotz ihres auf Staatsexamen bezogenen Charakters so, wie wenn sie eine fachliche Zeitschrift wäre. Zahlreiche Lehren und Lehrmeinungen sowie wissenschaftliche Diskussionen wurden in diese Zeitschrift aufgenommen und durch sie eingeführt oder vorgestellt. Daher spielt diese Zeitschrift eine nicht zu unterschätzende Rolle für die dogmatische Entwicklung und die Bildung der Lehrmeinungen der koreanischen Rechtswissenschaft. Zum anderen ist es üblich, den Mangel an Fachzeitschriften dadurch zu überwinden, daß die fachliche Vereinigung jährlich eine „Review“ veröffentlicht. So veröffentlicht z.B. die Korean Public Law Association seit 1979 jährlich die „Public Law Review“; Korean Public Law Association veröffentlicht außerdem seit 1979 jährlich die „Environmental Law Review“.

Hinsichtlich der Fachzeitschriften ist hervorzuheben, daß jede Universität oder Hochschule „Theses Collections“ oder „Faculty Research Papers“ veröffentlicht. Außerdem veröffentlicht, wenn ein Institut für Rechtswissenschaft eingerichtet ist, dieses Institut gewöhnlich auch eine „Law Review“[157] (jährlich oder halbjährlich). Sogar eine Rechtsabteilung veröffentlicht selbst

[157] So z.B.: Law Review der Korea Universität, Seoul National University, Chung Ang Journal of Legal Studies (seit 1974 jährlich), SoongJun Law Review (seit 1985), Dong-A Law Review (seit 1985 halbjährlich), Yonsei Law Review (seit 1980 jährlich).

III. Zeitschriften

In Korea gibt es zahlreiche monatliche Zeitschriften für die Rechtswissenschaft, z.B.: Sabophaengjong (Justizverwaltung) seit 1951, Bupjung (Recht und Politik) seit 1954, Gosikye (Zeitschriften für Staatsexamen, abgekürzt: GSK) seit 1956, Panryeyolbo (Monatlicher Bericht für die Rechtsprechung, abgekürzt: PRYB), The Sae Bup Jung (Neues Recht und Politik) seit 1971, Gosiyong (Zeitschrift für Staatsexamen-Forschung, Abgekürzt: GSYG), Yolganos (Monatliche Zeitschrift für Staatsexamen, abgekürzt YGGS) seit 1974. Diese Zeitschrift ist eigentlich eine informierende und einführende Zeitschrift für Jurastudenten oder sonstige Studenten, die sich in der Vorbereitung zum Staatsexamen für Juristen (Sabopgosi) oder Staatsexamen für höhere Staatsbeamte im Außenministerium (Oimugosi) befinden. Hinsichtlich der Funktion der Zeitschrift gleicht sie JURA in der Bundesrepublik Deutschland. Damit ist festzuhalten, daß es Fachzeitschriften für bestimmte Fachgebiete im Bereich der Rechtswissenschaft bisher nicht gibt. Diese Tatsache könnte für die dogmatische Entwicklung und die Fortentwicklung der koreanischen Rechtswissenschaft überhaupt nachteilig sein.

Aber dieses Manko wurde in gewisser Weise überwunden. Zum einen benutzen koreanische Juristen diese Zeitschrift trotz ihres auf Staatsexamen bezogenen Charakters so, wie wenn sie eine fachliche Zeitschrift wäre. Zahlreiche Lehren und Lehrmeinungen sowie wissenschaftliche Diskussionen wurden in diese Zeitschrift aufgenommen und durch sie eingeführt oder vorgestellt. Daher spielt diese Zeitschrift eine nicht zu unterschätzende Rolle für die dogmatische Entwicklung und die Bildung der Lehrmeinungen der koreanischen Rechtswissenschaft. Zum anderen ist es üblich, den Mangel an Fachzeitschriften dadurch zu überwinden, daß die fachliche Vereinigung jährlich eine „Review" veröffentlicht. So veröffentlicht z.B. die Korean Public Law Association seit 1979 jährlich die „Public Law Review"; Korean Public Law Association veröffentlicht außerdem seit 1979 jährlich die „Environmental Law Review".

Hinsichtlich der Fachzeitschriften ist hervorzuheben, daß jede Universität oder Hochschule „Theses Collections" oder „Faculty Research Papers" veröffentlicht. Außerdem veröffentlicht, wenn ein Institut für Rechtswissenschaft eingerichtet ist, dieses Institut gewöhnlich auch eine „Law Review"[157] (jährlich oder halbjährlich). Sogar eine Rechtsabteilung veröffentlicht selbst

---

[157] So z.B.: Law Review der Korea Universität, Seoul National University, Chung Ang Journal of Legal Studies (seit 1974 jährlich), SoongJun Law Review (seit 1985), Dong-A Law Review (seit 1985 halbjährlich), Yonsei Law Review (seit 1980 jährlich).

„Law Reviews"; so publiziert z.B. die Rechtsabteilung an der Dankook University eine „Law Review" seit 1958, wobei im Jahr 1989 der Band XV erschien. Diese Review konnte wegen finanzieller Schwierigkeiten nicht jährlich erscheinen. Allerdings sind die „Theses Collections" oder „Law Reviews" nicht jedem Wissenschaftler zugänglich, denn die Universität verteilt sie grundsätzlich nur an die Fakultätsmitglieder. Daher ist es sehr schwer, solche Abhandlungen zeitgerecht zu verfolgen. Es wäre es für die weitere Verbreitung besser, wenn man aus den genannten Abhandlungen einen zusammenfassenden Beitrag erarbeiten und diesen in eine der oben genannten monatlichen Zeitschriften aufnehmen ließe. Denn, wie oben angedeutet, gelten in Korea die monatlichen Zeitschriften für die Prüfungsvorbereitung als Fachzeitschriften.

„Law Reviews“; so publiziert z.B. die Rechtsabteilung an der Dankook University eine „Law Review“ seit 1958, wobei im Jahr 1989 der Band XV erschien. Diese Review konnte wegen finanzieller Schwierigkeiten nicht jährlich erscheinen. Allerdings sind die „Theses Collections“ oder „Law Reviews“ nicht jedem Wissenschaftler zugänglich, denn die Universität verteilt sie grundsätzlich nur an die Fakultätsmitglieder. Daher ist es sehr schwer, solche Abhandlungen zeitgerecht zu verfolgen. Es wäre es für die weitere Verbreitung besser, wenn man aus den genannten Abhandlungen einen zusammenfassenden Beitrag erarbeiten und diesen in eine der oben genannten monatlichen Zeitschriften aufnehmen ließe. Denn, wie oben angedeutet, gelten in Korea die monatlichen Zeitschriften für die Prüfungsvorbereitung als Fachzeitschriften.

Vierter Teil

Die Rezeption des deutschen öffentlichen Rechts

§ 9 Allgemeines

I. Zum Begriff der Rezeption

Zunächst muß man davon ausgehen, daß die Rezeption ausländischen Rechts nicht darin bestehen kann, ein fremdes Gesetz in die Landessprache zu übersetzen und auf diesem Wege in inländisches Recht zu verwandeln. Dergleichen ist zwar möglich, aber dann handelt es sich eigentlich nicht um eine Rezeption, sondern um die Übernahme ausländischer Gesetzesformulierung. Ernst Eduard Hirsch[1] betrachtet die Rezeption fremden Rechts als einen sozialen Prozeß. Nach seiner Auffassung[2] werden rechtliche Vorstellungen, Ideen und Ideale, die zwar in der Formulierung des ausländischen Vorbilds ihren Ausdruck gefunden haben, durch die Rezeption inhaltlich übernommen. Das fremde Gesetz hat für den rezipierenden Gesetzgeber nicht den Charakter einer Vorbild-Formulierung, sondern dient in seinem sozialen Zusammenhang als Muster und Modell für die eigene Regelung. In diesem Sinne muß auch die Rezeption von Gesetzen und von Recht unterschieden werden von der Übernahme von Rechtsdoktrin und Rechtslehre.

Die Rezeption des deutschen Verwaltungsrechts in Korea stellt sich durchaus als eine Rezeption im Sinne der Definition von Hirsch dar. Es ist nicht in erster Linie ein deutscher Gesetzestext übersetzt und übernommen worden, sondern es ist das deutsche System des Verwaltungsrechts für die Ausformung des koreanischen Verwaltungsrechts zugrunde gelegt und übernommen worden. Dabei darf nicht übersehen werden, daß die Übernahme deutschen Rechts in der Republik Korea zuerst im Gefolge der Befreiung von der japanischen Besatzung im Jahr 1945 erfolgte. Dies geschah, wie dargelegt, durch Übernahme des japanischen Rechtssystems, welches eine relativ strenge Polizeiherrschaft, die dem Land aufgezwungen war und die die koreanische Kultur unterdrückte, zum Inhalt hatte[3]. Mit dieser Rechtsübernahme

---

[1] *Hirsch,* Rezeption als sozialer Prozeß, S. 12 f.

[2] *Hirsch,* ebenda.

[3] Vgl. *Ok Tae, Chung:* Eine Einführung in die koreanische Rechtskultur und in die

Vierter Teil

Die Rezeption des deutschen öffentlichen Rechts

§ 9 Allgemeines

I. Zum Begriff der Rezeption

Zunächst muß man davon ausgehen, daß die Rezeption ausländischen Rechts nicht darin bestehen kann, ein fremdes Gesetz in die Landessprache zu übersetzen und auf diesem Wege in inländisches Recht zu verwandeln. Dergleichen ist zwar möglich, aber dann handelt es sich eigentlich nicht um eine Rezeption, sondern um die Übernahme ausländischer Gesetzesformulierung. Ernst Eduard Hirsch[1] betrachtet die Rezeption fremden Rechts als einen sozialen Prozeß. Nach seiner Auffassung[2] werden rechtliche Vorstellungen, Ideen und Ideale, die zwar in der Formulierung des ausländischen Vorbilds ihren Ausdruck gefunden haben, durch die Rezeption inhaltlich übernommen. Das fremde Gesetz hat für den rezipierenden Gesetzgeber nicht den Charakter einer Vorbild-Formulierung, sondern dient in seinem sozialen Zusammenhang als Muster und Modell für die eigene Regelung. In diesem Sinne muß auch die Rezeption von Gesetzen und von Recht unterschieden werden von der Übernahme von Rechtsdoktrin und Rechtslehre.

Die Rezeption des deutschen Verwaltungsrechts in Korea stellt sich durchaus als eine Rezeption im Sinne der Definition von Hirsch dar. Es ist nicht in erster Linie ein deutscher Gesetzestext übersetzt und übernommen worden, sondern es ist das deutsche System des Verwaltungsrechts für die Ausformung des koreanischen Verwaltungsrechts zugrunde gelegt und übernommen worden. Dabei darf nicht übersehen werden, daß die Übernahme deutschen Rechts in der Republik Korea zuerst im Gefolge der Befreiung von der japanischen Besatzung im Jahr 1945 erfolgte. Dies geschah, wie dargelegt, durch Übernahme des japanischen Rechtssystems, welches eine relativ strenge Polizeiherrschaft, die dem Land aufgezwungen war und die die koreanische Kultur unterdrückte, zum Inhalt hatte[3]. Mit dieser Rechtsübernahme

---

[1] *Hirsch*, Rezeption als sozialer Prozeß, S. 12 f.

[2] *Hirsch*, ebenda.

[3] Vgl. *Ok Tae, Chung:* Eine Einführung in die koreanische Rechtskultur und in die

war indirekt die Übernahme oder Rezeption deutschen Rechts verbunden, denn das japanische Recht selbst wurde unter starkem Einfluß des deutschen Rechts aufgebaut. Ob man aber diese Übernahme des japanischen Rechtssystem schon als eine (indirekte) Rezeption des deutschen Rechts begreifen kann, erscheint fraglich. Wenn man nämlich den Rezeptionsgang genau betrachtet, muß man feststellen, daß die Japaner zwar das deutsche Rechtssystem und die deutsche Rechtskultur zum Vorbild genommen und rezipiert haben, aber doch dieses übernommene System deutlich japanisiert haben. Die Republik Korea hatte folglich nicht das deutsche, sondern das japanisierte deutsche Rechtssystem übernommen.

Daraus ergibt sich, daß die Übernahme des japanischen Rechts noch nicht als Rezeption deutschen Rechts in Korea zu bewerten ist, aber das koreanische Rechtssystem ist durch diesen Vorgang einer gewissen Beeinflussung durch das deutsche Recht bereits unterworfen worden. Aus diesem Grunde ist es schwer zu sagen, wann eigentlich die Rezeption des deutschen Rechts in der Republik Korea begonnen hat. Die in den 50er Jahren erschienen Lehrbücher auf dem Gebiet des Verwaltungsrechts und der Rechtswissenschaft haben bereits zahlreiche deutsche Lehrmeinungen und Stellungnahmen verwertet und vertreten: sie haben wie selbstverständlich deutsche Literatur zitiert und ausgewertet. Daß dies so einfach und nahtlos geschehen konnte, liegt sicher auch daran, daß mit dem japanischen bereits deutsches Recht in Korea eingeflossen ist. Wenn man in diesem Sinne die Übernahme deutscher Dogmatik durch die koreanischen Schriftsteller, wenn auch zum Teil über japanische Lehrbücher vermittelt, bereits als Rezeption deutschen Rechts begreifen will, dann beginnt die Rezeption des deutschen Verwaltungsrechts bereits mit der Gründung der ersten Republik Korea im Jahr 1948.

Wenn man dagegen die Rezeption in Gestalt der Einführung und Vermittlung deutscher Lehrmeinungen und deutscher Rechtsdogmatik, und zwar durch unmittelbaren Rückgriff auf entsprechende deutsche Literatur, in den Vordergrund stellen will, dann beginnt der Prozeß der Rezeption erst später; er läßt sich aber zeitlich nicht genau abgrenzen, denn in den koreanischen Zeitschriften und den koreanischen Lehrbüchern taucht allmählich das deutsche Recht auf, zum Teil werden japanisierte deutsche Lehrmeinungen noch weiterhin in der Republik Korea vertreten. Beides fließt ineinander, und so läßt sich der Beginn der Rezeption des bundesdeutschen Rechts in Korea nicht genau bestimmen. Begreift man die Rezeption im weiteren Sinne, dann wird man allerdings sagen können, daß zumindest eine Frührezeption deutschen Rechts, insbesondere deutscher Verfassungstheorie und deutschen

---

Grundzüge des koreanischen Rechtsdenkens, in: Festschrift für Prof. Dr. Ju Chan Sonn zum 65. Geburtstag, Seoul 1989, S. 881 f.

war indirekt die Übernahme oder Rezeption deutschen Rechts verbunden, denn das japanische Recht selbst wurde unter starkem Einfluß des deutschen Rechts aufgebaut. Ob man aber diese Übernahme des japanischen Rechtssystem schon als eine (indirekte) Rezeption des deutschen Rechts begreifen kann, erscheint fraglich. Wenn man nämlich den Rezeptionsgang genau betrachtet, muß man feststellen, daß die Japaner zwar das deutsche Rechtssystem und die deutsche Rechtskultur zum Vorbild genommen und rezipiert haben, aber doch dieses übernommene System deutlich japanisiert haben. Die Republik Korea hatte folglich nicht das deutsche, sondern das japanisierte deutsche Rechtssystem übernommen.

Daraus ergibt sich, daß die Übernahme des japanischen Rechts noch nicht als Rezeption deutschen Rechts in Korea zu bewerten ist, aber das koreanische Rechtssystem ist durch diesen Vorgang einer gewissen Beeinflussung durch das deutsche Recht bereits unterworfen worden. Aus diesem Grunde ist es schwer zu sagen, wann eigentlich die Rezeption des deutschen Rechts in der Republik Korea begonnen hat. Die in den 50er Jahren erschienen Lehrbücher auf dem Gebiet des Verwaltungsrechts und der Rechtswissenschaft haben bereits zahlreiche deutsche Lehrmeinungen und Stellungnahmen verwertet und vertreten: sie haben wie selbstverständlich deutsche Literatur zitiert und ausgewertet. Daß dies so einfach und nahtlos geschehen konnte, liegt sicher auch daran, daß mit dem japanischen bereits deutsches Recht in Korea eingeflossen ist. Wenn man in diesem Sinne die Übernahme deutscher Dogmatik durch die koreanischen Schriftsteller, wenn auch zum Teil über japanische Lehrbücher vermittelt, bereits als Rezeption deutschen Rechts begreifen will, dann beginnt die Rezeption des deutschen Verwaltungsrechts bereits mit der Gründung der ersten Republik Korea im Jahr 1948.

Wenn man dagegen die Rezeption in Gestalt der Einführung und Vermittlung deutscher Lehrmeinungen und deutscher Rechtsdogmatik, und zwar durch unmittelbaren Rückgriff auf entsprechende deutsche Literatur, in den Vordergrund stellen will, dann beginnt der Prozeß der Rezeption erst später; er läßt sich aber zeitlich nicht genau abgrenzen, denn in den koreanischen Zeitschriften und den koreanischen Lehrbüchern taucht allmählich das deutsche Recht auf, zum Teil werden japanisierte deutsche Lehrmeinungen noch weiterhin in der Republik Korea vertreten. Beides fließt ineinander, und so läßt sich der Beginn der Rezeption des bundesdeutschen Rechts in Korea nicht genau bestimmen. Begreift man die Rezeption im weiteren Sinne, dann wird man allerdings sagen können, daß zumindest eine Frührezeption deutschen Rechts, insbesondere deutscher Verfassungstheorie und deutschen

---

Grundzüge des koreanischen Rechtsdenkens, in: Festschrift für Prof. Dr. Ju Chan Sonn zum 65. Geburtstag, Seoul 1989, S. 881 f.

Völkerrechts bereits früher vorhanden war[4], und daß die eigentliche Rezeption des deutschen öffentlichen Rechts bereits mit der Übernahme japanischen Rechts begonnen hat.

II. Überblick über die Rezeption des deutschen Verfassungsrechts

1. Die Frührezeption

Schon im 19. Jahrhundert begegnete das Königreich Korea (Lee Dynastie) dem westlichen Recht in Gestalt des Völkerrechts und der Völkerrechtsprobleme, nämlich als Korea am Ende des 19. Jahrhunderts unter dem Druck der Westmächte und Japans seine Tore nach außen geöffnet hatte. Nach dieser Öffnung wurde das deutsche öffentliche Recht, insbesondere die Verfassungstheorien, schon in den Jahren 1895 bis 1910 im Königreich Korea frührezipiert. So wurde die erste deutschsprachige Schule am 15. September 1889 errichtet, die allerdings bis zu ihrer Schließung im Jahr 1910 nur von 5 Absolventen vollständig durchlaufen wurde. An dieser Schule haben deutsches Recht und deutsche Rechtswissenschaft durch ins Chinesische übersetzte Fachbücher und Texte Verbreitung gefunden[5].

Während der japanischen Besatzung in den Jahren 1910 bis 1945 kann von einer eigenständigen koreanischen Jurisprudenz keine Rede sein. Da aber die damals maßgebende japanische Rechtswissenschaft hauptsächlich preußisches und deutsches Recht übernommen hatte, bedeutet die Anlehnung an die japanische Rechtswissenschaft auch eine Hinwendung zum deutschen Recht. Damals vertraten japanische Öffentlichrechtler den Rechtspositivismus von G. Jellinek und H. Kelsen in japanischer Ausprägung. Die Japaner übernahmen auch die gern als faschistisch bezeichneten Theorien, die von den deutschen Verfassungsjuristen Carl Schmitt, Otto Koellreutter und Reinhard Höhn vertreten wurden. In dieser Zeit wirkte Chin Oyu als einziger Verfassungsrechtler, der in Korea und über Korea hinaus weit bekannt geworden ist und als Vater der koreanischen Verfassung gilt.

---

[4] Hierzu eingehend *Hyo J. Kim*, Hundert Jahre Verfassungsrecht in Korea und Deutschland. Ein Beitrag zur Rezeptionsgeschichte deutschen Rechts in Korea, in: JöR NF 35 (1986), S. 577 ff.

[5] Vgl. *Hyo J. Kim*, ebenda, S. 580 f. m.w.N.

Völkerrechts bereits früher vorhanden war[4], und daß die eigentliche Rezeption des deutschen öffentlichen Rechts bereits mit der Übernahme japanischen Rechts begonnen hat.

II. Überblick über die Rezeption des deutschen Verfassungsrechts

1. Die Frührezeption

Schon im 19. Jahrhundert begegnete das Königreich Korea (Lee Dynastie) dem westlichen Recht in Gestalt des Völkerrechts und der Völkerrechtsprobleme, nämlich als Korea am Ende des 19. Jahrhunderts unter dem Druck der Westmächte und Japans seine Tore nach außen geöffnet hatte. Nach dieser Öffnung wurde das deutsche öffentliche Recht, insbesondere die Verfassungstheorien, schon in den Jahren 1895 bis 1910 im Königreich Korea frührezipiert. So wurde die erste deutschsprachige Schule am 15. September 1889 errichtet, die allerdings bis zu ihrer Schließung im Jahr 1910 nur von 5 Absolventen vollständig durchlaufen wurde. An dieser Schule haben deutsches Recht und deutsche Rechtswissenschaft durch ins Chinesische übersetzte Fachbücher und Texte Verbreitung gefunden[5].

Während der japanischen Besatzung in den Jahren 1910 bis 1945 kann von einer eigenständigen koreanischen Jurisprudenz keine Rede sein. Da aber die damals maßgebende japanische Rechtswissenschaft hauptsächlich preußisches und deutsches Recht übernommen hatte, bedeutet die Anlehnung an die japanische Rechtswissenschaft auch eine Hinwendung zum deutschen Recht. Damals vertraten japanische Öffentlichrechtler den Rechtspositivismus von G. Jellinek und H. Kelsen in japanischer Ausprägung. Die Japaner übernahmen auch die gern als faschistisch bezeichneten Theorien, die von den deutschen Verfassungsjuristen Carl Schmitt, Otto Koellreutter und Reinhard Höhn vertreten wurden. In dieser Zeit wirkte Chin Oyu als einziger Verfassungsrechtler, der in Korea und über Korea hinaus weit bekannt geworden ist und als Vater der koreanischen Verfassung gilt.

---

[4] Hierzu eingehend *Hyo J. Kim,* Hundert Jahre Verfassungsrecht in Korea und Deutschland. Ein Beitrag zur Rezeptionsgeschichte deutschen Rechts in Korea, in: JöR NF 35 (1986), S. 577 ff.

[5] Vgl. *Hyo J. Kim,* ebenda, S. 580 f. m.w.N.

2. Die Rezeption nach 1945

Wie schon ausgeführt, begann die eigentliche Rezeption deutschen Verfassungsrechts und deutscher Verfassungstheorie erst nach 1945 und insbesondere mit der koreanischen Verfassung von 1948, wobei die unter der japanischen Kolonialzeit ausgebildeten Wissenschaftler eine dominierende Rolle gespielt haben. Sie haben die japanische Rechtswissenschaft erlernt und damit hauptsächlich preußisches Recht aufgenommen, ohne sich dessen vollständig bewußt zu sein. Tatsache ist aber jedenfalls, daß die koreanische Rechtswissenschaft schon mit der Begründung der ersten Republik Korea im Jahr 1948 objektiv unter dem Einfluß des deutschen Rechts ihren Weg begann. Die Einführung des amerikanischen Rechtssystems während der Zeit der amerikanischen Militärregierung konnte die Erbschaft des deutschen Rechts nicht nachhaltig verdrängen.

So beeinflußte die deutsche Verfassungstheorie, nicht aber die amerikanische Verfassungsauffassung die koreanische Verfassung von 1948. Die Republik Korea nahm die Weimarer Reichsverfassung von 1919 zum Vorbild ihrer Regelung. Auch das Grundgesetz wurde berücksichtigt, und zwar bei der Verfassungsänderung. Die deutsche Verfassungstheorie wurde in der Weise rezipiert, daß die Kommentare und Lehrbücher deutscher Autoren, insbesondere Theodor Maunz, Karl Löwenstein und Gerhard Leibholz in jedes koreanische Verfassungsrechtsbuch Eingang fanden. Die koreanischen Verfassungsrechtler bekennen sich dazu, daß die koreanische Verfassung stark unter dem Einfluß des deutschen Verfassungsrechts gestanden hat.

Der Grund für die Anlehnung an deutsches Verfassungsrecht liegt auch darin, daß die Situation beider Länder, also die Verfassungswirklichkeit, nach dem Zweiten Weltkrieg sehr ähnlich war. So traten in beiden Ländern die Grundrechte in den Vordergrund. Aber die herrschende Auffassung in der Rechtsprechung Koreas führte die Lehren von Kelsen und G. Jellinek in formalistischer und posivistischer Verengung eher verwaltungsrechtlich als staatsrechtlich fort. Die Freiheitsrechte wurden im Prinzip als Ausdruck des Rechts auf Freiheit von ungesetzlichem Zwang betrachtet, wobei die neue Grundrechtsauffassung von Smend sich etwa bis zum Jahr 1980 noch nicht hat durchsetzen können. Im einzelnen soll aber zur Rezeption deutschen Verfassungsrechts in Korea in dieser Untersuchung nicht Stellung genommen werden, zumal diese bereits von anderen koreanischen Verfassungsrechtlern genauer dargestellt worden ist[6].

---

[6] Dazu *Hyo J. Kim*, Hundert Jahre Verfassungsrecht in Korea und Deutschland, S. 574 ff.; *Bong K. Kal*, Der Einfluß des Grundgesetzes auf koreanisches Verfassungsrecht, S. 299 ff.

2. Die Rezeption nach 1945

Wie schon ausgeführt, begann die eigentliche Rezeption deutschen Verfassungsrechts und deutscher Verfassungstheorie erst nach 1945 und insbesondere mit der koreanischen Verfassung von 1948, wobei die unter der japanischen Kolonialzeit ausgebildeten Wissenschaftler eine dominierende Rolle gespielt haben. Sie haben die japanische Rechtswissenschaft erlernt und damit hauptsächlich preußisches Recht aufgenommen, ohne sich dessen vollständig bewußt zu sein. Tatsache ist aber jedenfalls, daß die koreanische Rechtswissenschaft schon mit der Begründung der ersten Republik Korea im Jahr 1948 objektiv unter dem Einfluß des deutschen Rechts ihren Weg begann. Die Einführung des amerikanischen Rechtssystems während der Zeit der amerikanischen Militärregierung konnte die Erbschaft des deutschen Rechts nicht nachhaltig verdrängen.

So beeinflußte die deutsche Verfassungstheorie, nicht aber die amerikanische Verfassungsauffassung die koreanische Verfassung von 1948. Die Republik Korea nahm die Weimarer Reichsverfassung von 1919 zum Vorbild ihrer Regelung. Auch das Grundgesetz wurde berücksichtigt, und zwar bei der Verfassungsänderung. Die deutsche Verfassungstheorie wurde in der Weise rezipiert, daß die Kommentare und Lehrbücher deutscher Autoren, insbesondere Theodor Maunz, Karl Löwenstein und Gerhard Leibholz in jedes koreanische Verfassungsrechtsbuch Eingang fanden. Die koreanischen Verfassungsrechtler bekennen sich dazu, daß die koreanische Verfassung stark unter dem Einfluß des deutschen Verfassungsrechts gestanden hat.

Der Grund für die Anlehnung an deutsches Verfassungsrecht liegt auch darin, daß die Situation beider Länder, also die Verfassungswirklichkeit, nach dem Zweiten Weltkrieg sehr ähnlich war. So traten in beiden Ländern die Grundrechte in den Vordergrund. Aber die herrschende Auffassung in der Rechtsprechung Koreas führte die Lehren von Kelsen und G. Jellinek in formalistischer und posivistischer Verengung eher verwaltungsrechtlich als staatsrechtlich fort. Die Freiheitsrechte wurden im Prinzip als Ausdruck des Rechts auf Freiheit von ungesetzlichem Zwang betrachtet, wobei die neue Grundrechtsauffassung von Smend sich etwa bis zum Jahr 1980 noch nicht hat durchsetzen können. Im einzelnen soll aber zur Rezeption deutschen Verfassungsrechts in Korea in dieser Untersuchung nicht Stellung genommen werden, zumal diese bereits von anderen koreanischen Verfassungsrechtlern genauer dargestellt worden ist[6].

---

[6] Dazu *Hyo J. Kim*, Hundert Jahre Verfassungsrecht in Korea und Deutschland, S. 574 ff.; *Bong K. Kal*, Der Einfluß des Grundgesetzes auf koreanisches Verfassungsrecht, S. 299 ff.

III. Überblick über die Rezeption deutschen Verwaltungsrechts

1. Die Frührezeption

Das deutsche Verwaltungsrecht, insbesondere die Verwaltungstheorie, wurde in gewissem Umfang schon im Königreich Korea (Lee Dynastie) in den Jahren 1895 bis 1910 frührezipiert, und zwar insbesondere in der ersten deutschsprachigen Schule, die bereits erwähnt wurde. In der japanischen Kolonialzeit gab es aber keinen weiteren Ansatz für eine Rezeption des deutschen Verwaltungsrechts. Als das japanisches Recht in Korea einfloß, floß zwar, wie gesagt, indirekt auch das preußisches Recht in die koreanische Rechtswissenschaft ein. Die Verwaltungsrechtler schöpften damals indirekt aus der deutschen Verwaltungstheorie, insbesondere aus den Lehrbüchern deutscher Autoren, z.B. von O. Mayer, Merkl, Herrnritt, Fleiner, Forsthoff und W. Jellinek; diese hatten in jedes japanische Verwaltungsrechtsbuch Eingang gefunden. Auch bei deren Übernahme in die koreanische Verwaltungsrechtswissenschaft nach dem Zweiten Weltkrieg spielte die Dogmatik des Verwaltungsakts von Otto Mayer eine besondere Rolle, die heute noch spürbar ist.

2. Die Rezeption nach 1945

Die eigentliche Rezeption des deutschen Verwaltungsrechts begann nach 1945, insbesondere seit der Koreanischen Verfassung von 1948. Das zunächst übernommene japanische Verwaltungsrecht lebte in Gesetzen und Verordnungen fort, bis diese durch Sondergesetz von 1961 abgeschafft wurden[7]. Die indirekte Rezeption deutscher Verwaltungstheorie, wobei die koreanischen Verfasser beim Schreiben ihres Lehrbuchs das jeweilige japanische Verwaltungsrechtsbuch in Übersetzung zum Modell nahmen, stand aber zunächst noch im Vordergrund. Auch nach 1950 kam die Rezeption deutschen Verwaltungsrechts in Korea nur langsam voran; die indirekte Rezeption deutschen Verwaltungsrechts behielt also immer noch eine dominierende Rolle. Der Grund lag darin, daß damals die meisten koreanischen Verwaltungsrechtler in der japanischen Besatzungzeit ihre Ausbildung erhalten hatten. Diese Generation beherrschte die japanische Sprache wie ihre Muttersprache (es ist für Koreaner viel leichter, die japanische Sprache zu erlernen als die deutsche Sprache). Und die japanische Literatur konnte man ohne weiteres beschaffen, während die deutsche Literatur kaum zugänglich war.

---

[7] *Chang K, Han,* Ein rückblickender Beitrag: Koreanisches Verwaltungsrecht I, in: Public Law, Vol. XVII (1989), S. 149 f.

III. Überblick über die Rezeption deutschen Verwaltungsrechts

1. Die Frührezeption

Das deutsche Verwaltungsrecht, insbesondere die Verwaltungstheorie, wurde in gewissem Umfang schon im Königreich Korea (Lee Dynastie) in den Jahren 1895 bis 1910 frührezipiert, und zwar insbesondere in der ersten deutschsprachigen Schule, die bereits erwähnt wurde. In der japanischen Kolonialzeit gab es aber keinen weiteren Ansatz für eine Rezeption des deutschen Verwaltungsrechts. Als das japanisches Recht in Korea einfloß, floß zwar, wie gesagt, indirekt auch das preußisches Recht in die koreanische Rechtswissenschaft ein. Die Verwaltungsrechtler schöpften damals indirekt aus der deutschen Verwaltungstheorie, insbesondere aus den Lehrbüchern deutscher Autoren, z.B. von O. Mayer, Merkl, Hermritt, Fleiner, Forsthoff und W. Jellinek; diese hatten in jedes japanische Verwaltungsrechtsbuch Eingang gefunden. Auch bei deren Übernahme in die koreanische Verwaltungsrechtswissenschaft nach dem Zweiten Weltkrieg spielte die Dogmatik des Verwaltungsakts von Otto Mayer eine besondere Rolle, die heute noch spürbar ist.

2. Die Rezeption nach 1945

Die eigentliche Rezeption des deutschen Verwaltungsrechts begann nach 1945, insbesondere seit der Koreanischen Verfassung von 1948. Das zunächst übernommene japanische Verwaltungsrecht lebte in Gesetzen und Verordnungen fort, bis diese durch Sondergesetz von 1961 abgeschafft wurden[7]. Die indirekte Rezeption deutscher Verwaltungstheorie, wobei die koreanischen Verfasser beim Schreiben ihres Lehrbuchs das jeweilige japanische Verwaltungsrechtsbuch in Übersetzung zum Modell nahmen, stand aber zunächst noch im Vordergrund. Auch nach 1950 kam die Rezeption deutschen Verwaltungsrechts in Korea nur langsam voran; die indirekte Rezeption deutschen Verwaltungsrechts behielt also immer noch eine dominierende Rolle. Der Grund lag darin, daß damals die meisten koreanischen Verwaltungsrechtler in der japanischen Besatzungzeit ihre Ausbildung erhalten hatten. Diese Generation beherrschte die japanische Sprache wie ihre Muttersprache (es ist für Koreaner viel leichter, die japanische Sprache zu erlernen als die deutsche Sprache). Und die japanische Literatur konnte man ohne weiteres beschaffen, während die deutsche Literatur kaum zugänglich war.

---

[7] *Chang K, Han,* Ein rückblickender Beitrag: Koreanisches Verwaltungsrecht I, in: Public Law, Vol. XVII (1989), S. 149 f.

Vor allem deshalb mußte sich die Rezeption deutschen Verwaltungsrechts in den Jahren bis 1970 meistens den japanisierten deutschen Verwaltungstheorien genügen.

Allerdings haben einige koreanische Verwaltungsrechtler sowohl die japanische als auch die deutsche Sprache beherrscht. Es ist nicht zu übersehen, daß in dieser Zeit auch schon eine direkte Rezeption aus deutschen Originalquellen versucht wurde. Leider läßt sich aus den koreanischen Texten dieser Zeit nicht ablesen, ob Aufsätze oder Bücher, die sich mit deutschen Verwaltungstheorien befassen, aus der japanischen oder aus der deutschen Literatur geschöpft haben. Wichtiger ist es, wie die rezipierte Verwaltungstheorie auf die Bildung des koreanischen Verwaltungsrechts und die koreanische Theorie eingewirkt und die Entwicklung des koreanischen Verwaltungsrechts bestimmt hat. Das ist die Rezeption im eigentlichen Sinne, wobei die koreanisierte deutsche Theorie das Endergebnis bildet. Diese Koreanisierung brauchte ihre Zeit und setzte mit der Erarbeitung der fremden Verwaltungsrechtsdogmatik ein. Die damals geleisteten Vorarbeiten bewirkten die Bildung einer vergleichenden Übersicht über die Auffassungen der deutschen und koreanischen Verwaltungsrechtler und wurde zum Vorbild für die Gesetzgebungsarbeit.

3. Neue Tendenzen der Rezeption

Die direkte Rezeption deutschen Verwaltungsrechts konnte erst ab Beginn der 80er Jahre in der Lehrmeinung und Fortentwicklung des koreanischen Verwaltungsrechts eine führende Rolle übernehmen. Die aus der japanischen Dogmatik stammende beherrschende Lehre[8] war so gefestigt, daß niemand gern gegen sie kritisch Stellung nehmen wollte. Gab es dennoch Kritik, so betrachtete die herrschende Lehre sie als Mindermeinung. Diese Mindermeinung, die stark unter dem Einfluß der deutschen Literatur stand, konnte in den 80er Jahren allmählich mehr Unterstützung bei den Verwaltungsrechtlern finden und schließlich zur herrschenden Lehre werden. Man kann diese am Beispiel des Begriffs der Rücknahme verfolgen. Rücknahme bedeutet die Aufhebung eines rechtswidrigen Verwaltungsakts innerhalb oder außerhalb des Rechtsmittelverfahrens. Man unterscheidet nunmehr wie im deutschen Recht aus der Sicht der betroffenen Bürger begünstigende und belastende Verwaltungsakte. Bei einem begünstigenden Verwaltungsakt ist im Rechtsmittelverfahren die Aufhebung des Verwaltungsakts eigentlich auszuschließen. Deshalb wurde die gegenteilige, früher herrschende Lehre stark kriti-

[8] Die Lehrmeinungen von *Do C. Kim* war zumeist die herrschende Lehre, wobei er japanisches Gedankengut übernommen hatte.

Vor allem deshalb mußte sich die Rezeption deutschen Verwaltungsrechts in den Jahren bis 1970 meistens den japanisierten deutschen Verwaltungstheorien genügen.

Allerdings haben einige koreanische Verwaltungsrechtler sowohl die japanische als auch die deutsche Sprache beherrscht. Es ist nicht zu übersehen, daß in dieser Zeit auch schon eine direkte Rezeption aus deutschen Originalquellen versucht wurde. Leider läßt sich aus den koreanischen Texten dieser Zeit nicht ablesen, ob Aufsätze oder Bücher, die sich mit deutschen Verwaltungstheorien befassen, aus der japanischen oder aus der deutschen Literatur geschöpft haben. Wichtiger ist es, wie die rezipierte Verwaltungstheorie auf die Bildung des koreanischen Verwaltungsrechts und die koreanische Theorie eingewirkt und die Entwicklung des koreanischen Verwaltungsrechts bestimmt hat. Das ist die Rezeption im eigentlichen Sinne, wobei die koreanisierte deutsche Theorie das Endergebnis bildet. Diese Koreanisierung brauchte ihre Zeit und setzte mit der Erarbeitung der fremden Verwaltungsrechtsdogmatik ein. Die damals geleisteten Vorarbeiten bewirkten die Bildung einer vergleichenden Übersicht über die Auffassungen der deutschen und koreanischen Verwaltungsrechtler und wurde zum Vorbild für die Gesetzgebungsarbeit.

3. Neue Tendenzen der Rezeption

Die direkte Rezeption deutschen Verwaltungsrechts konnte erst ab Beginn der 80er Jahre in der Lehrmeinung und Fortentwicklung des koreanischen Verwaltungsrechts eine führende Rolle übernehmen. Die aus der japanischen Dogmatik stammende beherrschende Lehre[8] war so gefestigt, daß niemand gern gegen sie kritisch Stellung nehmen wollte. Gab es dennoch Kritik, so betrachtete die herrschende Lehre sie als Mindermeinung. Diese Mindermeinung, die stark unter dem Einfluß der deutschen Literatur stand, konnte in den 80er Jahren allmählich mehr Unterstützung bei den Verwaltungsrechtlern finden und schließlich zur herrschenden Lehre werden. Man kann diese am Beispiel des Begriffs der Rücknahme verfolgen. Rücknahme bedeutet die Aufhebung eines rechtswidrigen Verwaltungsakts innerhalb oder außerhalb des Rechtsmittelverfahrens. Man unterscheidet nunmehr wie im deutschen Recht aus der Sicht der betroffenen Bürger begünstigende und belastende Verwaltungsakte. Bei einem begünstigenden Verwaltungsakt ist im Rechtsmittelverfahren die Aufhebung des Verwaltungsakts eigentlich auszuschließen. Deshalb wurde die gegenteilige, früher herrschende Lehre stark kriti-

---

[8] Die Lehrmeinungen von *Do C. Kim* war zumeist die herrschende Lehre, wobei er japanisches Gedankengut übernommen hatte.

siert, und schließlich konnte die Mindermeinung ihren Begriff der Rücknahme im Sinne der deutschen Literatur durchsetzen[9].

Seit dieser Zeit läßt sich beobachten, daß viele Verwaltungsjuristen in Korea ihre wissenschaftlichen Aufsätze und Abhandlungen gern und vorzüglich auf der Grundlage klassischer deutscher Literatur erarbeiten. Das bedeutet nicht, daß man sich mit veralteter deutscher Literatur befassen würde. Die Koreaner verfolgen vielmehr durchweg die gegenwärtigen Tendenzen der Lehre, und die Fortentwicklung der Technik ermöglichte es, die deutsche Literatur rasch zu beschaffen. Auch monatliche Fachzeitschriften (z.B. DÖV, DVBl., NVwZ, AöR usw.) sind in Korea bereits ohne weiteres erhältlich. Damit läßt sich die Aussage machen, daß in Korea eine lebhafte Beschäftigung mit dem deutschen Verwaltungsrecht in Gang gesetzt wurde, wobei diese Tendenz in Deutschland ziemlich unbekannt geblieben ist.

Was die Verfechter dieser Rezeption anbelangt, so ist zu bemerken, daß unter diesen vor allem Nam J. Kim an der Korea-Universität und Jong H. Seok an der Dankook-Universität eine führende Position einnehmen. Im folgenden soll die koreanisierte deutsche Verwaltungsrechtslehre näher dargestellt werden.

§ 10 Die Rezeption des deutschen Allgemeinen Verwaltungsrechts

I. Einleitung

Um einen vergleichenden Überblick zu ermöglichen, wird die Rezeption des Allgemeinen Verwaltungsrechts in sieben Teile eingeteilt, nämlich:

1. Verwaltung und Verwaltungsrecht,
2. Grundbegriffe des Verwaltungsrechts,
3. Der Verwaltungsakt,
4. Die übrigen Handlungsformen der Verwaltung,
5. Verwaltungsverfahren und Verwaltungsvollstreckung,
6. Die Verwaltungsorganisation,
7. Das Recht der staatlichen Ersatzleistungen.

Bei der Darstellung wird der Schwerpunkt auf die koreanisierten deutschen Verwaltungstheorien gelegt. Dabei wird auch auf die deutsche Theorie, die

---

[9] Vgl. *Nam J. Kim*, Verwaltungsrecht I, 1990, S. 272 f.; *Jong H. Seok*, Verwaltungsrecht I, 1990, S. 291 f.

siert, und schließlich konnte die Mindermeinung ihren Begriff der Rücknahme im Sinne der deutschen Literatur durchsetzen[9].

Seit dieser Zeit läßt sich beobachten, daß viele Verwaltungsjuristen in Korea ihre wissenschaftlichen Aufsätze und Abhandlungen gern und vorzüglich auf der Grundlage klassischer deutscher Literatur erarbeiten. Das bedeutet nicht, daß man sich mit veralteter deutscher Literatur befassen würde. Die Koreaner verfolgen vielmehr durchweg die gegenwärtigen Tendenzen der Lehre, und die Fortentwicklung der Technik ermöglichte es, die deutsche Literatur rasch zu beschaffen. Auch monatliche Fachzeitschriften (z.B. DÖV, DVBl., NVwZ, AöR usw.) sind in Korea bereits ohne weiteres erhältlich. Damit läßt sich die Aussage machen, daß in Korea eine lebhafte Beschäftigung mit dem deutschen Verwaltungsrecht in Gang gesetzt wurde, wobei diese Tendenz in Deutschland ziemlich unbekannt geblieben ist.

Was die Verfechter dieser Rezeption anbelangt, so ist zu bemerken, daß unter diesen vor allem Nam J. Kim an der Korea-Universität und Jong H. Seok an der Dankook-Universität eine führende Position einnehmen. Im folgenden soll die koreanisierte deutsche Verwaltungsrechtslehre näher dargestellt werden.

§ 10 Die Rezeption des deutschen Allgemeinen Verwaltungsrechts

I. Einleitung

Um einen vergleichenden Überblick zu ermöglichen, wird die Rezeption des Allgemeinen Verwaltungsrechts in sieben Teile eingeteilt, nämlich:

1. Verwaltung und Verwaltungsrecht,
2. Grundbegriffe des Verwaltungsrechts,
3. Der Verwaltungsakt,
4. Die übrigen Handlungsformen der Verwaltung,
5. Verwaltungsverfahren und Verwaltungsvollstreckung,
6. Die Verwaltungsorganisation,
7. Das Recht der staatlichen Ersatzleistungen.

Bei der Darstellung wird der Schwerpunkt auf die koreanisierten deutschen Verwaltungstheorien gelegt. Dabei wird auch auf die deutsche Theorie, die

---

[9] Vgl. *Nam J. Kim*, Verwaltungsrecht I, 1990, S. 272 f.; *Jong H. Seok*, Verwaltungsrecht I, 1990, S. 291 f.

im einzelnen zum Vergleich herangezogen wird, besonders hingewiesen. Die von den Koreanern zitierte deutsche Literatur wird möglichst in Fußnoten als Fundstelle angegeben. Soweit koreanische Verwaltungsrechtstheorien im Zusammenhang mit dem Dritten Teil dieser Untersuchung bereits dargestellt sind, werden sie im folgenden nicht erneut behandelt; soweit eine kurze Darstellung der Theorie notwendig erscheint, wird sie jedoch angeführt.

II. Verwaltung und Verwaltungsrecht

1. Die Verwaltung

Verwaltung und Verwaltungsrecht im Sinne der deutschen Literatur und deutschen Auffassung hat es in der Geschichte Koreas nicht gegeben, obwohl Korea eine 4300-jährige Geschichte besitzt. Die Dynastie von Alt-Choseon soll im Jahre 2333 v. Chr. von König Tangun gegründet worden sein. Nach dieser Dynastie bestanden mehrere Königreiche, nämlich von 57 v. Chr. bis 663 n. Chr. die Dynastien Koguryo, Baekche und Silla, die Dynastie Koryo im Jahre 935 und Dynastie Choseon (1392-1910). Es kam in der Choseon Dynastie zu zahlreichen Kodifikationen, so z.B.: sechs Kodexe für das Regieren im Jahr 1413, Großer Kodex für die Regierung des Staates im Jahr 1485, Fortsetzende Ordnung des Großen Kodex im Jahr 1493, Nachtrag der fortsetzenden Ordnung des Großen Kodex im Jahr 1543, Sammlung der Königsgebote und Nachtrag zum Großen Kodex im Jahr 1746, Allgemeine Erweiterung des Großen Kodex im Jahr 1785, Zusammensetzung von Min-Lü und Kodex im Jahr 1786 und Allgemeine Ergänzung des Kodex im Jahr 1865[10]. Und gab es auch eine Reihe juristischer Schriften im Zivil- und Strafrecht[11]. Trotz dieser 4300-jährigen Geschichte Koreas begann die Entwicklung des Verwaltungsrechts erst mit der Übernahme des japanischen bzw. deutschen Rechts im Jahr 1945. Man geht – wie in Deutschland – seither davon aus, daß es Verwaltung im materiellen und formellen Sinne gibt.

Die Doktrin des Verwaltungsrechts richtet sich nach der deutschen Lehre von O. Mayer, Kelsen, Hatschek, W. Jellinek, G. Mayer, Sarwey, Fleiner, Forsthoff und Wolff. Diese Linie verfolgen auch noch die gegenwärtigen Lehrbücher[12]. Das gilt insbesonders auch für die Definition der Verwaltung.

---

[10] *Ok T. Chung*, Eine Einführung in die koreanische Rechtskultur, S. 879 Fn. 22.

[11] *Ok T. Chung*, a.a.O., S. 879 f. m.w.N.

[12] *Do C. Kim*, Verwaltungsrecht I, 1989, S. 59 ff.; *Nam J. Kim*, Verwaltungsrecht I, 1990, S. 34 ff.; *Jong H. Seok*, Verwaltungsrecht I, 1990, S. 60 ff.

im einzelnen zum Vergleich herangezogen wird, besonders hingewiesen. Die von den Koreanern zitierte deutsche Literatur wird möglichst in Fußnoten als Fundstelle angegeben. Soweit koreanische Verwaltungsrechtstheorien im Zusammenhang mit dem Dritten Teil dieser Untersuchung bereits dargestellt sind, werden sie im folgenden nicht erneut behandelt; soweit eine kurze Darstellung der Theorie notwendig erscheint, wird sie jedoch angeführt.

II. Verwaltung und Verwaltungsrecht

1. Die Verwaltung

Verwaltung und Verwaltungsrecht im Sinne der deutschen Literatur und deutschen Auffassung hat es in der Geschichte Koreas nicht gegeben, obwohl Korea eine 4300-jährige Geschichte besitzt. Die Dynastie von Alt-Choseon soll im Jahre 2333 v. Chr. von König Tangun gegründet worden sein. Nach dieser Dynastie bestanden mehrere Königreiche, nämlich von 57 v. Chr. bis 663 n. Chr. die Dynastien Koguryo, Baekche und Silla, die Dynastie Koryo im Jahre 935 und Dynastie Choseon (1392-1910). Es kam in der Choseon Dynastie zu zahlreichen Kodifikationen, so z.B.: sechs Kodexe für das Regieren im Jahr 1413, Großer Kodex für die Regierung des Staates im Jahr 1485, Fortsetzende Ordnung des Großen Kodex im Jahr 1493, Nachtrag der fortsetzenden Ordnung des Großen Kodex im Jahr 1543, Sammlung der Königsgebote und Nachtrag zum Großen Kodex im Jahr 1746, Allgemeine Erweiterung des Großen Kodex im Jahr 1785, Zusammensetzung von Min-Lü und Kodex im Jahr 1786 und Allgemeine Ergänzung des Kodex im Jahr 1865[10]. Und gab es auch eine Reihe juristischer Schriften im Zivil- und Strafrecht[11]. Trotz dieser 4300-jährigen Geschichte Koreas begann die Entwicklung des Verwaltungsrechts erst mit der Übernahme des japanischen bzw. deutschen Rechts im Jahr 1945. Man geht – wie in Deutschland – seither davon aus, daß es Verwaltung im materiellen und formellen Sinne gibt.

Die Doktrin des Verwaltungsrechts richtet sich nach der deutschen Lehre von O. Mayer, Kelsen, Hatschek, W. Jellinek, G. Mayer, Sarwey, Fleiner, Forsthoff und Wolff. Diese Linie verfolgen auch noch die gegenwärtigen Lehrbücher[12]. Das gilt insbesonders auch für die Definition der Verwaltung.

---

[10] *Ok T. Chung*, Eine Einführung in die koreanische Rechtskultur, S. 879 Fn. 22.

[11] *Ok T. Chung*, a.a.O., S. 879 f. m.w.N.

[12] *Do C. Kim*, Verwaltungsrecht I, 1989, S. 59 ff.; *Nam J. Kim*, Verwaltungsrecht I, 1990, S. 34 ff.; *Jong H. Seok*, Verwaltungsrecht I, 1990, S. 60 ff.

Man folgt[13] der Auffassung von Forsthoff, daß sich die Verwaltung nicht definieren, sondern nur beschreiben lasse. Dabei wird auch die Vielgestaltigkeit der Verwaltung hingewiesen, und es werden die typischen Merkmale der Verwaltung untersucht, wie dies auch Maurer in Deutschland tut. Da die Verwaltung am öffentlichen Interesse orientiert sein muß, versucht man, mit Hinweis auf die deutsche Lehre, das öffentliche Interessse abzuklären; dabei spielen die Auffassungen von Wolff / Bachof[14], Knemeyer[15], Häberle[16] und Schmidt[17] eine Rolle.

2. Das Verwaltungsrecht

Hinsichtlich der Entwicklung des Verwaltungsrechts ist davon auszugehen, daß die Entwicklungsgeschichte insbesondere am Beispiel der kontinentaleuropäischen Länder (Deutschland und Frankreich) sowie Englands und der USA studiert werden kann. An die Darstellung der Geschichte in diesen Ländern schließt die Darstellung des koreanischen Verwaltungsrechts und seiner Entwicklung an. Aber geht man davon aus, daß das koreanische Recht nach der Befreiung im Jahr 1945 übernehmen mußte und damit indirekt unter den Einfluß des deutschen Verwaltungsrechts gelangt ist[18].

Das Verhältnis zwischen Verfassung und Verwaltung umschreibt man gern mit der Formel des ehemaligen Präsidenten des Bundesverwaltungsgerichts Fritz Werner[19]: „Verwaltungsrecht als konkretisiertes Verfassungsrecht". Zuvor wurde allgemein auf die Formel von Otto Mayer[20] zurückgegriffen: „Verfassungsrecht vergeht, Verwaltungsrecht besteht". Da Verwaltung und Verwaltungsrecht wesentlich durch die Verfassung ihrer Zeit bestimmt werden, weist man dabei ausdrücklich auf die Verfassungsabhängigkeit der Verwaltung hin[21].

---

[13] Vgl. *Nam J. Kim*, ebenda; *Jong H. Seok*, ebenda.

[14] Vgl. *Wolff / Bachof*, Verwaltungsrecht I, S. 167 ff.

[15] *Knemeyer*, Der Schutz der Allgemeinheit und der individuellen Rechte durch die polizei- und ordnungsrechtlichen Handlungsvollmachten der Exekutive, S. 251 ff.

[16] Vgl. *Häberle*, Öffentliches Interesse als juristisches Problem.

[17] *Schmidt*, Organisierte Entwicklungen auf die Verwaltung, S. 183 ff. (195 f.).

[18] So *Nam J. Kim*, Verwaltungsrecht I, 1990, S. 56 f.

[19] *Werner*, Verwaltungsrecht als konkretisiertes Verfassungsrecht, S. 527 ff.

[20] *O. Mayer*, Deutsches Verwaltungsrecht I, ^{3}1923, Vorwort.

[21] Vor allem vgl. *Jong H. Seok*, Verwaltungsrecht I, S. 94 f.

Man folgt[13] der Auffassung von Forsthoff, daß sich die Verwaltung nicht definieren, sondern nur beschreiben lasse. Dabei wird auch die Vielgestaltigkeit der Verwaltung hingewiesen, und es werden die typischen Merkmale der Verwaltung untersucht, wie dies auch Maurer in Deutschland tut. Da die Verwaltung am öffentlichen Interesse orientiert sein muß, versucht man, mit Hinweis auf die deutsche Lehre, das öffentliche Interessse abzuklären; dabei spielen die Auffassungen von Wolff / Bachof[14], Knemeyer[15], Häberle[16] und Schmidt[17] eine Rolle.

2. Das Verwaltungsrecht

Hinsichtlich der Entwicklung des Verwaltungsrechts ist davon auszugehen, daß die Entwicklungsgeschichte insbesondere am Beispiel der kontinentaleuropäischen Länder (Deutschland und Frankreich) sowie Englands und der USA studiert werden kann. An die Darstellung der Geschichte in diesen Ländern schließt die Darstellung des koreanischen Verwaltungsrechts und seiner Entwicklung an. Aber geht man davon aus, daß das koreanische Recht nach der Befreiung im Jahr 1945 übernehmen mußte und damit indirekt unter den Einfluß des deutschen Verwaltungsrechts gelangt ist[18].

Das Verhältnis zwischen Verfassung und Verwaltung umschreibt man gern mit der Formel des ehemaligen Präsidenten des Bundesverwaltungsgerichts Fritz Werner[19]: „Verwaltungsrecht als konkretisiertes Verfassungsrecht". Zuvor wurde allgemein auf die Formel von Otto Mayer[20] zurückgegriffen: „Verfassungsrecht vergeht, Verwaltungsrecht besteht". Da Verwaltung und Verwaltungsrecht wesentlich durch die Verfassung ihrer Zeit bestimmt werden, weist man dabei ausdrücklich auf die Verfassungsabhängigkeit der Verwaltung hin[21].

---

[13] Vgl. *Nam J. Kim*, ebenda; *Jong H. Seok*, ebenda.

[14] Vgl. *Wolff / Bachof*, Verwaltungsrecht I, S. 167 ff.

[15] *Knemeyer*, Der Schutz der Allgemeinheit und der individuellen Rechte durch die polizei- und ordnungsrechtlichen Handlungsvollmachten der Exekutive, S. 251 ff.

[16] Vgl. *Häberle*, Öffentliches Interesse als juristisches Problem.

[17] *Schmidt*, Organisierte Entwicklungen auf die Verwaltung, S. 183 ff. (195 f.).

[18] So *Nam J. Kim*, Verwaltungsrecht I, 1990, S. 56 f.

[19] *Werner*, Verwaltungsrecht als konkretisiertes Verfassungsrecht, S. 527 ff.

[20] *O. Mayer*, Deutsches Verwaltungsrecht I, ^{3}1923, Vorwort.

[21] Vor allem vgl. *Jong H. Seok*, Verwaltungsrecht I, S. 94 f.

Die Frage der Abgrenzung von Verwaltungsrecht und Privatrecht stellt man in Korea im Zusammenhang mit dem deutschen Verwaltungsrecht[22] dar. Doch wird diese Frage normalerweise im Zusammenhang der Rechtsverhältnisse der Verwaltung behandelt. Im einzelnen beschäftigen sich die koreanischen Autoren[23] mit den deutschen Abgrenzungstheorien, nämlich der Interessentheorie von Ulpian, der Subordinationstheorie und der Subjektionstheorie (modifizierter Subjektstheorie oder Sonderrechtstheorie[24]. Abschließend weist man wie in Deutschland darauf hin, daß sich die Abgrenzungsfrage im konkreten Fall meist nicht mit einer Theorie lösen läßt, sondern nur mit einer Zusammenschau mehrer Theorien beantwortet werden kann. Dementsprechend faßt man die Theorien in einer Betrachtung zusammen.

3. Das Verwaltungsprivatrecht

Als erster hat Do C. Kim[25] den Begriff des Verwaltungsprivatrechts von Wolff übernommen. Unter Verwaltungsprivatrecht wird folgendes verstanden: Geht ein Täger öffentlicher Verwaltung Privatrechtsverhältnisse aufgrund hoheitlicher Entscheidungen im Rechtssatz oder Verwaltungsakt oder aufgrund Bereitstellung von Mitteln für öffentliche Zwecke im Haushaltsplan ein, um in privatrechtlichen Formen unmittelbar öffentliche Verwaltungs-, d.h. Leistungs- und Lenkungszwecke zu verfolgen, so ist das zwar formell, aber nicht mehr inhaltlich „fiskalische Tätigkeit". Es gilt dann ein besonderes Verwaltungsprivatrecht. Seine Besonderheit besteht u.a. darin, daß die Träger der Verwaltung dann nicht im Vollgenuß der rechtsgeschäftlichen Privatautonomie sind, sondern etlichen öffentlich-rechtlichen Bindungen unterliegen. Das gilt sowohl für die Versorgungsverwaltung als auch für die Wirtschaftslenkung durch Subventionen (wie Bürgschaften, Wohnungsbau- und andere Darlehen), soweit sie nicht durch Verwaltungsakte gewährt oder abgewickelt werden[26].

---

[22] So z.B. *Maurer*, Allgemeines Verwaltungsrecht, 1983, S. 27 ff.

[23] Bezüglich der Abgrenzungsfrage zwischen Verwaltungsrecht und Privatrecht ist allgemein anerkannt, daß man nach den deutschen Abgrenzungstheorien vorgeht. Dabei ist auch kein japanischer Einfluß spürbar. Vgl. vor allem *Do C. Kim*, Verwaltungsrecht I, 1989, S. 191 ff; *Nam J. Kim*, Verwaltungsrecht I, 1990, S. 100 ff.; *Jong H. Seok*, Verwaltungsrecht I, 1990, S. 193 ff.

[24] Vgl. *Wolff*, Verwaltungsrecht I, [8]1971, § 22 II C.

[25] *Do C. Kim*, Verwaltungsrecht I, 1981; *ders.*, Verwaltungsrecht I, 1989, S. 204 ff.

[26] *Wolff*, Verwaltungsrecht I, [8]1971, § 23 II 2 b.

Die Frage der Abgrenzung von Verwaltungsrecht und Privatrecht stellt man in Korea im Zusammenhang mit dem deutschen Verwaltungsrecht[22] dar. Doch wird diese Frage normalerweise im Zusammenhang der Rechtsverhältnisse der Verwaltung behandelt. Im einzelnen beschäftigen sich die koreanischen Autoren[23] mit den deutschen Abgrenzungstheorien, nämlich der Interessentheorie von Ulpian, der Subordinationstheorie und der Subjektionstheorie (modifizierter Subjektstheorie oder Sonderrechtstheorie[24]. Abschließend weist man wie in Deutschland darauf hin, daß sich die Abgrenzungsfrage im konkreten Fall meist nicht mit einer Theorie lösen läßt, sondern nur mit einer Zusammenschau mehrer Theorien beantwortet werden kann. Dementsprechend faßt man die Theorien in einer Betrachtung zusammen.

3. Das Verwaltungsprivatrecht

Als erster hat Do C. Kim[25] den Begriff des Verwaltungsprivatrechts von Wolff übernommen. Unter Verwaltungsprivatrecht wird folgendes verstanden: Geht ein Täger öffentlicher Verwaltung Privatrechtsverhältnisse aufgrund hoheitlicher Entscheidungen im Rechtssatz oder Verwaltungsakt oder aufgrund Bereitstellung von Mitteln für öffentliche Zwecke im Haushaltsplan ein, um in privatrechtlichen Formen unmittelbar öffentliche Verwaltungs-, d.h. Leistungs- und Lenkungszwecke zu verfolgen, so ist das zwar formell, aber nicht mehr inhaltlich „fiskalische Tätigkeit". Es gilt dann ein besonderes Verwaltungsprivatrecht. Seine Besonderheit besteht u.a. darin, daß die Träger der Verwaltung dann nicht im Vollgenuß der rechtsgeschäftlichen Privatautonomie sind, sondern etlichen öffentlich-rechtlichen Bindungen unterliegen. Das gilt sowohl für die Versorgungsverwaltung als auch für die Wirtschaftslenkung durch Subventionen (wie Bürgschaften, Wohnungsbau- und andere Darlehen), soweit sie nicht durch Verwaltungsakte gewährt oder abgewickelt werden[26].

---

[22] So z.B. *Maurer*, Allgemeines Verwaltungsrecht, 1983, S. 27 ff.

[23] Bezüglich der Abgrenzungsfrage zwischen Verwaltungsrecht und Privatrecht ist allgemein anerkannt, daß man nach den deutschen Abgrenzungstheorien vorgeht. Dabei ist auch kein japanischer Einfluß spürbar. Vgl. vor allem *Do C. Kim*, Verwaltungsrecht I, 1989, S. 191 ff; *Nam J. Kim*, Verwaltungsrecht I, 1990, S. 100 ff.; *Jong H. Seok*, Verwaltungsrecht I, 1990, S. 193 ff.

[24] Vgl. *Wolff*, Verwaltungsrecht I, [8]1971, § 22 II C.

[25] *Do C. Kim*, Verwaltungsrecht I, 1981; *ders.*, Verwaltungsrecht I, 1989, S. 204 ff.

[26] *Wolff*, Verwaltungsrecht I, [8]1971, § 23 II 2 b.

Diese eben zitierten Sätze werden inhaltlich in den Lehrbüchern zusammenfassend behandelt[27]. Mit der Anerkennung bzw. Übernahme der deutschen Lehre vom Verwaltungsprivatrecht ist auch die Übernahme der Auffassung verbunden, daß das Verwaltungsprivatrecht eine Bindung an die Grundrechte, insbesondere an die Freiheitsrechte, den Gleichheitssatz und das Übermaßverbot enthalten muß[28]. Immerhin kritisiert Lee[29] die Anerkennung des Verwaltungsprivatrechts. Seiner Auffassung nach müssen die normalerweise unter das Verwaltungsprivatrecht subsumierten privatrechtlichen Handlungen als öffentlich-rechtliche Handlungen oder Rechtsverhältnisse aufgefaßt werden. Wenn man dem folgt, gibt es kein privatrechtliches Handeln der Verwaltung. Somit muß Lee das Verwaltungsprivatrecht schon rein begrifflich in Frage stellen.

4. Die Rechtsquellen des Verwaltungsrechts

Die bisherige herrschende Lehre definiert den Begriff der Rechtsquelle als eine typische Erscheinungsform des Verwaltungsrechts. Seit dem Beginn der 80er Jahre änderte sich diese Lehre unter dem Einfluß der deutschen Dogmatik[30]. Nunmehr definiert man die Rechtsquelle als Grundsatz für das, was als Recht gilt[31]. Als Arten der Rechtsquellen unterscheidet man die geschriebenen (Verfassung, Gesetze, internationale Vereinbarungen, Verordnungen und Satzungen) und die ungeschriebenen Rechtsquellen (Gewohnheitsrecht, Richterrecht, Natur der Sache oder Grundsätze des Rechts). Es gibt insoweit zwischen Deutschland und Korea keine großen Unterschiede; die in Deutschland als Satzung bezeichneten Rechtsquellen werden auch

---

[27] *Jong H. Seok*, Verwaltungsprivatrecht, in: YGGS (Juli 1981), S. 30 ff.; *ders.*, Koreanisches Verwaltungsrecht, 1983; *ders.*, Verwaltungsrecht I, 1990, S. 513 ff.; *Nam J. Kim*, Privatrechtliche Verwaltungshandlung und Verwaltungsprivatrecht, YGGS (Nov. 1981), S. 80 ff.; *Won Y. Park*, Verwaltungsprivatrecht, in: GSK (Aug. 1984), S. 29 ff.

[28] Vgl. *Do C. Kim*, Verwaltungsrecht I, 1989, S. 205 f.; *Jong H. Seok*, Verwaltungsrecht I, 1990, S. 515 f.

[29] *Sang K. Lee*, Verwaltungsrecht I, 1987, S. 99 Anm. 7.

[30] So etwa vgl. *Ross*, Theorie der Rechtsquellen, S. 292 f.; *Wolff / Bachof*, Verwaltungsrecht I, 1974, § 24 I b; *Ossenbühl*, Die Quellen des Verwaltungsrechts, in: *Erichsen / Martens*, Allgemeines Verwaltungsrecht, S. 72 f.

[31] *Do C. Kim*, Verwaltungsrecht I, 1989, S. 142 f.; *Nam J. Kim*, Verwaltungsrecht I, 1990, S. 74 f.; *ders.*, Grundprobleme des Verwaltungsrechts, 1985, S. 54 ff.; *Jong H. Seok*, Verwaltungsrecht I, 1990, S. 151 f.: *Bo S. Shin*, Rechtsquellen des Verwaltungsrechts, in: YGGS (Mai 1985), S. 105 f.

Diese eben zitierten Sätze werden inhaltlich in den Lehrbüchern zusammenfassend behandelt[27]. Mit der Anerkennung bzw. Übernahme der deutschen Lehre vom Verwaltungsprivatrecht ist auch die Übernahme der Auffassung verbunden, daß das Verwaltungsprivatrecht eine Bindung an die Grundrechte, insbesondere an die Freiheitsrechte, den Gleichheitssatz und das Übermaßverbot enthalten muß[28]. Immerhin kritisiert Lee[29] die Anerkennung des Verwaltungsprivatrechts. Seiner Auffassung nach müssen die normalerweise unter das Verwaltungsprivatrecht subsumierten privatrechtlichen Handlungen als öffentlich-rechtliche Handlungen oder Rechtsverhältnisse aufgefaßt werden. Wenn man dem folgt, gibt es kein privatrechtliches Handeln der Verwaltung. Somit muß Lee das Verwaltungsprivatrecht schon rein begrifflich in Frage stellen.

4. Die Rechtsquellen des Verwaltungsrechts

Die bisherige herrschende Lehre definiert den Begriff der Rechtsquelle als eine typische Erscheinungsform des Verwaltungsrechts. Seit dem Beginn der 80er Jahre änderte sich diese Lehre unter dem Einfluß der deutschen Dogmatik[30]. Nunmehr definiert man die Rechtsquelle als Grundsatz für das, was als Recht gilt[31]. Als Arten der Rechtsquellen unterscheidet man die geschriebenen (Verfassung, Gesetze, internationale Vereinbarungen, Verordnungen und Satzungen) und die ungeschriebenen Rechtsquellen (Gewohnheitsrecht, Richterrecht, Natur der Sache oder Grundsätze des Rechts). Es gibt insoweit zwischen Deutschland und Korea keine großen Unterschiede; die in Deutschland als Satzung bezeichneten Rechtsquellen werden auch

---

[27] *Jong H. Seok*, Verwaltungsprivatrecht, in: YGGS (Juli 1981), S. 30 ff.; *ders.*, Koreanisches Verwaltungsrecht, 1983; *ders.*, Verwaltungsrecht I, 1990, S. 513 ff.; *Nam J. Kim*, Privatrechtliche Verwaltungshandlung und Verwaltungsprivatrecht, YGGS (Nov. 1981), S. 80 ff.; *Won Y. Park*, Verwaltungsprivatrecht, in: GSK (Aug. 1984), S. 29 ff.

[28] Vgl. *Do C. Kim*, Verwaltungsrecht I, 1989, S. 205 f.; *Jong H. Seok*, Verwaltungsrecht I, 1990, S. 515 f.

[29] *Sang K. Lee*, Verwaltungsrecht I, 1987, S. 99 Anm. 7.

[30] So etwa vgl. *Ross*, Theorie der Rechtsquellen, S. 292 f.; *Wolff / Bachof*, Verwaltungsrecht I, 1974, § 24 I b; *Ossenbühl*, Die Quellen des Verwaltungsrechts, in: *Erichsen / Martens*, Allgemeines Verwaltungsrecht, S. 72 f.

[31] *Do C. Kim*, Verwaltungsrecht I, 1989, S. 142 f.; *Nam J. Kim*, Verwaltungsrecht I, 1990, S. 74 f.; *ders.*, Grundprobleme des Verwaltungsrechts, 1985, S. 54 ff.; *Jong H. Seok*, Verwaltungsrecht I, 1990, S. 151 f.: *Bo S. Shin*, Rechtsquellen des Verwaltungsrechts, in: YGGS (Mai 1985), S. 105 f.

Autonomie-Rechtssätze genannt. Ossenbühl versteht darunter diejenigen Rechtsvorschriften, die von in den Staat eingeordneten juristischen Personen des öffentlichen Rechts im Rahmen der ihnen gesetzlich verliehenen Autonomie erlassen werden. Im Unterschied dazu werden die Autonomie-Rechtssätze in Korea ausdrücklich der Örtlichen Selbstverwaltung zugeordnet. Dazu bestimmt Art. 117 Abs. 1 Koeranische Verfassung: „Die örtlichen Gebiets... erlassen im Rahmen der Gesetze und Verordnungen Vorschriften bezüglich der örtlichen Selbstverwaltung".

Auf dem Hintergrund dieser koreanischen Rechtsquellen gab es einmal eine lebhafte Diskussion[32] über den Begriff „Recht", als Kim die Auffassung von Ossenbühl über Verwaltungsvorschriften und Sonderverordnungen im Jahr 1979 in die koreanische Debatte eingeführt hatte. Kim[33] vertrat dabei die Auffassung, daß die Verwaltungsvorschriften und Sonderverordnungen als Rechtssätze angesehen werden sollten, wobei er die Auffassung von F. Ossenbühl aus seiner Habilitationsschrift in die koreanische Sprache übersetzt hatte. Bis dahin vertrat die herrschende Lehre den historisch-konventionellen Rechtssatzbegriff; der Begriff des Rechts wurde auf die Beziehungen zwischen selbständigen Rechtspersonen – im Bereich des Verwaltungsrechts auf die Beziehungen zwischen Staat und Bürger – beschränkt. Demgegenüber wurden die Verwaltungsvorschriften als Verwaltungskernregelungen aus dem Rechtsbegriff ausgeklammert. Die h.L. verneinte deshalb den rechtlichen Charakter der Verwaltungsvorschriften[34]. Die neue Lehre von Kim[35] geht

---

[32] Vgl. *Myung G. Lee,* Die Lehre von der Verwaltungsvorschrift, in: GSYG (März 1979), S. 35 ff.; *ders.,* Nochmal zur Verwaltungsvorschrift, in: GSYG (Juni 1983), S. 35 ff.; *Nam J. Kim,* Rechtsnatur und Wirkung der Verwaltungsakte, in: GSK (Dez. 1979), S. 69 ff.; *Won U. Suh,* Überlegung zur Rechtslehre der Verwaltungsvorschrift, in: GSYG (März 1980), S. 55 ff.; GSYG (April 1980), S. 77 f.; GSYG (Mai 1980), S. 89 ff.; GSYG (Juni 1980), S. 95 ff.; GSYG (Juli 1980), S. 63 ff.; *Nam J. Kim,* Rechtsfolge der verwaltungsvorschriftswidrigen Akten, in: GSK (Aug. 1977), S. 134 ff.; *ders.,* Die Arten und die Wirkung der Verwaltungsvorschrift, in: YGGS (Feb. 1982), S. 14 ff.; *Jong H. Seok,* Rechtssatzcharakter der Verwaltungsvorschrift, in: GSYG (Juni 1986), S. 60 ff.

[33] *Nam J. Kim,* Rechtsnatur und die Wirkung der Verwaltungsvorschriften, in: GSK (Dez. 1979), S. 69 ff.; *ders.,* Grundprobleme des Verwaltungsrechts, 1983; *ders.,* Grundprobleme des Verwaltungsrechts, 1989, S. 107 ff.

[34] Vor allem vgl. *Do C. Kim,* Die Rechtsnatur der Verwaltungsvorschrift, in: GSK (Juli 1979), S. 77 ff.; GSK (Aug. 1979), S. 77 ff.; GSK (Sep. 1979), S. 73 ff.; *ders.,* Wieder zur Rechtsnatur der Verwaltungsvorschrift, in: GSK (Feb. 1980), S. 73 ff.

[35] Neue Lehre bedeutet, daß man zu bisherigen Lehrmeinungen kritisch Stellung nimmt oder diese kritische Meinung unterstützt. Diese Lehre vertreten vor allem *Nam J. Kim* und *Jong H. Seok,* beide bekanntlich unter dem Einfluß der deutschen Dogma-

Autonomie-Rechtssätze genannt. Ossenbühl versteht darunter diejenigen Rechtsvorschriften, die von in den Staat eingeordneten juristischen Personen des öffentlichen Rechts im Rahmen der ihnen gesetzlich verliehenen Autonomie erlassen werden. Im Unterschied dazu werden die Autonomie-Rechtssätze in Korea ausdrücklich der Örtlichen Selbstverwaltung zugeordnet. Dazu bestimmt Art. 117 Abs. 1 Koeranische Verfassung: „Die örtlichen Gebiets... erlassen im Rahmen der Gesetze und Verordnungen Vorschriften bezüglich der örtlichen Selbstverwaltung".

Auf dem Hintergrund dieser koreanischen Rechtsquellen gab es einmal eine lebhafte Diskussion[32] über den Begriff „Recht", als Kim die Auffassung von Ossenbühl über Verwaltungsvorschriften und Sonderverordnungen im Jahr 1979 in die koreanische Debatte eingeführt hatte. Kim[33] vertrat dabei die Auffassung, daß die Verwaltungsvorschriften und Sonderverordnungen als Rechtssätze angesehen werden sollten, wobei er die Auffassung von F. Ossenbühl aus seiner Habilitationsschrift in die koreanische Sprache übersetzt hatte. Bis dahin vertrat die herrschende Lehre den historisch-konventionellen Rechtssatzbegriff; der Begriff des Rechts wurde auf die Beziehungen zwischen selbständigen Rechtspersonen – im Bereich des Verwaltungsrechts auf die Beziehungen zwischen Staat und Bürger – beschränkt. Demgegenüber wurden die Verwaltungsvorschriften als Verwaltungskernregelungen aus dem Rechtsbegriff ausgeklammert. Die h.L. verneinte deshalb den rechtlichen Charakter der Verwaltungsvorschriften[34]. Die neue Lehre von Kim[35] geht

---

[32] Vgl. *Myung G. Lee,* Die Lehre von der Verwaltungsvorschrift, in: GSYG (März 1979), S. 35 ff.; *ders.,* Nochmal zur Verwaltungsvorschrift, in: GSYG (Juni 1983), S. 35 ff.; *Nam J. Kim,* Rechtsnatur und Wirkung der Verwaltungsakte, in: GSK (Dez. 1979), S. 69 ff.; *Won U. Suh,* Überlegung zur Rechtslehre der Verwaltungsvorschrift, in: GSYG (März 1980), S. 55 ff.; GSYG (April 1980), S. 77 f.; GSYG (Mai 1980), S. 89 ff.; GSYG (Juni 1980), S. 95 ff.; GSYG (Juli 1980), S. 63 ff.; *Nam J. Kim,* Rechtsfolge der verwaltungsvorschriftswidrigen Akten, in: GSK (Aug. 1977), S. 134 ff.; *ders.,* Die Arten und die Wirkung der Verwaltungsvorschrift, in: YGGS (Feb. 1982), S. 14 ff.; *Jong H. Seok,* Rechtssatzcharakter der Verwaltungsvorschrift, in: GSYG (Juni 1986), S. 60 ff.

[33] *Nam J. Kim,* Rechtsnatur und die Wirkung der Verwaltungsvorschriften, in: GSK (Dez. 1979), S. 69 ff.; *ders.,* Grundprobleme des Verwaltungsrechts, 1983; *ders.,* Grundprobleme des Verwaltungsrechts, 1989, S. 107 ff.

[34] Vor allem vgl. *Do C. Kim,* Die Rechtsnatur der Verwaltungsvorschrift, in: GSK (Juli 1979), S. 77 ff.; GSK (Aug. 1979), S. 77 ff.; GSK (Sep. 1979), S. 73 ff.; *ders.,* Wieder zur Rechtsnatur der Verwaltungsvorschrift, in: GSK (Feb. 1980), S. 73 ff.

[35] Neue Lehre bedeutet, daß man zu bisherigen Lehrmeinungen kritisch Stellung nimmt oder diese kritische Meinung unterstützt. Diese Lehre vertreten vor allem *Nam J. Kim* und *Jong H. Seok,* beide bekanntlich unter dem Einfluß der deutschen Dogma-

demgegenüber davon aus, daß auch die Verwaltungsvorschriften rechtliche Regelungen sind und damit Rechtsquellen zugeordnet werden müssen.

An dieser Stelle ist anzumerken, daß die Diskussion und die Meinungsverschiedenheit bei der Rechtsquellenlehre sich in Korea genauso kompliziert darstellt wie in Deutschland. Die koreanischen Verwaltungsjuristen vollziehen das nach, was die deutschen Verwaltungjuristen bereits vorgezeichnet haben; deshalb braucht darauf auch nicht näher eingegangen zu werden.

5. Die allgemeinen Rechtsgrundsätze des Verwaltungsrechts

Die allgemeinen Rechtgrundsätze oder allgemeinen Grundsätze des Verwaltungsrechts in Korea haben sich, was den Sprachgebrauch und die Zusammenstellung angeht, noch nicht abgeklärt. So behandeln z.B. Do C. Kim[36] und Nam J. Kim[37] diese Grundsätze im Zusammenhang mit der Natur der Sache, dagegen erörtet Jong H. Seok[38] diese getrennt von der Natur der Sache in einem besonderen Abschnitt. Man ist sich aber einig, daß die Natur der Sache als ein Grundsatz des Verwaltungsrechts zu betrachten ist. Im übrigen sind der Grundsatz der Verhältnismäßigkeit, der Grundsatz der Gleichheit, der Grundsatz von Treu und Glauben, der Grundsatz des Vertrauensschutzes allgemein als Grundsätze des Verwaltungsrechts anerkannt.

Die Grundsätze des Verwaltungsrechts lassen sich sowohl aus dem Verfassungsrecht als auch aus Prinzipien oder positivrechtlichen Gegebenheiten herleiten. So stammt der Grundsatz der Gleichheit aus Art. 11 II KV: „Alle Staatsbürger sind vor dem Gesetz gleich, keiner erfährt eine unterschiedliche Behandlung aufgrund des Geschlechts ...“. Der Grundsatz von Treu und Glauben leitet sich aus § 2 Abs. 1 des Bürgerlichen Gesetzbuchs Koreas her; der Grundsatz des Vertrauensschutzes ergibt sich aus § 18 Abs. 3 des Staatssteuer-Grundgesetzes und aus § 4 Abs. 2 Entwurf des Verwaltungsverfahrensgesetzes von 1987. Der Grundsatz der Verhältnismäßigkeit findet sich in Art. 37 Abs. 2 KV: „Freiheiten und Rechte der Staatsbürger können durch Gesetze nur dann eingeschränkt werden ... Selbst wenn eine solche Einschränkung vorgenommen wird, darf der Wesensgehalt der Freiheit oder des Rechts nicht verletzt werden.“

---

tik. Vgl. *Nam J. Kim,* Verwaltungsrecht I, 1990, S. 79 f.; *Jong H. Seok,* Verwaltungsrecht I, 1990, S. 151 ff.

[36] *Do C. Kim,* Verwaltungsrecht I, 1989, S. 162 ff.

[37] *Nam J. Kim,* Verwaltungsrecht I, 1990, S. 86 ff.

[38] *Jong H. Seok,* Verwaltungsrecht I, 1990, S. 131.

Die deutsche Lehre vom Grundsatz des Vertrauenschutzes hat bei der Bildung des gleichen Grundsatzes in Korea Pate gestanden. Dabei wird das sogenannte Witwenurteil (BVerwGE 9, S. 251 ff.) oft zitiert, ebenso die deutschen Auffassungen, die von Püttner[39] und Bachof[40] auf der Jahrestagung der deutschen Staatsrechtslehrer vorgetragen wurden. Heute erkennt die Rechtsprechung[41] in Korea den Vertrauensschutz als Grundsatz im Bereich der Finanzverwaltung an. Konkrete Anwendung findet der Grundsatz des Vertrauensschutzes z.B. bei der Rücknahme rechtswidriger begünstigender Verwaltungsakte, beim Widerruf rechtmäßiger Verwaltungsakte, bei der Zusicherung, bei der Gleichbehandung im Unrecht, bei der Verwirkung und bei der Rückwirkung. Dabei werden in aller Regel deutsche Lehrmeinungen vertreten[42].

III. Grundbegriffe des Verwaltungsrechts

1. Vorbemerkung

Die Terminologie „Grundbegriffe des Verwaltungsrechts" ist in der koreanischen Verwaltungsrechtswissenschaft neu; sie ist in Deutschland auch erst von Maurer in seinem Lehrbuch des Allgemeinen Verwaltungsrechts[43] erstmals eingeführt worden. Er hat die Darstellung der Gesetzmäßigkeit der Verwaltung, des Ermessens und des unbestimmten Rechtsbegriffs sowie des Verwaltungsrechtsverhältnisses unter diese Überschrift gebracht. Um einen vergleichenden Überblick zu ermöglichen, wird hier der Gliederung von Maurer gefolgt. Da jedoch eine allgemeine Darstellung der koreanischen Dogmatik auf dem Gebiet des Verwaltungsrechts[44] bereits oben gegeben worden ist und auch schon auf die Beeinflussung durch das deutsche Verwaltungsrecht hingewiesen wurde, kann im folgenden das Gewicht auf einige

[39] *Püttner*, Vertrauensschutz im Verwaltungsrecht, S. 206 f.

[40] *Bachof*, Vertrauenschutz im Verwaltungsrecht, S. 228 f.

[41] KHG, 78 Nu 51 Urteil v. 25.4.1978; KHG, 80 Nu 6 Urteil v. 10.6.1980; KHG, 81 Nu 266 Urteil v. 26.12.1984; KHG, 84 Nu 593 Urteil v. 23.4.1985; KHG, 86 Nu 92 Urteil v. 26.5.1987; KHG, 86 Nu 101 Urteil v. 13.9.1989.

[42] Vor allem vgl. *Do C. Kim*, Verwaltungsrecht I, 1989, S. 154. Kim war der erste Verfasser, der den Grundsatz des Vertrauensschutzes in sein Lehrbuch aufgenommen hat; *Jong H. Seok*, Verwaltungsrecht I, 1990, S. 142 ff.; *ders.*, Grundsatz des Vertrauensschutzes im Verwaltungsrecht, in: GSK (Febr. 1988), S. 94 ff.

[43] *Maurer*, Allgemeines Verwaltungsrecht, [1]1980.

[44] Siehe oben § 5 II.

Schwerpunkte in der Rezeption der deutschen Verwaltungsrechtsdogmatik gelegt werden.

2. Die Gesetzmäßigkeit der Verwaltung

Wie bereits oben angedeutet wurde, tauchte die Lehre über die Gesetzmäßigkeit der Verwaltung in Korea erst auf, als die erste Republik das japanische Rechtssystem bzw. auch indirekt das deutsche Rechtssystem im Jahr 1949 zu übernehmen begann. Die Gesetzmäßigkeit der Verwaltung bedeutet zuerst die Bindung an das Gesetz, also die Achtung vor der rechtschaffenden Kraft des Gesetzes, den Vorrang des Gesetzes und auch den Vorbehalt des Gesetzes. Die inhaltlichen Merkmale und auch das Verständis der Herrschaft des Gesetzes ist im Grunde genommen immer unverändert geblieben, aber es ist nicht zu übersehen, daß die von Deutschland übernommene Herrschaft des Gesetzes von Anfang an beeinflußt war durch eine amerikanische Vorstellung, nämlich die „rule of law“; durch sie wird der Gesetzmäßigkeitsgrundsatz ergänzt[45]. Man hat daher den Begriff des Gesetzes in diesem Zusammenhang nicht auf formelle Gesetze begrenzt, vielmehr wurde der Gesetzesbegriff als Sammelbegriff für Verfassung, Gesetze, Verordnungen und auch ungeschriebenes Recht verwendet. Die Koreaner setzten die „rule of law“ (Bopui jibae) an die Stelle der Herrschaft der Gesetzes. Sieht man davon ab, daß das Gesetz in diesem Fall als Sammelbegriff für alle Rechtsnormen verstanden wird, bleibt im übrigen die Darstellung der rule of law doch stark unter deutscher Beeinflussung.

Um aber zwischen der Herrschaft der Gesetze und der rule of law doch zu unterscheiden, versucht die koreanische Literatur, mit den Begriffen „Gesetz im formellen Sinn“ und „Gesetz im materiellen Sinn“ zu arbeiten. Diese Art der Darstellung der koreanischen Verwaltungsrechtstheorie in den Lehrbüchern bezweckt an sich, den Jurastudenten die geschichtlichen Hintergründe dieses Prinzips zu erklären. Es hat also eine Entwicklung stattgefunden; die Herrschaft des Gesetzes gilt auch in Deutschland unter dem Bonner Grundgesetz jetzt nicht mehr so wie früher. Zusammenfassend ist zu sagen, daß die koreanische Lehre der Gesetzmäßigkeit der Verwaltung zunächst von der deutschen Lehre ausgeht.

Daher werden auch die einzelnen deutschen Lehren (so die vom Eingriffsvorbehalt, vom Totalvorbehalt, die Wesentlichkeitstheorie und die Sozialvorbehaltstheorie) in Korea behandelt. Sogar die neueren Tendenzen in der

---

[45] Vor allem vgl. *Do C. Kim,* Verwaltungsrecht I, 1989, S. 113 ff.

deutschen Literatur, insbesondere die Frage des Verwaltungsvorbehalts[46], des Parlamentsvorbehalts[47] und des Regierungsvorbehalts[48] sind bereits in der koreanischen Literatur[49] aufgetaucht. Im Zusammenhang mit der Theorie vom Eingriffsvorbehalt vertritt z.B. Nam J. Kim in Anlehnung an Ossenbühl[50] die Meinung, daß in der Subventionsverwaltung eine ausreichende gesetzliche Legitimation als gegeben angesehen werden sollte, wenn

- im Haushaltsplan als Bestandteil des förmlichen Haushaltsgesetzes entsprechende Mittel eingesetzt sind,
- innerhalb des Haushaltsplanes eine ausreichende Beschreibung der Zweckbestimmung dieser Mittel gegeben ist, und
- die Vergabe dieser Mittel zu den verfassungsmäßigen Aufgaben der jeweils zum Handeln berufenen Verwaltungsinstanz gehört.

In diesem Sinne schlägt Kim vor, von einer neuen Eingriffsvorbehaltstheorie zu sprechen[51].

Wegen der Verschiedenheiten der Lehre vom Gesetzesvorbehalt konnte sich eine herrschende Lehrmeinung in Korea noch nicht bilden. Die weitere Entwicklung der Lehre befindet sich noch in der Diskussion, die an dieser Stelle nicht weiter verfolgt werden kann.

---

[46] *Maurer*, Der Verwaltungsvorbehalt, S. 137 ff.; *Schnapp*, Der Verwaltungsvorbehalt, S. 173 ff. Zur koreanischen Literatur vgl. *Won U. Suh*, Die Probleme bei der Lehre und Verwaltungsvorbehalt I, in: GSYG (Aug. 1986), S. 39 ff.; II (Fortsetzung), in: GSYG (Sep. 1986), S. 82 ff.; *Myung G. Lee*, Verwaltungsvorbehalt, in: FS für Prof. Dr. Dong K. Suh zur Emeritierung, 1986, S. 691 ff.; *ders.*, in: GSYG (März 1986), S. 55 ff. Sogar dieses Thema wurde als Magisterarbeit (LL.M.) von *Dong Soo Song* unter Betreuung von *Jong H. Seok* im Jahr 1987 an der Dankook Universität in Seoul bearbeitet.

[47] *Gang H. Lee*, Der Grundsatz des Parlamentsvorbehalts, in: YGGS (Jan. 1985), S. 58 ff.

[48] Diese wurde im Zusammenhang mit der Frage des Gesetzesvorbehalts im Lehrbuch über Allgemeines Verwaltungsrecht erstmals 1990 vorgestellt. Vgl. *Jong H. Seok*, Verwaltungsrecht I, 1990, S. 117 f.; s.a. *Ossenbühl*, Vorrang und Vorbehalt des Gesetzes, in: *Isensee / Kirchhof*, Handbuch des Staatsrechts, Bd. III, 1988, S. 343 ff.

[49] Vgl. vor allem *Jong H. Seok*, Verwaltungsrecht I, 1990, S. 115 ff.; *ders.*, Grundsatz des Gesetzesvorbehalts, in: GSYG (Sep. 1989), S. 87 ff.

[50] Vgl. *Ossenbühl*, Die Quellen des Verwaltungsrechts, in: *Erichsen / Martens*, Allgemeines Verwaltungsrecht, S. 69 f. *Kim* übernahm die Inhalte aus den wiedergegebenen Textsätzen.

[51] *Nam J. Kim*, Grundprobleme des Verwaltungsrechts, 1985, S. 656 ff.; *ders.*, Verwaltungsrecht I, 1990, S. 71 f.

3. Die Ermessenslehre

3.1 Vorbemerkung

Wie bereits oben dargestellt wurde, entspricht die koreanische Ermessenslehre grundsätzlich der deutschen Lehre. Der Grund dafür liegt darin, daß der Aufbau der Ermessenslehre in Korea durch die Übernahme des deutschen Rechts geprägt worden ist, und zwar bereits seit 1945. Für die Verwaltung und die Verwaltungstätigkeit sowie für einzelne Maßnahmen der Verwaltung gibt es von Natur aus in dieser Hinsicht keinen Unterschied zwischen beiden Ländern. Solange das koreanische Rechtssystem unter dem Einfluß des kontinentalen bzw. des deutschen Rechtssystems bleibt, muß man von der Tatsache ausgehen, daß eine auf Grund der Art der Rechtssätze sich ergebende Lockerung der Gesetzesbindung in Form der Einräumung von Ermessen in beiden Ländern gleichermaßen vorkommen kann und auch vorkommt, denn die Rechtssätze, die in abstrakt-genereller Form gefaßt sind und allgemeine Klauseln enthalten, bringen beinahe notwendigerweise die Ermessensfrage mit sich.

So mußte sich auch die koreanische Verwaltungsrechtswissenschaft mit Fragen der Auslegung der Gesetze und der Gesetzesanwendung der Verwaltung befassen. Sie mußte auf die Bindung der öffentlichen Gewalt und der Verwaltungsbehörden durch die Gesetze eingehen und beurteilen, ob die Verwaltung ihre Maßnahmen nach den Tatbestandvoraussetzungen des Gesetzes trifft oder eigene Entscheidungen fällen kann. Wenn die Behörde rechtswidrig oder willkürlich oder auch nur unzweckmäßig gehandelt hat, dann müssen die Verwaltungsjuristen die juristischen Konsequenzen ziehen. Dabei spielt die Ermessenslehre eine Rolle, nämlich zu klären, welche Maßnahmen an das Gesetz gebunden und welche Maßnahmen durch die Einräumung von Ermessen freigestellt waren. Natürlich taucht damit die Frage auf, wie man zwischen gebundenem Akt und Ermessensakt abgrenzen soll. Diese Frage spielt in Korea wie in Deutschland für die Verwaltungsklage und ihren möglichen Erfolg eine Rolle; denn der Klageerfolg setzt die Rechtsverletzung durch einen rechtswidrigen Akt voraus[52], was bei einem gegebenen Ermessensspielraum selten der Fall sein wird.

---

[52] Die Rechtswidrigkeit eines Verwaltungsakts ist die Voraussetzung für die Erhebung des Verwaltungsklage (§ 4 Nr. 1 KVwGO).

3.2 Die Tendenz der Lehre

Die Lehre zur Abgrenzung gebundener Akte spaltet sich in Korea in die Auffassung vom Tatbestandsermessen und in die Lehre vom Verhaltensermessen; es wird aber auch die Lehre von Beurteilungsspielraum vertreten[53]. Die Lehre von Verhaltensermessen ist die herrschende Lehre in Korea (wie in Deutschland). Der Begriff des Ermessens ist in Korea ebenso zu verstehen wie in Deutschland und in der deutschen Literatur, man kennt die Lehre vom Entschließungsermessen und auch vom Auswahlermessen, wie das auch in Deutschland üblich ist. Das Ermessen bezieht sich also darauf, ob die Verwaltung überhaupt tätig werden will und welche von verschiedenen zulässigen Maßnahmen sie ergreifen will.

In erster Linie beschäftigt sich die Literatur mit der individuellen Ermessensausübung, obwohl die Terminologie „generelle Ermessensausübung" eingeführt wurde, aber sich doch nicht Anerkennung verschaffen konnte[54]. Als Ermessensfehler nennt die koreanische Literatur insbesondere den Ermessensmißbrauch, wie es dem klassischen deutschen Recht entspricht. Neu ist die Lehre von der unzulässigen Nichtausübung des Ermessens (Ermessensunterschreitung). Ebenfalls nach deutschem Vorbild wurde die Ermessensreduzierung auf Null (auch Ermessensschrumpfung genannt) in die koreanische Literatur eingeführt. Auch die Rechtsprechung[55] hat den Fall einer Verwaltungsuntätigkeit in Form der Ermessensreduzierung seinerzeit anerkannt.

3.3 Das Planungsermessen

In der deutschen Literatur wird der Spielraum bei der planerischen Gestaltung als Planungsermessen[56] bezeichnet, und zwra im Zusammenhang mit Städtebaurecht und Verwaltungsverfahren[57]. Die Lehre vom Planungsermes-

---

[53] Vgl. *Sang G. Lee*, Verwaltungsrecht I, 1988; *Yun H. Park*, Verwaltungsrecht I, 1988.

[54] Die Unterscheidung von *Maurer* zwischen individueller und genereller Ermessenausübung wurde erstmals von *Jong H. Seok* in seinem Lehrbuch aufgenommen; s. Verwaltungsrecht I, 1986/1990, S. 288 ff.; *ders.*, Ermessen und gerichtliche Kontrolle, in: GSYG (Jan. 1981), S. 64 ff. Dazu eingehend *Maurer*, Allgemeines Verwaltungsrecht, 1983, S. 94 ff.

[55] KHG, 71 Da 124 Urteil v. 6.4.1971.

[56] Vgl. *Ernst / Hoppe*, Das öffentliche Bau- und Bodenrecht, Raumplanungsrecht, Rdnr. 299; *Hoppe*, DVBl. 1974, S. 641 ff.; *ders.*, DVBl. 1977, S. 136 ff.

[57] Vgl. *Ule / Laubinger*, Verwaltungsverfahrensrecht, 1986, S. 277 f.; *Badura*,

sen wurde von Jong H. Seok in die koreanische Literatur eingeführt, wobei er erstmals in seinem Lehrbuch des Öffentliches Baurechts im Jahr 1983[58] und anschließend in seinem Lehrbuch des Allgemeinen Verwaltungsrechts im Jahr 1986 diese Auffassung aufgegriffen hat[59]. Zuvor hatte Seok bereits durch zahlreiche Aufsätze[60] die Aufmerksamkeit darauf gelenkt, daß das Planungsermessen vom Verhaltensermessen der Verwaltung qualitativ verschieden sei und deswegen die beiden Begriffe unterschieden werden sollten. Nun ist der Begriff Planungsermessen in Korea allgemein anerkannt, wobei die deutschen Lehrmeinungen maßgeblich berücksichtigt werden. Im einzelnen soll die juristische Diskussion bezüglich des Planungsermessens in Korea hier nicht dargestellt werden.

3.4 Die Lehre vom Beurteilungsspielraum

Die Lehre vom Beurteilungsspielraum, wie sie in Deutschland bekannt ist, wird von der koreanischen Literatur allgemein anerkannt.[61] Aber die Rechtsprechung hat bisher zu diesem Punkt geschwiegen; immerhin ist bezüglich der Zulassungsverweigerung zur staatlichen Universität doch ein Beurtei-

---

Verwaltungsverfahren, in: *Erichsen / Martens*, Allgemeines Verwaltungsrecht, 1988, S. 447 f.

[58] *Jong H. Seok*, Öffentliches Baurecht, Seoul (GyeongJin Verlag) 1983. Dieses Lehrbuch ist überhaupt das erste Buch über dieses Gebiet, und es war so erfolgreich, daß schon die 7. (neubearbeitete und erweiterte) Auflage im Jahr 1988 erschien.

[59] Es ist nicht zu übersehen, daß andere Verfasser wenig Interesse hatten, diese Lehre vom Planungsermessen im jeweiligen Lehrbuch einzubauen.

[60] *Jong H. Seok*, Vergleichende Untersuchung zur Bedeutung der Planungshoheit der Gemeinde in der raumordnenden Planung, in: Faculty Research Papers, hrsg. von der Dankook Universität, Vol. XV (1981), S. 443 ff.; *ders.*, Demokratisierung der raumordnenden Planung, in: Theses Colletion in Law, hrsg. vom Department of Law / Dankook Universität, Vol. XII (1982), S. 205 ff.; *ders.*, Planungsermessen und Abwägungsgebot, in: GSK (Okt. 1980), S. 33 ff.; *ders.*, Verwaltungsermessen und Planungsermessen, in: GSYG (Juli 1981), S. 101 ff.; *ders.*, Die gerichtliche Kontrolle der Planungsnormen I, in: GSK (Nov. 1982), S. 48 ff.; II (Fortsetzung), in: GSK (Dez. 1982), S. 71 ff.

[61] *Do C. Kim*, Verwaltungsrecht I, 1989, S. 357 ff.; *Nam J. Kim*, Verwaltungsrecht, 1990, S. 218 f.; *ders.*, Grundprobleme des Verwaltungsrechts, 1989, S. 151 ff.; *Jong H. Seok*, Verwaltungsrecht I, 1990, S. 299 ff.; *ders.*, Ermessen und unbestimmter Begriff I, in: YGGS (Jan. 1983), S. 97 ff.; II (Fortsetzung), in: YGGS (Mai 1983), S. 146 ff.; *Won U. Suh*, Beurteilungsspielraum und Ermessensbegriff, in: GSK (Nov. 1982), S. 12 ff.

lungsspielraum wegen unvertretbarer Entscheidunslage der Sache nach anerkannt worden.[62] Es läßt sich daher ohne weiteres behaupten, daß die Lehre vom Beurteilungspielraum seit der Übernahme der deutschen Lehre sich in der wissenschaftlichen Dogmatik weiterentwickelt hat.

Durchgängig vertritt die koreanische Literatur die Auffassung von Bachof[63] vom nicht überprüfbaren Beurteilungsspielraum, und sie schließt sich der Vertretbarkeitslehre von Ule[64] an. Nach Bachof wird der Verwaltung eine Wertungsbefungnis zugestanden, d.h. ein Bereich eigener, gerichtlich nicht weiter überprüfbarer Wertung und Entscheidung. Die Verwaltungsgerichte haben die innerhalb dieses Bereichs liegenden Entscheidungen hinzunehmen, können aber prüfen, ob die Grenzen des Bereichs beachtet sind[65]. Nach der Vertretbarkeitslehre von Ule ist in Grenzfällen, wenn mehrere Lösungen vertretbar erscheinen, die von der Verwaltungsbehörde getroffene im Rahmen des Vertretbaren als rechtmäßig hinzunehmen.

Mit der Einführung der Lehre vom Beurteilungsspielraum tauchte in Korea die Frage auf, ob der Beurteilungsspielraum mit dem Ermessen gleichgesetzt werden könne. Der Beurteilungsspielraum betrifft die Tatbestandsfrage und nicht die Rechtsfolge. Deshalb werden in der koreanischen Literatur der Beurteilungsspielraum mit „Tatbestandsermessen" und das eigentliche Ermessen mit „Verhaltensermessen" erfaßt; aber Ermessen und Beurteilungsermessen werden doch ziemlich gleich dargestellt[66]. Die etwas komplizierte Terminologie des deutschen Rechts führte dazu, daß die Ermessenslehre, insbesondere die Abgrenzung zwischen gebundenem Akt und Ermessensakt, nie ganz richtig verstanden werden konnte. Die koreanische Lehre vom Ermessen versuchte, nach dem Vorbild der deutschen Lehre, die sich aus der Teminologie ergebenden Mißverständnisse möglichst zu vermeiden. Beurteilungsspielraum und Ermessen liegen eigentlich doch mehr beieinander, und man sollte deswegen beim Gebrauch solcher Vokabeln vorsichtig sein, wobei dies aber noch sehr umstritten bleibt[67].

---

[62] KHG, 81 Nu 398 Urteil v. 2.7. 1982.

[63] *Bachof*, Beurteilungsspielraum, Ermessen und unbestimmter Rechtsbegriff im Verwaltungsrecht, S. 97 ff.; *ders.*, JZ 1972, S. 208 ff.

[64] *Ule*, Zur Anwendung unbestimmter Rechtsbegriffe im Verwaltungsrecht, S. 309 f.; *ders.*, Verwaltungsprozeßrecht, 1987, § 2 I.

[65] Formulierung nach *Maurer*, Allgemeines Verwaltungsrecht, 1983, S. 101 f.

[66] *Sang G. Lee*, Verwaltungsrecht I, 1987, S. 272 ff.; *Yun H. Park*, Verwaltungsrecht I, 1987, S. 287 ff.

[67] *Won U. Suh* (Beurteilungsspielraum und Ermessensbegriff, in: GSK [Nov. 1982], S. 12 ff.) fordert z.B. die Gleichsetzung von Beurteilungsspielraum und Ermessen.

4. Das subjektive öffentliche Recht

Die Lehre vom subjektiv-öffentlichen Recht ist im Zusammenhang mit der Dogmatik des Allgemeinen Verwaltungsrechts bereits oben[68] dargestellt worden; sie braucht an dieser Stelle nicht wiederholt zu werden. In der koreanischen Literatur wurden in neuerer Zeit verschiedene spezielle Ansprüche[69] erörtert, z.B. der Anspruch auf fehlerfreie Ausübung des Ermessens, der Anspruch auf behördliches Einschreiten[70] oder auch der Anspruch auf Erlaß eines Verwaltungsakts. In den 80er Jahren gelang es, diese Ansprüche im Verwaltungsrecht zu verankern.[71]. Dabei hat die deutsche Theorie als Vorbild gewirkt und maßgebend die Begründung dieser Ansprüche beeinflußt, aber diese wurden unter der Berücksichtigung des koreanischen Rechtssystems dogmatisch verarbeitet. Anerkannt ist in Korea der Anspruch auf fehlerfreie Ermessensausübung im engeren Sinne[72], nämlich im Sinne des Anspruchs auf fehlerfreie Ausübung des Auswahlermessens. Da es sich um einen Anspruch im Sinne eines subjektiv-öffentlichen Rechts handelt, ist dieser dann als begründet anzusehen, wenn die allgemeinen Voraussetzungen des subjektiv-öffentlichen Rechts gegeben sind, nämlich eine Rechtspflicht der Verwaltung und ein entsprechendes Individualinteresse. Wird der Anspruch verletzt, so kann der Betroffene den Anspruch durch Verpflichtungsvorverfahren oder eine Untätigkeitsfeststellungsklage durchsetzen. Damit ist noch nicht gesagt, daß solche Ansprüche bereits gesetzlich geregelt und daß sie von der Rechtsprechung anerkannt worden wären. Es handelt sich viel-

---

[68] Siehe oben im Text § 5 II 4.

[69] *Won U. Suh*, Anspruch auf fehlerfreie Ausübung des Ermessens, in: GSYG (Dez. 1976); *Do C. Kim*, Anspruch auf fehlerfreie Ausübung des Ermessens I, in GSYG (Nov. 1982), S. 23 ff.; II (Fortsetzung), in: GSYG (Dez, 1982), S. 89 ff., *Nam J. Kim*, Anspruch auf fehlerfreie Ausübung des Ermessens, in: GSK (Aug. 1982), S. 23 ff.; *ders.*, in: Festschrift für Prof. Do C. Kim zum 60. Geburtstag, 1982, S. 314 ff.

[70] Zitierte Literatur: *Wilke*, Der Anspruch auf behördliches Einschreiten im Polizei-, Ordnungs- und Baurecht, in: FS für H.U. Scupin, 1983, S. 831 ff.; *Steiner* (Hrsg.), Besonderes Verwaltungsrecht, 1988, S. 192 f., *Friauf*, Polizei- und Ordnungsrecht, in: *von Münch* (Hrsg.), Besonderes Verwaltungsrecht, 1988, S. 227 ff.; *Drews / Wacke / Vogel / Martens*, Gefahrenabwehr, 1986, S. 401.

[71] *Do C. Kim*, Verwaltungsrecht I, 1989, S. 229 ff. Er ist aber sehr skeptisch darüber, die Ansprüche in die koreanische Dogmatik einzupflanzen. *Nam J. Kim*, Verwaltungsrecht I, S. 127 ff.; *Sang K. Lee*, Verwaltungsrecht I, 1987, S. 179 ff.; *Yun H. Park*, Verwaltungsrecht I, 1987, S. 196 ff.; *Jong H. Seok*, Verwaltungsrecht I, 1990, S. 184 ff.

[72] Vgl. vor allem *Nam J. Kim*, Verwaltungsrecht I, 1990, S. 127 ff.; *Jong H. Seok*, Verwaltungsrecht I, 1990, S. 184 ff.

mehr zunächst um einen dogmatischen Versuch, mit dem man die deutsche Lehre[73] in das koreanische Rechtssystem einzufügen versucht.

5. Das sogenannte besondere Gewaltverhältnis

Das sogenannte besondere Gewaltverhältnis ist in Korea als eigenständiges Rechtsinstitut rezipiert worden. Diese Rezeption rührt schon von der Übernahme des japanischen Rechts nach 1945 her. Die koreanische Lehre vom besonderen Gewaltverhältnis wurde aber von der weiteren Entwicklung dieser Lehre in Deutschland stark beeinflußt. Seit der Entscheidung des Bundesverfassungsgerichts von 1972 (E 33, 1 – Strafvollzug) wurde auch im koreanischen Recht das besondere Gewaltverhältnis nicht mehr als allgemeines Verwaltungsrechtsinstitut anerkannt. Das bedeutet, daß das Schulverhältnis, das Anstaltsbenutzungsverhältnis usw. nun als allgemeines Rechtsverhältnis betrachtet wird. Dieses Rechtsverhältnis unterliegt allen Anforderungen des Rechtsstaatsprinzips; es ist nicht mehr als rechtsfreier Raum zu betrachten, in diesem Sinne spricht man vom „besonderen Verwaltungsrechtsverhältnis". Dieses Verwaltungsrechtsverhältnis ist jedoch ein allgemeines Verwaltungsrechtsverhältnis mit den entsprechenden Rechten und Pflichten, ein „normales" Rechtsverhältnis zwischen Staat und Bürger. Deshalb brauchte man eigentlich die spezielle Terminologie „besonderes Verwaltungsgewaltverhältnis" nicht mehr aufrecht zu erhalten. Daher vertritt Seok[74] in Anlehnung an Ronellenfitsch[75] die Meinung, daß das besondere Gewaltverhältnis in der überlieferten Form als verfassungsrechtliche Kategorie überholt sei. In diesem Sinne vertritt Seok die folgenden Thesen in Anlehnung an Ronellenfitsch[76]:

1. Der Gesetzesvorbehalt gilt im besonderen Verwaltungsrechtsverhältnis. Auch bei wesentlichen Regelungen sind jedoch Generalklauseln zulässig.

---

[73] Zitierte Literatur: *Bühler*, Die subjektiven öffentlichen Rechte und ihr Schutz in der deutschen Verwaltungsrechtsprechung, 1914, S. 158 f.; *Bachof*, Die verwaltungsrechtliche Klage auf Vornahme einer Amtshandlung, 1951, S. 69 f.; *Pietzcker*, JuS 1982, S. 228; *E.R. Huber*, Wirtschaftsverwaltungsrecht, Bd. II, 1954, S. 568; *Maurer*, Allgemeines Verwaltungsrecht, 1983, S. 123 f.

[74] *Jong H. Seok*, Das besondere Gewaltverhältnis als verwaltungsrechtliche Kategorie, in: GSYG (Nov. 1982), S. 49 ff.; *ders.*, Verwaltungsrecht I, 1990, S. 228 ff.

[75] *Ronellenfitsch*, Das besondere Gewaltverhältnis – ein zu früh totgesagtes Rechtsinstitut, DÖV 1981, S. 938 ff.

[76] *Ronellenfitsch*, DÖV 1981, S. 941 f.; s.a. *ders.*, Entwicklungstendenzen in der Rechtsprechung zum besonderen Gewaltverhältnis, VerwArch 1982, S. 245 ff.

2. Bei der Auslegung der Generalklauseln wird der allgemeine Gemeinschaftsvorbehalt der Grundrechte durch das Kriterium der Funktionsfähigkeit des jeweiligen Verwaltungsrechtsverhältnisses konkretisiert.
3. Allgemeine Verwaltungsvorschriften und individuelle Anweisungen in besonderen Verwaltungsrechtsverhältnissen sind objektiv nicht dazu bestimmt, rechtliche Außenwirkung zu entfalten.
4. Für Anordnungen innerhalb besonderer Verwaltungsrechtsverhältnisse steht der Rechtsweg vor den Verwaltungsgerichten offen, sofern eine Rechtsbeeinträchtigung des Betroffenen möglich ist. Im Interesse der Funktionsfähigkeit der besonderen Verwaltungsrechtsverhältnisse ist die Reduzierung der gerichtlichen Kontrolldichte (administrative Beurteilungsspielräume) angezeigt.

Im übrigen wurde die Rezeption der deutschen Lehre in diesem Bereich oben in anderem Zusammenhang bereits dargestellt[77].

IV. Die Lehre vom Verwaltungsakt

1. Vorbemerkung

Die Rezeption der deutschen Lehre vom Verwaltungsakt ist bereits oben dargestellt worden[78]. Da aber der Verwaltungsakt in Korea wie in Deutschland eine besonders wichtige Rechtsfigur darstellt, erscheint es doch notwendig, den geschichtlichen Hintergrund für die Rezeption des deutschen Verwaltungsrechts in diesem Punkte aufzuhellen.

2. Grundlagen für die Übernahme der deutschen Verwaltungsrechtsdogmatik in Korea

Die Rechtsfigur „Verwaltungsakt" spielte beim Aufbau der koreanischen Verwaltungsrechtswissenschaft eine ausschlaggebende Rolle. Wie bereits erwähnt, wurde diese Rechtsfigur durch Übernahme aus dem deutschen im koreanischen Verwaltungsrecht verankert. Deswegen ist es verständlich, daß die Koreaner auf der Grundlage der deutschen Verwaltungsrechtsdogmatik ihr System aufgebaut und in das koreanische System eingefügt haben. Es ist aber nicht zu übersehen, daß die in Korea rezipierte deutsche Verwaltungsrechtstheorie bezüglich des Verwaltungsakts eigentlich von der konstitutionel-

---

[77] Siehe oben im Text § 5 III 4.

[78] Siehe oben im Text § 5 IV.

len Staats- und Verwaltungslehre her ausgebildet worden ist. Nach dem Zweiten Weltkrieg unter dem Bonner Grundgesetz konnte man die herkömmlichen Theorien auch in Deutschland nicht mehr durchhalten. Man begann die herkömmliche Verwaltungsrechtsdogmatik kritisch zu überprüfen und an die Verfassungsgrundsätze anzupassen. Diese Entwicklung hat sich in verschiedenen Bereichen des Verwaltungsrechts fortgesetzt.

Die koreanischen Verwaltungsjuristen verfolgen diese theoretische Fortentwicklung in Deutschland mit besonderer Aufmerksamkeit. Denn auch in Korea war die aus Deutschland rezipierte Verwaltungstheorie mit den Verfassungsgrundsätzen und den Verfassungsprinzipien der ersten koreanischen Verfassung vom 1948 nicht vereinbar. Diese Tatsache zwang die koreanische Verwaltungsrechtswissenschaft, sich an die neue Verfassungssituation anzupassen. Allerdings konnte wegen des Koreakriegs und auch danach infolge der sozialen Wandlungen die Wissenschaft in diesem Punkt nur langsam voran kommen. Man benötigte für die Umorientierung und Fortentwicklung der koreanischen Verwaltungsrechtsdogmatik eine Übergangszeit; die Entwicklung ist immer noch im Fluß und nicht zu einem Abschluß gelangt.

Für die kommende Entwicklung benötigt die koreanische Verwaltungsrechtswissenschaft weiterhin den Rückgriff auf die deutsche verwaltungsdogmatische Erfahrung. Dies ist der Grund dafür, daß viele Koreaner das deutsche Verwaltungsrecht gern zu Rate ziehen und seine geschichtlichen Hintergründe studieren. Daher kann man davon ausgehen, daß die Rezeption des deutschen Verwaltungsrechts in Korea zwar 1945 in Gang gesetzt wurde, aber immer noch weiter fortdauert. Man kann auch sagen, daß, je mehr rezipiert wird, desto mehr die deutsche und die koreanische Dogmatik sich gleichen. Ein Beispiel dafür ist nicht nur die Lehre vom Verwaltungsakt, sondern auch, daß man die Rücknahme in Korea ebenso versteht wie in der deutschen Literatur.

3. Die deutsche Theorie in den koreanischen Aufsätzen

Es ist darauf hinzuweisen, daß man in Korea beim Abfassen wissenschaftlicher Aufsätze die deutsche Literatur gern zitiert und sich darauf bezieht. Die deutschen Lehrmeinungen werden dann zum Vergleich herangezogen, aber auch um die eigene Auffassung zu rechtfertigen oder eine kritische Anmerkung zur bisherigen koreanischen Lehre anzubringen und zu begründen. Außerdem werden deutsche Rechtsinstitute aus dem Bereich der Lehre vom Verwaltungsakt in die koreanische Dogmatik umgesetzt, wie es zum Beispiel bei der Lehre von der Rücknahme und dem Widerruf der Verwaltungsakte geschehen ist[79]. So ist die Lehre vom Widerruf von Verwaltungsakten[80] nach den Bestimmungen des Verwaltungsverfahrensgesetzes in der Bundesrepublik Deutschland in Korea bereits ausführlich dargestellt worden. Ebenso ist auf der Grundlage der deutschen Literatur die Frage des Ermessens und des unbestimmten Rechtsbegriffs einschließlich der Lehre vom Beurteilungsspielraum Gegenstand eingehender Untersuchungen gewesen[81]. Diese Lehre ist im Laufe der 80er Jahre in die koreanischen Lehrbücher aufgenommen worden; bis dahin war es nur üblich gewesen, zwischen begünstigenden und belastenden Verwaltungsakten je nach ihrer Rechtswirkung zu unterscheiden.

Kürzlich hat Nam J. Kim[82] eine spezielle Rechtsfigur aus der deutschen Literatur, nämlich den dinglichen Verwaltungsakt, in das koreanische Schrifttum eingeführt. Es gibt nämlich in Korea auch die damit verbundenen rechtlichen Probleme, zum Beispiel das Parkverbot, amtliche Verkehrszeichen oder die Fahrerlaubnis bezüglich eines Kraftfahrzeugs. Um die Rechtsnatur solcher Akte begrifflich zu klären, erscheint es notwendig, auf die deutsche Theorie zurückzugreifen. Aus diesem Grunde wurde die Lehre vom dinglichen Verwaltungsakt in die koreanische Verwaltungsrechtsdogmatik eingebracht. Aber es fehlt noch die Koreanisierung dieser Rechtsfigur. Die koreanischen Verwaltungsjuristen haben zu überdenken, wie diese fremde Rechtsfigur in das eigene Rechtssystem richtig einzuführen ist.

Kim hat auch die deutsche Theorie mit der Lehre vom Verwaltungsakt und von der Wirksamkeit oder Verbindlichkkeit des Verwaltungsakts in Korea eingeführt. Ferner hat er sich mit der Tatbestandswirkung des Verwaltungsakts sowie mit der präjudiziellen Wirkung bestandskräftiger Verwaltungsakte auf der Grundlage der deutschen Literatur beschäftigt. Die von

---

[79] *Jong H. Seok*, in: YGGS (Febr. 1985), S. 59 ff.

[80] *Jong H. Seok*, in: YGGS (Nov. 1985), S. 152 ff.

[81] *Jong H. Seok*, Ermessen und unbestimmter Rechtsbegriff I, in: YGGS (Jan. 1983); II (Fortsetzung), in: YGGS (Mai 1983), S. 146 ff.

[82] *Nam J. Kim*, Dinglicher Verwaltungsakt, in: YGGS (Apr. 1985), S. 190 ff., *ders.*, Grundprobleme des Verwaltungsrechts, 1989, S. 167 ff. Zitierte deutsche Literatur: *Brohm*, Die Dogmatik des Verwaltungsrechts vor den Gegenwartsaufgaben der Verwaltung, in: VVDStRL 30 (1972), S. 247 ff.; *Zimmer*, Handlungsformen und Handlungsbefugnisse der öffentlichen Verwaltung, JURA 1980, S. 243 ff.; *Niehues*, Dingliche Verwaltungsakte, DÖV 1965, S. 391 ff.; *Grund*, Abschied von dinglichen Verwaltungsakt?, DVBl. 1974, S. 499 f.; *von Mutius*, Kein Abschied vom dinglichen Verwaltungsakt, DVBl. 1974, S. 90 f.; *Volkmar*, Allgemeiner Rechtssatz und Einzelakt, 1962; *von Mutius*, Rechtsnorm und Verwaltungsakt, in: Festschrift für H.J. Wolff, S. 167 f.

Kim eingeführte deutsche Theorie befaßt sich auch mit der Bestandskraft des Verwaltungsakts, die eine dominierende Rolle bezüglich der prozessualen rechtlichen Vorfragen gespielt hat und spielt. Kim[83] hat insoweit die Tatbestandswirkung im Sinne der deutschen Literatur aufgegriffen und darauf aufbauend die Selbstbezeugungskraft eines Chobun entwickelt; seine Auffassung ist im Lehrbuch von Seok[84] aufgenommen worden, während die anderen Lehrbücher von Do C. Kim, Sang K. Lee und Yun H. Park dem noch nicht gefolgt sind.

Seit dem Inkrafttreten des Bundes-Verwaltungsverfahrensgesetzes im Jahr 1977 in Deutschland sind die Bestimmungen dieses Gesetzes bezüglich des Verwaltungsakts in der koreanischen Literatur oft als vorbildlich hingestellt und zum Vergleich herangezogen worden; besonders seine Legaldefinition in § 35 VwVfG, die Bestimmungen über die Rücknahme in § 48 VwVfG und die Widerrufsgründe des § 49 Abs. 2 VwVfG sowie auch die Wiederaufgreifensgründe im § 51 Abs. 1 VwVfG werden in den koreanischen Lehrbüchern[85] im besonderen Maße zum Vergleich herangezogen. Im übrigen ist der Text des Verwaltungsverfahrensgesetzes im Jahr 1978 ins koreanische übersetzt und veröffentlicht worden.

In der koreanischen Literatur ist es üblich, daß man verwaltungsrechtliche Fachausdrücke zusätzlich durch Hinzusetzen des entsprechenden deutschen Rechtsbegriffs erläutert. Beispiele sind: Haengjonghaengui (Verwaltungsakt), Haengjongjagyong (Verwaltungshandelung), Haenjongchobun (Verwaltungsverfügung) usw.

Die Namen etwa von G. Jellinek, Thoma, Fleiner, Laband, W. Jellinek, Peters, O. Mayer, Forsthoff, Wolff und Bachof werden im Text für die Darstellung bezüglich der Verwaltungsakte immer noch genannt. Dies bedeutet aber nicht, daß die deutschen Lehrmeinungen der genannten Wissenschaftler immer unkritisch vertreten werden. Die koreanische Literatur hat zum großen Teil die im 19. Jahrhundert entwickelten deutschen Lehrmeinungen durch die unter dem Grundgesetz entwickelten neuen Lehren und Rechtsfiguren ersetzt

---

[83] *Nam J. Kim*, Verwaltungsrecht I, 1990, S. 244 ff.; *ders.*, Die Selbstbezeugungskraft eines Chobun und die Tatbestandswirkung des Verwaltungsakts, in YGGS (Apr. 1989), S. 160 ff.

[84] *Jong H. Seok*, Verwaltungsrecht I, 1990, S. 353 f.; vgl. dazu *Jang S. Maeng*, Die Verbindlichkeit des Verwaltungsakts, in: GSK (Juli 1989), S. 126 ff.; *Bo S. Shin*, Die Rechtswidrigkeit des Verwaltungsakts und die Vorfrage, in: GSYG (Okt. 1989), S. 67 ff.

[85] *Do C. Kim*, Verwaltungsrecht I, 1989, S. 329 Fn. 8; *Nam J. Kim*, Verwaltungsrecht I, 1990, S. 249 f.; *Jong H. Seok*, Verwaltungsrecht I, 1990, S. 225 f., 363 f.

und dabei kritisch durchdacht. Dieses Verfahren der rechtlichen Erneuerung ist bislang noch nicht abgeschlossen.

V. Die übrigen Handlungsformen der Verwaltung

1. Vorbemerkung

Man ist sich in der koreanischen Literatur über die Behandlung der übrigen Handlungsformen der Verwaltung nicht einig. Erstmals im Lehrbuch Jong H. Seok (1986) ist versucht worden unter, Heranziehung der Gliederung des Lehrbuchs von Maurer eine gegliederte Übersicht über die Handlungsformen der Verwaltung zu geben. Nunmehr hat Nam J. Kim diese Gliederung in sein Lehrbuch (1986) übernommen; sicherlich hat Kim dabei auch unmittelbar die Gliederung von Maurer zum Vorbild gewählt.

Unter dem Titel „übrige Handelungsformen" befaßt sich Seok mit Rechtsverordnung und Verwaltungsvorschrift, öffentlich-rechtlichem Vertrag und öffentlich-rechtlichem Gesamtakt oder öffentlich-rechtlicher Vereinbarung, mit Verwaltungslenkung (Haengjongjido), Verwaltungs-Realakt, Verwaltungsplan, Verwaltungsprivatrecht und nichtformaler Verwaltungshandlung; Kim befaßt sich mit Zusicherung, Verwaltungsplan, öffentlich-rechtlichem Vertrag, Verwaltungs-Realakt, Verwaltungslenkung (Haengjongjido), Automation der Verwaltung, privatrechtlicher Tätigkeit der Verwaltung und Verwaltungsverfahren. Auch in diesem Bereich wird die deutsche Literatur zitiert und zum Vorbild genommen. Es gibt aber Ausnahmen; die Rechtsfigur der Verwaltungslenkung (Haengongjido) wurde unter dem Einfluß des japanischen Verwaltungsrechts dogmatisiert. Da die Rechtsverordnung eine Kategorie des Verfassungsrechts darstellt, blieb sie vom fremden Recht im wesentlichen unbeeinflußt. Auch auf die Fachausdrücke, wie sie in Deutschland üblich sind, nämlich Rechtsverordnung, Gesetz, gesetzesvertretende Verordnung, Unterermächtigung, delegata potesta non potest delegari usw., wird regelmäßig hingewiesen.

Im folgenden soll nun die Rezeption des deutschen Verwaltungsrechts in den Punkten Verwaltungsvertrag, Verwaltungs-Realakt, Plan und Planung – als Beispiele für Handlungsformen – dargestellt werden.

2. Der öffentlich-rechtliche Vertrag

Der öffentliche-rechtliche Vertrag ist eine wissenschaftliche Kategorie, über die man sich auch terminologisch weitgehend einig ist. Der größte Teil der Literatur nennt ihn öffentlich-rechtlichen Vertrag[86], ein Teil spricht vom Verwaltungsvertrag[87]. Der öffentlich-rechtliche Vertrag ist ein Rechtsakt des öffentlichen Rechts, der auf der Einigung zweier Rechtssubjekte in Form von Willenserklärungen zur Herbeiführung eines öffentlich-rechtlichen Erfolgs beruht. Man behandelt die Bedeutung und den Begriff des öffentlich-rechtlichen Vertrags, die Abgrenzung zum privat-rechtlichen Vertrag und zum Verwaltungsakt sowie zum öffentlich-rechtlichen Realakt, ferner die Typen des öffentlich-rechtlichen Vertrages oder Verwaltungsvertrages, die Zulässigkeitsvoraussetzungen seiner Arten, sowie die Besonderheiten des öffentlich-rechtlichen Vertrags bezüglich seiner Typen. Dem öffentlich-rechtlichen Verwaltungsvertrag dient die französische Lehre oder der government contract in England und den USA als Vorbild oder Vergleichsobjekt. Das Lehrbuch von Seok[88] behandelt eingehend den Verwaltungsvertrag in Deutschland, nämlich Begriff, Arten (Vergleichsvertrag und Austauschvertrag), Abschluß, Nichtigkeit, Anpassung und Kündigung.

3. Der Realakt

In der koreanischen Literatur[89] wird der Realakt als Verwaltungsrealakt oder verwaltungsrechtlicher Realakt bezeichnet. Der Begriff ist jedoch der gleiche wie in Deutschland. Als Verwaltungsakte gelten alle diejenigen Verwaltungsmaßnahmen, die auf einen tatsächlichen Erfolg gerichtet sind. Von Bedeutung ist dabei die Unterscheidung zwischen Wissenserklärung und tatsächlichen Verrichtungen[90]. Diese Differenzierung innerhalb des Verwal-

---

[86] Vgl. *Jong H. Seok,* Verwaltungsrecht I, 1990, S. 460 f.; *Nam J. Kim,* Verwaltungsrecht I, 1990, S. 306; *ders.,* Öffentlich-rechtlicher Vertrag, in GSK (Febr. 1984); *Jong H. Seok,* Öffentlich-rechtlicher Vertrag, in: GSYG (Jan. 1990), S. 24 ff.; *Sang K. Lee,* Öffentlich-rechtlicher Vertrag, in: Bopchong (Aug. 1964); *Se C. Yun,* Öffentlich-rechtlicher Vertrag, in: Bopchong (Juni 1965); *Yun H. Park,* Öffentlich-rechtlicher Vertrag, in: GSK (März 1967); *Tschol Y. Kim,* Öffentlich-rechtlicher Vertrag, in: Bopchong (April 1970).

[87] Vgl. *Do C. Kim,* Verwaltungsrecht I, 1989, S. 468 f.; *Won U. Suh,* Verwaltungsvertrag, in: GSG (Aug. 1983), S. 159 f.; *Byung T. Chun,* Verwaltungsvertrag, in GSK (Nov. 1985), S. 77 f.

[88] Vgl. *Jong H. Seok,* Verwaltungsrecht I, 1990, S. 463 ff.

[89] *Nam J. Kim,* Verwaltungsrealakt, in: YGGS (Febr. 1985), S. 29 ff.; *Kyu H. Park,* Verwaltungsrealakt, in: GSK (Okt. 1988), S. 82 ff.; *Jang S. Maeng,* Verwaltungsrealakt, in: YGGS (April 1989), S. 94 ff.

[90] Vgl. *Nam J. Kim,* Verwaltungsrecht I, 1990, S. 317 f.

tungsrealakts wurde von Püttner[91] herangezogen, nämlich insbesondere die Gliederung in Kommunikationshandlungen (Mitteilungen, Auskünfte, Glückwünsche, Ehrungen, Gutachten) und andere Realakte[92].

VI. Verwaltungsverfahren und Verwaltungsvollstreckung

1. Das Verwaltungsverfahren

1.1 Vorbemerkung

Die koreanischen Verwaltungsjuristen haben großes Interesse gezeigt am Erlaß eines allgemeinen Verwaltungsverfahrensgesetzes in Korea; insoweit hat die Gesetzgebungstätigkeit beim Verwaltungsverfahrensgesetz in Deutschland anregend gewirkt. So behandelte die Jahrestagung der Korean Public Law Association[93] im Jahr 1975 dieses Thema, nämlich „Entwurf eines Verwaltungsverfahrensgesetzes in Deutschland", worüber Yun S. Bae berichtet[94]. Auch im Jahr 1982 wurde über das Thema „Verwaltungsverfahrensgesetz in Deutschland" von Nam J. Kim auf der Jahrestagung der Korean Public Law Association berichtet.[95] Anschließend hat Kim[96] über das Thema „Aufgabe und gegenwärtige Lage des Verwaltungsverfahrens in Korea" referiert. Im Jahr 1984 konnte W. Blümel über das Thema „Neue Entwicklungstendenzen im Verwaltungsverfahrensrecht in der Bundesrepublik Deutschland" vor der Korean Public Law Association vortragen[97].

---

[91] Vgl. *Püttner*, Allgemeines Verwaltungsrecht, ^{6}1983, S. 89 f.

[92] Vgl. *Jong H. Seok*, Verwaltungsrecht I, 1990, S. 485 f.

[93] Diese Vereinigung ist mit der Vereinigung der Deutschen Staatsrechtslehrer vergleichbar.

[94] *Jun S. Bae*, Entwurf eines Verwaltungsverfahrensgesetzes, in: Public Law 1976, S. 29 ff.

[95] *Nam J. Kim*, Verwaltungsverfahrensgesetz in der Bundesrepublik Deutschland, in: Public Law, 1983, S. 117 ff.

[96] *Ie Y. Kim*, Aufgabe und gegenwärtige Lage des Verfahrens in Korea, in: Public Law, 1983, S. 139 ff.

[97] *Blümel*, Neue Entwicklungstendenzen im Verwaltungsverfahrensrecht in der Bundesrepublik Deutschland, in: Public Law 1984, S. 157 ff. Koreanische Fassung von *Jong H. Seok*, in: GSYG (Mai 1984). – Blümel wurde von *Se Chang Yun* (Vorsitzender der Korean Public Law Association) zu einem Vortrag eingeladen. Anschließend hat Blümel das gleiche Thema in einer Sondervorlesung an der Dankook Universität zu Seoul und an der Chungbuk Universität zu Chongju sowie an der

Zahlreiche Aufsätze[98] haben sich mit der Entwicklung der Gesetzgebung des Bundes-Verwaltungsverfahrensgesetzes in Deutschland und der jetzigen und einzigen Regelung des deutschen Verwaltungsverfahrensrechts beschäftigt. Außerdem befaßten sich zahlreiche Aufsätze mit den Verwaltungsverfahrensgesetzen in England und den USA. In Korea selbst wurde der Regierungsentwurf für ein Verwaltungsverfahrensgesetz am 7. Juli 1977 öffentlich vorgestellt, scheiterte aber schließlich wegen der Änderung der politischen Situation. Da dieser Regierungsentwurf auf der Grundlage des deutschen Verwaltungsverfahrensgesetzes erarbeitet worden ist, wird er hier eingehend dargestellt, um einen Überblick zu gewinnen, welche Regelungen aus dem deutschen Recht übernommen werden sollten. Wäre der Regierungsentwurf geltendes Recht geworden, hätte dies dazu geführt, daß zum ersten Mal deutsches Verwaltungsrecht unmittelbar in Korea rezipiert worden wäre.

1.2 Der Regierungsentwurf eines Verwaltungsverfahrensgesetzes

1.2.1 Die Entstehungsgeschichte des Gesetzentwurfs

Während die koreanischen Verwaltungsrechtler bereits in den 60er Jahren großes Interesse an der Kodifizierung des allgemeinen Verwaltungsverfahrensrechts zeigten, wurde die Regierung erst im Jahr 1975 tätig, indem sie

Gyungnam Universität zu Masan vorgetragen. Sein Vortrag wurde von Jong Hyun Seok übersetzt.

[98] Vgl. *Ie Y. Kim,* Nichtigkeit und Rücknahme des Verwaltungsakts unter besonderer Berücksichtigung des Entwurfs des Verwaltungsverfahrensgesetzes in Deutschland, in: Sae Bopchong (Jan. 1974); *Nam J. Kim,* Kodifizierung des Verwaltungsverfahrens unter besonderer Berücksichtigung des Verwaltungsverfahrensgesetzes in Deutschland, in: Bopchong (März 1978), S. 21 ff.; (Fortsetzung), in: Bopchong (April 1978), S. 20 ff.; *ders.,* Grundgedanke und Merkmale des Verwaltungsverfahrens unter besonderer Berücksichtigung des Verwaltungsverfahrensgesetzes in Deutschland, in: YGGS (Sep. 1982), S. 73 ff.; *Won U. Suh,* Bestimmungen über den Verwaltungsakt im Verwaltungsverfahrensgesetz in Deutschland, Bopchong (Nov. 1977); *Ie Y. Kim,* Sonderverfahren im Verwaltungsverfahrensgesetz in Deutschland, in: GSK (März 1983), S. 79 ff.; *Jong H. Seok,* Das Planfeststellungsverfahren nach §§ 73-78 des VwVfG in Deutschland, in: FS für Do Chang Kim zum 60. Geburtstag, 1982, S. 412 ff.; *ders.,* Rücknahme des Verwaltungsakts nach den Bestimmungen des Verwaltungsverfahrensgesetzes in Deutschland, in: YGGS (Febr. 1985), S. 59 ff.; *ders.,* Widerruf des Verwaltungsakts nach den Bestimmungen des Verwaltungsverfahrensgesetzes in Deutschland, in: YGGS (Nov. 1985), S. 152 ff.; *Kyu H. Park,* Das Planfeststellungsverfahren nach dem Verwaltungsverfahrensgesetz in Deutschland, in: GSYG (Okt. 1988), S. 105 ff.

beim Amt des Ministerpräsidenten einen Ausschuß für Verwaltungsreform einrichtete. Dieser Ausschuß beauftragte die Korean Public Law Association mit der Ausarbeitung eines Berichts darüber, wie das Verwaltungsverfahren verbessert werden könne. Dieser Untersuchungsbericht, der im Dezember 1975 dem Ausschuß für Verwaltungsreform vorgelegt wurde, wurde erarbeitet von Do C. Kim, Won U. Suh, Nam J. Kim und Yun H. Park. Der Untersuchungsbericht erachtete die Kodifizierung des allgemeinen Verwaltungsrechts für notwendig, um den Rechtsschutz des Bürgers gegenüber Maßnahmen der öffentlichen Gewalt zu verbessern, eine einheitliche Verwaltungspraxis zu gewährleisten und das Verfahren zum Erlaß von Verwaltungsakten, zur Feststellung von Verwaltungsplänen und zur Ausarbeitung von Verordnungen festzulegen. Die vierköpfige Arbeitsgruppe erarbeitete einen aus 145 Paragraphen bestehenden Entwurf für ein Verwaltungsverfahrensgesetz, der in fünf Teilen allgemeine Vorschriften enthielt sowie das Planaufstellungsverfahren, das Verordnungsverfahren, das Anhörungs- und Widerspruchsverfahren sowie das Verfahren zum Abschluß von Verwaltungsverträgen regelte. Die vier Mitglieder der Arbeitsgruppe vertraten die Ansicht, für den Erlaß eines allgemeinen Verwaltungsverfahrensgesetzes sei es noch zu früh; statt dessen sollten weitgehend übereinstimmende verfahrensrechtliche Vorschriften in die einzelnen Fachgesetze aufgenommen werden[99].

Im Jahr 1980 legten mehrere Verwaltungsrechtler (Do C. Kim, Yun H. Park, Won U. Suh, Tschol Y. Kim, Ie Y. Kim, Sueng Y. Le) eine „Untersuchung zum Verwaltungsverfahrensrecht“[100] vor. Sie enthielt keinen Entwurf eines Verwaltungsverfahrensgesetzes, sondern stellte das Verwaltungsverfahrensrecht mehrerer Länder vor. Im sechsten Abschnitt befaßte sich Tschol Y. Kim[101] mit dem deutschen Verwaltungsverfahrensgesetz, das er ins Koreanische übersetzte. Im Jahr 1986 wurde erneut ein Ausschuß für die Ausarbeitung eines Verwaltungsverfahrensgesetzes eingesetzt, diesmal beim Ministerium für Goverment Administration. Nach 5 General- und 15 Arbeitssitzungen sowie einer öffentlichen Anhörung legte dieser Ausschuß den Entwurf eines Verwaltungsverfahrensgesetzes vor[102]. Er wurde am 7.7.1987 für die Dauer von 20 Tagen öffentlich ausgelegt[103]. Dieser Gesetzentwurf be-

---

[99] Vgl. *Do C. Kim*, Verwaltungsrecht I, S. 493 Fn. 13.

[100] Haengjongcheolchabop Yeongu, hrsg. vom Institute for Korean Administrative Sciences, Seoul 1980 (koreanisch).

[101] *Tschol Y. Kim*, Das Verwaltungsverfahrensgesetz des Bundes der Bundesrepublik Deutschland, in: Untersuchungsbericht (o. Fn. 100).

[102] Ministry für Government Administration (Hrsg.), Sitzungsdokumente für die Kodifizierung eines Verwaltungsverfahrensgesetzes, 1987.

[103] In Korea muß jeder Entwurf eines Gesetzes, einer Präsidialverordnung oder

steht aus 7 Teilen mit zusammen 71 Paragraphen. Bisher ist das Gesetzgebungsverfahren noch nicht zum Abschluß gekommen.

1.2.2 Die Bestimmungen des Regierungsentwurfs

Der Regierungsentwurf des Verwaltungsverfahrensgesetzes enthält sieben Teile, nämlich: Allgemeine Vorschriften, Verfahren des Verwaltungschobun, Feststellungsverfahren des Verwaltungsplans, Vorankündigungsverfahren der Verwaltungsgesetzgebung, Verfahren der Verwaltungsvorankündigung, Verfahren der Verwaltungslenkung sowie ergänzende Vorschriften, und besteht aus 71 Paragraphen. Um einen Überblick zu geben, werden nachstehend die einzelnen Überschriften angegeben.

Teil I: Allgemeine Vorschriften

Abschnitt 1: Ziel, Definition und Anwendungsbereich

§ 1 (Ziel)
§ 2 (Definition)
1. Verwaltungsbehörde
2. Haengjongchobun (Verwaltungsakt)
3. Betroffene
§ 3 (Anwendungsbereich)
§ 4 (Vertrauensschutz)

Abschnitt 2: Örtliche Zuständigkeit der Verwaltungsbehörde und Einvernehmen

§ 5 (Örtliche Zuständigkeit)
§ 6 (Einvernehmens- und Koordinierungspflicht)
§ 7 (Amtshilfe)

Abschnitt 3: Parteien und Betroffene

§ 8 (Handlungsfähigkeit)
§ 9 (Übernahme der rechtlichen Stellung = Rechtsnachfolge)
§ 10 (Vertreter)
§ 11 (Bevollmächtigte)
§ 12 (Vollmacht der Vertreter und Bevollmächtigten)
§ 13 (Beistände)

Abschnitt 4: Zustellung

§ 14 (Methode der Zustellung)
§ 15 (Wirkungseintritt der Zustellung)

---

einer Verordnung des Ministerpräsidenten oder eines Ministers grundsätzlich 20 Tage lang öffentlich ausgelegt werden. Jeder Betroffene kann schriftlich seine Meinung zum Entwurf äußern (§§ 3-6 der Präsidialverordnung Nr. 11133 vom 21.5.1983).

Abschnitt 5: Fristen und Termine

§ 16 (Berechnung der Fristen)
§ 17 (Ausnahmen von Fristen und Terminen)

Abschnitt 6: Akteneinsicht

§ 18 (Akteneinsicht durch Parteien)
§ 19 (Geheimhaltung)

Abschnitt 7: Kosten

§ 20 (Übernahme der Verfahrenskosten)
§ 21 (Kostenerstattung für Beigeladene)

Teil II: Das Verfahren des Haengjongchobun (Verwaltungsakt)

Abschnitt 1: Zustandekommen und Wirkung des Haengjongchobun

§ 22 (Antrag auf Hengjongchobun)
§ 23 (Verrichtungsfrist des Antrags)
§ 24 (Bekanntmachung der Kriterien des Chobun)
§ 25 (Zusicherung)
§ 26 (Vorherige Mitteilung des Chobun)
§ 27 (Form des Chobun)
§ 28 (Begründung des Chobun)
§ 29 (Belehrung über das Rechtsmittel)
§ 30 (Berichtigung des Chobun)
§ 31 (Beschränkung der Rücknahme des Chobun)
§ 32 (Beschränkung des Widerrufs des Chobun)
§ 33 (Wiederaufgreifen des Chobun)

Abschnitt 2: Meinungsvorbringen und Anhörungsverfahren

§ 34 (Meinungsvorbringen)
§ 35 (Voraussetzung der Anhörung)
§ 36 (Anhörungsleiter)
§ 37 (Ausgeschlossener Anhörungsleiter)
§ 38 (Beteiligung am Anhörungsverfahren)
§ 39 (Mitteilung der Anhörung)
§ 40 (Offenkundigkeit der Anhörung)
§ 41 (Das Verfahren der Anhörung)
§ 42 (Zusammensetzung, Trennung der Anhörung)
§ 43 (Beweisuntersuchung)
§ 44 (Anhörungsschrift)
§ 45 (Abschluß der Anhörung)
§ 46 (Entscheidung des Chobun)
§ 47 (Widerspruch gegen angehörten Chobun)

Abschnitt 3: Das Verfahren der öffentlichen Anhörung

§ 48 (Eröffnung der öffentlichen Anhörung)
§ 49 (Durchführung der öffentlichen Anhörung)

Teil III: Feststellungsverfahren des Verwaltungsplans

§ 50 (Aufstellung des Verwaltungsplanes und Abstimmung)

§ 51 (Bekanntmachung, Auslegung des Entwurfs des Verwaltungsplans)
§ 52 (Meinungsvorbringen)
§ 53 (Anhörung)
§ 54 (Die öffentliche Anhörung)
§ 55 (Festsetzung des Verwaltungsplans)
§ 56 (Änderung, Aufhebung des Verwaltungsplans)
§ 57 (Erledigung des Verwaltungsplans)
§ 58 (Schadenersatzfolge des Verwaltungsplans)

Teil IV: Vorankündigungsverfahren der Verwaltungsgesetzgebung

§ 59 (Vorankündigung der Verwaltungsgesetzgebung)
§ 60 (Methode, Fristen der Vorankündigung)
§ 61 (Meinungsvorbringen und Erledigung)
§ 62 (Anhörung)
§ 63 (Die öffentliche Anhörung)
§ 64 (Gesuch auf Gesetzgebung)

Teil V: Das Verfahren der Verwaltungsvorankündigung

§ 65 (Fristen der Verwaltungsvorankündigung)
§ 66 (Öffentliche Verbreitung der Verwaltungsvorankündigung)

Teil VI: Verwaltungslenkungsverfahren

§ 67 (Methode des Verwaltungslenkungsverfahrens)
§ 68 (Meinungsvorbringen)

Teil VII: Ergänzende Vorschriften

§ 69 (Vollzugsverfahren)
§ 70 (Öffentlichkeit der Daten und Schutz der Personaldaten)
§ 71 (Durchführungsverordnung)

1.3 Würdigung

Es ist ohne weiteres ersichtlich, daß der koreanische Regierungsentwurf eines Verwaltungsverfahrensgesetzes zu einem beträchlichen Teil nach dem Vorbild des deutschen Verwaltungsverfahrensgesetzes ausgearbeitet wurde; es gibt aber ganz selbständige Teile. Leider ist das weitere Gesetzgebungsverfahren immer noch offen.

Demgegenüber wurde am 14.11.1989 eine „Anweisung über Verwaltungsverfahren zum Rechtsschutz der Staatsbürger"[104] vom Premierminister erlassen; die Anweisung ist am 1. März 1990 in Kraft getreten. Diese Anweisung enthält vier Teile und besteht aus 36 Paragraphen. Sie regelt insbeson-

[104] Anweisung des Premierministers Nr. 235 v. 14.11.1989.

dere das Verfahren eines Chobun (Verwaltungsakt), nämlich Stellungnahmen und öffentliche Anhörung; freilich wurden die im Regierungsentwurf geregelten Verfahren, nämlich das Feststellungsverfahren der Verwaltungspläne, das Vorankündigungsverfahren der Verordnungsgebung, das Verfahren der Verwaltungsvorankündigung und das Verwaltungslenkungsverfahren, nicht in das Gesetz aufgenommen.

Somit läßt sich abschließend feststellen, daß der Gedanke einer Regelung des Verwaltungsverfahrens sich zunächst nur in Verwaltungsvorschriften niedergeschlagen hat. Diese Lösung stellt eine Überbrückung dar bis zum Erlaß eines Verwaltungsverfahrensgesetzes in Korea. Wie sich die Dinge weiter entwickeln werden, muß noch abgewartet werden.

2. Die Verwaltungsvollstreckung

2.1 Vorbemerkung

Was in Deutschland Verwaltungsvollstreckung genannt wird, heißt in Korea Verwaltungszwang. In der Definition und in der Sache selbst besteht aber kein Unterschied; die unterschiedliche Terminologie liegt nur darin, daß das koreanische Verwaltungsrecht das japanische Recht mit seiner Terminologie übernommen hat. Später blieben die Lehren vom Verwaltungszwang größten Teils so, wie sie rezipiert worden waren. Allerdings entwickelte sich bezüglich des unmittelbaren Zwangs ein neuer Begriff, nämlich „administrative investigation", was man mit „sofortiger Zwang" übersetzen könnte.

In Korea unterscheidet man innerhalb des Verwaltungszwangs zwischen dem Zwangsvollzug, der Verwaltungsvollstreckung nach deutscher Terminologie und dem sofortigen Zwang, d.h. der (unmittelbaren) Ausführung nach deutscher Betrachtung. Die Zwangsmittel im Rahmen des Zwangsvollzugs sind: Ersatzvornahme, Vollzugsgeld (Zwangsgeld nach deutscher Terminologie). Unmittelbarer Zwang und Zwangsbeitreibung (Vollstreckung wegen einer Geldforderung nach deutscher Teminologie). Das Vollzugsgeld ist allerdings gesetzlich nicht vorgesehen, und unmittelbarer Zwang darf nach dem Gesetz nur ausnahmsweise ausgeübt werden. Das koreanische Recht erkennt somit die Ersatzvornahme und Zwangsbeitreibung als die hauptsächlichen Zwangsmittel an; dies hängt damit zusammen, daß man in der Ära der ersten Republik nicht gern Zwang anwenden wollte; man setzte mehr auf freiwillige Gesetzesbefolgung. Da die koreanische Lehre vom Verwaltungszwang größtenteils so geblieben ist, wie sie war, soll an dieser Stelle darauf nicht näher eingegangen werden. Kürzlich hat Kim die Meinung vertreten, die deutschen

Zwangsmittel, also Zwangsgeld, Ersatzvornahme und unmittelbarer Zwang, sollten nunmehr gesetzlich eingeführt werden[105].

2.2 Neue Tendenzen in Korea

Bereits seit langem besteht die erwähnte Neigung, daß man nicht gern von Vollstreckung und „Zwang" spricht. Zwangsmittel dienen schließlich dazu, eine Pflicht durchzusetzen: die Durchführung der Verpflichtung soll gesichert werden. In diesem Sinne wurde die Terminologie „Verwaltungszwang" durch eine besondere koreanische Terminologie „Uimuihaeng Hwagbosudan" ersetzt. Wenn man diese Formulierung wörtlich ins Deutsche übersetzt, müßte man „Pflicht-Durchführungs-Sicherungs-Mittel" sagen. Der Verwaltungszwang ist also ein Sicherungsmittel zu Durchführung einer Pflicht.

Kürzlich wurden mehrere Mittel als Sicherungsmittel festgelegt, z.B. Versorgungsverweigerung und die öffentliche Anprangerung. Versorgungsverweigerung bedeutet, daß von der Behörde die Versorgung mit Wasser und Strom abgeschnitten wird. Daran wird kritisiert, daß so dem Grundsatz des Koppelungsverbots zuwidergehandelt werde, wenn die Versorgungsverweigerung mit der Pflichtwidrigkeit in keinem Zusammenhang stehe.

Öffentliche Anprangerung bedeutet folgendes: Wenn sich jemand pflichtwidrig verhält, gibt die Behörde die Tatsache der Pflichtwidrigkeit unter Mitteilung der Personalangaben, nämlich Name, Beruf, Alter, Anschrift in der Zeitung öffentlich bekannt. An diesem Mittel wird kritisiert, daß sie die Grundrechte des betroffenen Bürgers verletzen könnte; denn Art. 17 KV schreibt vor, daß das Privatleben der Staatsbürger nicht verletzt werden darf.

VII. Die Verwaltungsvorschriften

1. Vorbemerkung

Als Ausgangspunkt ist festzuhalten, daß das koreanische Verwaltungsrecht das Rechtsinstitut der Verwaltungsvorschriften von Anfang an übernommen hat. Die bisherige herrschende Lehre definiert die Verwaltungsvorschriften wie die deutsche Literatur: Verwaltungsvorschriften sind abstrakt-generelle Regelungen, die Organisation und Handeln der Verwaltung innerhalb der Verwaltungsorganisation oder eines besonderen Gewaltverhältnisses bestim-

---

[105] *Nam J. Kim*, Verwaltungsrecht I, 1990, S. 365 ff.

men. Unter dem Einfluß des deutschen Rechts, insbesondere der Staats- und Verwaltungsrechtslehre des 19. Jahrhunderts, hat die koreanische herrschende Lehre diesen Begriff eingeführt und den Begriff des Rechts auf die allgemeinen Beziehungen zwischen Staat und Bürger beschränkt. Damit hat bekanntlich die frühere herrschende Lehre die Verwaltungsvorschriften als verwaltungsinterne Regelungen als dem Rechtsbegriff ausgeklammert.

2. Die erneute Rezeption

Nachdem die deutsche Theorie (nach Überlegungen zu Sonderverordnungen und Überarbeitung der Rechtsquellenlehre) den Rechtscharakter der Verwaltungsvorschriften schließlich anerkannt und vom historisch-konventionellen Rechtssatzbegriff zu einem neuen Rechtssatzbegriff gelangt ist, wurden die neuen Lehrmeinungen zum besonderen Gewaltverhältnis und zu Verwaltungsvorschriften auch in die koreanische Literatur eingeführt. Die Meinungsverschiedenheiten zu diesem Thema gestalten sich in Korea ähnlich kompliziert wie in Deutschland. Die erste Frage lautet, ob die Verwaltungsvorschrift eine rechtliche Regelung ist oder nicht, und bejahendenfalls, ob sie den Rechtsquellen des Verwaltungsrechts zuzuordnen ist oder nicht. Die zweite Frage geht dahin, wie der Begriff Rechtssatz oder Rechtsnorm definiert werden sollte. Gegenstand der dritten Frage ist, ob die Sonderverordnung aus der Kategorie der Verwaltungsvorschriften auszuscheiden ist oder nicht; bejahendenfalls, ob die Sonderverordnung Rechtsquellencharakter besitzt oder nicht, nämlich für besondere Gewaltverhältnise. Wenn diese in Wirklichkeit Sonderrechtsverhältnisse sind, fragt es sich, ob der Gesetzesvorbehalt gilt oder ob nach wie vor ein administratives Recht zum Erlaß von Vorschriften besteht.

Es wäre überflüssig, die in der deutschen Literatur ausführlich untersuchten Fragen hier eingehend zu behandeln. Es genügt ein zusammenfassender Hinweis darauf, wie das koreanische Recht die Lehre von den Verwaltungsvorschriften rezipiert hat. Was die Art der Verwaltungsvorschriften betrifft, so werden organisatorische Vorschriften, verhaltenslenkende Verwaltungsvorschriften, intersubjektive Verwaltungsvorschriften, Sonderverordnungen und normkonkretisierende Verwaltungsvorschriften unterschieden.

In Korea war insbesondere umstritten, ob die Verwaltungsvorschrift als Rechtssatz anzusehen ist oder nicht. Die bisherige herrschende Lehre verneinte den Rechtssatzcharakter der Verwaltungsvorschriften, die neue bejaht ihn. Die Kontroverse ist jedoch insofern irreführend, als die jeweiligen Autoren einen anderen Rechtssatzbegriff zum Ausgangspunkt nehmen und damit zu einer unterschiedlichen Beurteilung der Verwaltungsvorschriften gelangen. Die verneinende Meinung beruht auf dem historisch-konventionellen Rechtssatzbegriff, während die bejahende Meinung auf dem erweiterten Rechtssatzbegriff aufbaut. Die letztgenannte Meinung kann den Rechtssatzcharakter der Verwaltungsvorschriften deshalb bejahen, weil sie für Behörden und Bedienstete verbindlich sind und diese Verbindlichkeit im Grunde nur auf Recht beruhen kann. Die Verwaltungsvorschriften sind aber keine Außenrechtssätze, sondern Innenrechtssätze. In Korea haben weder die bejahenden noch die verneinenden Meinungen die Verwaltungsvorschriften als Außenrechtssätze anerkannt. Wenn es jedoch um die Bindungswirkung nach außen gerichteter Verwaltungsvorschriften geht, insbesondere um Ermessenrichtlinien, bejaht man letztendlich doch die Außenwirkung auf der Grundlage des Gleichheitssatzes; eine Auffassung, die durch die deutsche Lehre von der Selbstbindung der Verwaltung vermittelt worden ist. Man sagt, der Gleichheitssatz sei die dogmatische Brücke, die sich die Verwaltungsgerichte geschaffen haben, um Zugang zum inneren Bereich der Verwaltung zu gewinnen. So gelangte man zur Meinung, daß verwaltungsvorschriftswidrige Handlungen auch rechtswidrig seien.

In diesem Sinne wurde die Außenwirkung anerkannt. Aber das führte dann wiederum zu der Frage, wie ein Außenrechtssatz zu qualifizieren und wie er gegen den Innenrechtsschutz abzugrenzen ist. Um entsprechende Mißverständnisse zu vermeiden, versucht Kim nunmehr den Begriff der Verwaltungsvorschrift anders zu definieren. Nach seiner Definition ist die Verwaltungsvorschrift eine generell-abstrakte, nicht rechtssatzmäßige Regel, die eine Behörde innerhalb ihrer sachlichen Zuständigkeit ohne Gesetzesermächtigung erläßt[106]. Schon früher hatte Kim die Meinung vertreten, daß Verwaltungsvorschriften entsprechend der neueren deutschen Auffassung Rechtssatzcharakter haben müssen.

Nun geht Kim davon aus, daß die Verwaltungsvorschriften sowohl im Innenbereich der Verwaltung als auch nach außen rechtserhebliche Wirkung zeigen. Er meint, daß noch geklärt werden müsse, ob die Außenwirkung der Verwaltungsvorschriften unmittelbare Wirkung (wie ein Gesetz) habe, oder ob es sich um eine mittelbare Wirkung, also eine faktische Wirkung, handele[107]. Kim befaßt sich insbesondere mit der normkonkretisierenden Verwaltungsvorschrift[108], die nach der Rechtsprechung in Deutschland[109] und

---

[106] *Nam J. Kim*, Verwaltungsrecht I, 1990, S. 174. Vgl. auch *Bo S. Shin*, Funktion und Rechtsnatur der Verwaltungsvorschriften, in: YGGS (Juni 1989), S. 1108 ff.

[107] *Nam J. Kim*, Verwaltungsrecht I, 1990, S. 183 f.

[108] Die Terminologie „Normkonkretisierende Verwaltungsvorschrift" wurde von *Nam J. Kim* (Normkonkretisierende Verwaltungsvorschrift, in: YGGS [Nov. 1989], S. 222 ff.) in die koreanische Literatur eingeführt.

in Korea[110] eine modifizierte Bindungswirkung auch für den Richter enthält. Die Frage, ob man unter dem koreanischen Rechtssystem die Sonderverordnung anerkennen könne, wird hingegen verneint[111], denn die gesetzgebende Gewalt liegt bei der Nationalversammlung (Art. 40 KV). Eine Ausnahme gilt nur nach Art. 75 KV: „Der Präsident kann aufgrund gesetzlicher Ermächtigung und im Rahmen der Gesetze Präsidialverordnungen erlassen, die für die Ausführung der Gesetze erforderlich sind.“

Gleichwohl bleibt die koreanische Verwaltungsrechtswissenschaft in der Nähe der deutschen Lehre. Deshalb läßt sich die weitere Entwicklung auch noch nicht genau absehen, weil sich in Deutschland eine endgültige herrschende Meinung noch nicht gebildet hat.

§ 11 Die Rezeption des deutschen Besonderen Verwaltungsrechts

I. Vorbemerkung

Im Besonderen Verwaltungsrecht ist die Rezeption deutschen Verwaltungsrechts relativ wenig spürbar im Vergleich mit der Rezeption des Allgemeinen Verwaltungsrechts. Auch der Aufbau des Besonderen Verwaltungsrechts hat mit der Übernahme des japanisch-preußisch geprägten Verwaltungsrechts begonnen, daher werden in koreanischen Lehrbüchern die Inhalte des preußischen Verwaltungsrechts behandelt, nämlich die Organisationsgewalt, die Polizeigewalt, die öffentlichen Sachen[112], die öffentlichen Anstal-

---

[109] BVerwGE 72, 300 (320) – Wyhl; OVG Lüneburg, DVBl. 1985, 1322 (TA Luft). Dazu *Hill*, Normkonkretisierende Verwaltungsvorschriften, NVwZ 1989, S. 401 ff.; *Ossenbühl*, Die Quellen des Verwaltungsrechts, in: *Erichsen / Martens*, Allgemeines Verwaltungsrecht, 1988, S. 100 f.

[110] Die Rechtsprechung zur Rechtsnatur der Verwaltungsvorschriften war nicht einheitlich. Die überwiegende Rechtsprechung verneinte ihren Rechtssatzcharakter. Für eine bestimmte Verwaltungsvorschrift (Anweisung für Richtlinien von Eigentumssteuer des Staatssteueramtes) erkannte KHG jüngst den Rechtssatzcharakter (Rechtsverordnung) an; KHG, 86 Nu 484 Urteil v. 29.9.1987; KHG, 87 Nu 454 Urteil v. 22.3.1988; KHG, 87 Nu 1028 Urteil v. 10.5.1988.

[111] *Jong H. Seok*, Verwaltungsrecht I, 1990, S. 446 f.

[112] Vgl. *Hatschek*, Lehrbuch des deutschen und preußischen Verwaltungsrechts, Leipzig 1931. Dieses Buch enthält 8 Abschnitte: 1. Die Grundlagen des Verwaltungsrechts; 2. Die Organisationsgewalt; 3. Die Polizeigewalt; 4. Die öffentliche Rechts- und Pflichtverschiebung; 5. Die öffentliche Dienstgewalt; 6. Die Staatsaufsicht; 7.

ten und das öffentliche Vermögensrecht[113], z.B. öffentliche Eigentumsbeschränkung, Enteignung oder öffentliche Unternehmung[114]. Diese Lehren sind den von den koreanischen Lehrbüchern des Verwaltungsrechts der 50er Jahre, also seiner Anfangsperiode, in die Darstellung aufgenommen worden. Die Struktur des Besonderen Verwaltungsrechts blieb seitdem unverändert.

Besonders die Unterscheidung zwischen leistender und ordnender Verwaltung, wie sie im Lehrbuch von Wolff[115] auftaucht, beeinflußte die Lehre in Korea sehr stark und wurde rezipiert[116]. Seitdem ist es üblich geworden, die Polizeiverwaltung als Untergliederung der ordnenden Verwaltung aufzufassen. Demgegenüber wird das Recht der öffentlichen Sachen, der öffentlichen Anstalt sowie der öffentlichen Unternehmen dem Abschnitt Leistungsverwaltung zugeordnet. Nunmehr behandeln die führenden Lehrbücher[117] des Besonderen Verwaltungsrechts die ordnende Verwaltung, die Wohlfahrtsverwaltung oder Leistungsverwaltung, die öffentlichen Lasten, die Wehrverwaltung sowie die Finanzverwaltung. Inzwischen wurde eine neue Terminologie entwickelt, nämlich Kyujehaengjong (beschränkende Verwaltung). Darunter versteht man z.B. die Raumordnung und die Wirtschaftsordnung, den Umweltschutz und die öffentlichen Lasten i.S.d. älteren deutschen Literatur.

Verwaltungsgerichtsbarkeit und Beschlußverfahren; 8. Die öffentlichen Sachen und die öffentlichen Anstalten.

[113] Vgl. *Herrnritt*, Grundlehren des Verwaltungsrechts, Tübingen 1921, S. 377 f. – Dieses Buch enthält 8 Kapitel: 1. Die öffentliche Verwaltung und das Verwaltungsrecht (Grundbegriffe); 2. Die Rechtsordnung der Verwaltung; 3. Verwaltung und Justiz; 4. Die Träger der Verwaltung; 5. Die Verwaltungshandlungen; 6. Die Rechtsordnung der Polizei; 7. Das Vermögensrecht; 8. Die Verwaltungskontrolle.

[114] Vgl. *Fleiner*, Institutionen des Deutschen Verwaltungsrechts, Tübingen [8]1928, S. 341 f. – Der Besondere Teil dieses Buchs enthält zwei Kapitel: 1. Der Verwaltungsapparat und seine Leistungen; 2. Die verwaltungsrechtlichen Pflichten der Bürger. Im ersten Kapitel werden behandelt: 1. Der Begriff der öffentlichen Anstalten; 2. Die Verleihung öffentlicher Unternehmungen; 3. Die öffentlichen Sachen; 4. Das Verwaltungsvermögen; 5. Sachen im Gemeingebrauch. Im zweiten Kapitel werden behandelt: 1. Polizeigewalt und polizeiliche Beschränkungen der Bürger; 2. Die Polizeierlaubnis; 3. Die Naturalleistungspflicht; 4. Die öffentliche Abgaben.

[115] *Wolff*, Verwaltungsrecht I, 1974, S. 19 f.

[116] Diese wurde zuerst von *Do C. Kim* in seinem Lehrbuch von 1981 eingeführt. Ihm folgte die Gliederung in anderen Lehrbüchern.

[117] So etwa Verwaltungrecht II von *Do C. Kim, Sang Kyu Lee, Yun H. Park, Nam J. Kim* und *Jong H. Seok*.

Im großen und ganzen beschäftigen sich die Verwaltungsjuristen überwiegend mit dogmatischen Fragen aus dem Bereich des Allgemeinen Verwaltungsrechts. Diese Tendenz hat zur Folge, daß die Dogmatik im Bereich des Besonderen Verwaltungsrechts zum großen Teil vernachlässigt ist (das gilt z.B. für die Wehrverwaltung und die Finanzverwaltung), obwohl sie in den Lehrbüchern berücksichtigt ist. Die in der Wissenschaft tätigen Verwaltungsjuristen zeigen wenig Interesse, Aufsätze oder Abhandlungen zu diesem Bereich zu erarbeiten, obwohl z.B. Steuerberater, Steuerbeamte oder Rechtsanwälte wegen ihrer praktischen Bedürfnisse daran durchaus Interesse haben würden. Die genannte Vernachlässigung in der Wissenschaft ist wohl auch der Grund dafür, daß die deutsche Lehre in diesem Bereich so wenig rezipiert worden ist.

Im folgenden wird über die Rezeption deutscher Theorien im Bereich der ordnenden Verwaltung, der leistenden Verwaltung und der öffentlichen Lasten sowie der Enteignung berichtet werden.

II. Die ordnende Verwaltung

1. Vorbemerkung

Zunächst kann man davon ausgehen, daß der Begriff der Polizei und das zugehörige Rechtssystem in Korea durch Übernahme des preußischen Rechts über das japanische Recht bestimmt ist[118]. Seit der ersten Republik in Korea im Jahr 1948 hat sich dies nicht geändert. So wird der Polizeibegriff[119] ähnlich wie in Deutschland im materiellen und formellen Sinn verstanden, und es verwundert nicht, daß die deutsche Theorie des Polizei- und Ordnungsrechts in die koreanische Literatur eingegangen ist. Dabei ist zu erwähnen, daß Do C. Kim den traditionellen Polizeibegriff in Anlehnung an Wolff durch den Begriff ordnende Verwaltung ersetzen wollte, was aber noch nicht herrschende Lehrmeinung geworden ist.

Wolff[120] sieht das Wesen der ordnenden Verwaltung darin, daß sie für die gute Ordnung des Gemeinwesens sorgt, indem sie die Interessenverfolgung der Gewaltunterworfenen reglementierend einschränkt. Er unterscheidet

---

[118] Vgl. *Sang K. Lee*, Verwaltungsrecht II, 1989, S. 236 f.

[119] So wurde der Polizeibegriff auf der Grundlage der deutschen Literatur eingehend behandelt. Vgl. *Jong H. Seok*, Der Begriff der Polizei, in: YGGS (April 1984), S. 44 ff.; *ders.*, Gefahrenabwehraufgabe der Polizei, in: GSK (April 1984), S. 121 ff.

[120] Vgl. *Wolff*, Verwaltungsrecht I, 1974, S. 19 f.

deshalb zwischen Überwachungsverwaltung, Raumordnungsverwaltung und beschränkender Wirtschaftsverwaltung. Diese Meinung brachte Do C. Kim in sein Lehrbuch ein; er sieht die ordnende Verwaltung im weitest möglichen Sinne. Die ordnende Verwaltung bei Kim entspricht deshalb dem Polizeibegriff im materiellen Sinne, wie er in der klassischen deutschen Literatur verwendet wurde. Schließlich gibt es für Kim[121] die ordnende Verwaltung im engeren Sinne; sie bedeutet Vollzugspolizei, also Gefahrenabwehr.

Wegen des Einflusses des deutschen Polizei- und Ordnungsrechts wird in den koreanischen Lehrbüchern das deutsche Polizeisystem ausführlich dargestellt, so insbesondere die Geschichte des Polizeibegriffs, der materielle und formelle Polizeibegriff, die Entpolizeilichung und die Polizeiorganisation usw.[122], während im übrigen auch das Polizeisystem in Frankreich, England und den USA einführend dargestellt wird[123].

2. Die rezipierte deutsche Lehre

2.1 Der Begriff der Polizei

Wie bereits dargestellt, hat die koreanische Literatur den deutschen Polizeibegriff übernommen. Sie unterscheidet Polizei im materiellen und im formellen Sinn, so wie es in der deutschen Literatur üblich ist[124], also die Gefahrenabwehr und die staatlichen Funktionen, zu deren Wahrnehmung die Polizeibehörden berufen sind; dabei kommt es auf die sachliche Qualität der einzelnen Aufgaben nicht an.

2.2 Die Gefahren für die öffentliche Sicherheit und Ordnung

Ein allgemeines Gesetz über die Polizei, also über Organisation und Handlungsmöglichkeiten der Polizei gibt es Korea noch nicht. Die Aufgaben der Polizei sind im Polizeibeamtengesetz und im Vollzugsgesetz für den Polizeidienst geregelt. Danach hat die Polizei die Aufgabe, für den Schutz und die Freiheit und Rechte der Staatsbürger zu sorgen, Vorkehrungen gegen Ver-

---

[121] *Do C. Kim*, Verwaltungsrecht II, 1989, S. 314 f.; *Jong H. Seok*, Verwaltungsrecht II, 1990, S. 273 f.

[122] *Do C. Kim*, ebenda, S. 296-302; *Jong H. Seok*, ebenda, S. 262-270.

[123] *Do C. Kim*, ebenda, S. 302-308.

[124] Vgl. *Friauf*, Polizei- und Ordnungsrecht, in: *von Münch*, Besonderes Verwaltungsrecht, 1988, S. 209 f.

brechen zu treffen, Gefahrenabwehr zu üben, die öffentliche Sicherheit und Ordnung zu bewahren usw. Da die Gesetze die Aufgaben der Polizei nicht im einzelnen vorschreiben, hat die Literatur die Aufgabe, die Begriffe öffentliche Sicherheit und Ordnung sowie die „Gefahrenabwehr" zweckentsprechend auszulegen.

Nach der Ansicht von Sang K. Lee bedeutet die öffentliche Sicherheit das ungestörte Bestehen des Staates. Den Schutz des Lebens, der körperlichen Unversehrtheit, des Eigentums, der Ehre des einzelnen sowie des Bestands der Einrichtungen und Veranstaltungen des Staates[125].

Unter öffentlicher Ordnung versteht man in Anlehnung an die deutsche herrschende Auffassung die Gesamtheit der ungeschriebenen Regeln, die für das Verhalten des einzelnen in der Öffentlichkeit maßgebend sind und deren Beachtung nach den herrschenden Anschauungen unabdingbar Voraussetzung eines geordneten staatsbürgerlichen Zusammenlebens darstellt[126]. Zur Auslegung des Begriffs der „Gefahr" lehnt man sich[127] an die deutsche Lehrmeinung[128] an. So ist die Gefahr eine Sachlage, die in absehbarer Zeit mit hinreichender Wahrscheinlichkeit zu einem Schaden für die öffentliche Sicherheit und Ordnung führen wird.

3. Rechtsgrundlagen und Grenzen der Polizeigewalt

3.1 Die Rechtsgrundlagen der Polizeigewalt

Da die Maßnahmen der Polizei befehlend und belastend in die Rechtssphäre der jeweils betroffenen Bürger eingreifen, bedarf jede einzelne Maßnahme nach dem Grundsatz des Gesetzesvorbehalts einer gesetzlichen Ermächtigung. Daher vertritt man die Meinung, daß die gegebene gesetzliche Ermächtigung der polizeilichen Maßnahmen deren negative und positive Grenze markiert[129]. Zunächst einmal begrenzt die Ermächtigung die polizeilichen Maßnahmen in negativer Hinsicht, denn ohne gesetzliche Ermächti-

---

[125] *Sang K. Lee*, Verwaltungsrecht II, S. 243 f.; *Jong H. Seok*, Verwaltungsrecht II, 1990, S. 274 f.

[126] Formulierung nach *Götz*, Allgemeines Polizei- und Ordnungsrecht, [9]1988, S. 51 f. Vgl. *Sang K. Lee*, ebenda; *Jong H. Seok*, ebenda.

[127] Vgl. *Jong H. Seok*, ebenda, S. 275 f.

[128] Vgl. *Götz*, a.a.O., S. 65 f.

[129] Vgl. *Do C. Kim*, Verwaltungsrecht II, 1989, S. 332 f.; *Jong H. Seok*, Verwaltungsrecht II, 1990, S. 295 f.

gung darf die Polizei nicht eingreifen; andererseits gibt die gesetzliche Ermächtigung auch eine positive Grenze für polizeiliches Handeln, denn die Polizei muß einschreiten, wenn sie gesetzlich dazu verpflichtet ist.

3.2 Die Generalklausel als Grenze der Polizeigewalt

Die gesetzliche Grundlage für polizeiliches Handeln kann rechtstechnisch entweder als Spezialermächtigung für bestimmte Fälle oder Fallgruppen oder aber als weitgefaßte Generalklausel gestaltet sein. Wenn sie generalklauselartig gestaltet ist, kommt es besonders auf deren Grenzen an; daher wird in der koreanischen Literatur besonders hervorgehoben, daß allgemeine Grundsätze, insbesondere der Grundsatz der Verhältnismäßigkeit, als Grenze der Polizeigewalt gelten müßten. Dabei unterscheidet man letztendlich nicht, ob es sich jeweils um eine Einzel- oder um eine Generalermächtigung handelt. Demgegenüber will Kim[130] die besonderen Begrenzungen auf die generalklauselartige Ermächtigung beschränkt sehen, nämlich auf die „Gefahrenabwehr und Bewahrung der öffentlichen Sicherheit und öffentlichen Ordnung", wie sie in § 2 Vollzugsgesetz für den Polizeidienst (Gyungchalkwan Jigmujiphaenbop) geregelt ist. Die deutsche Lehre hat die Grenze der Polizeigewalt mehr aus der Natur der Sache abgeleitet, und sie betont die Ermessensausübung. Dem hat sich die herrschende koreanische Lehre angeschlossen. Die Grenze der Polizeigewalt wird durch die folgenden Grundsätze ausgedrückt: 1. den Grundsatz des repressiven Zwecks; 2. den Öffentlichkeitsgrundsatz; 3. den Verhältnismäßigkeitsgrundsatz; 4. den Grundsatz der Polizeihaftung.

3.2.1 Der Grundsatz des repressiven Zwecks

Die Polizei kann die „notwendigen" Maßnahmen immer erst treffen, wenn die öffentliche Sicherheit oder Ordnung tatsächlich bedroht ist. Daher kann sie keine vorsorglichen Maßnahmen treffen, um die öffentliche Sicherheit und Ordnung zu verbessern.

---

[130] Vgl. *Nam J. Kim*, Verwaltungsrecht II, S. 200 ff.; *Won U. Suh*, Generalklausel im Polizeirecht, YGGS (Juni 1980); *Bo S. Shin*, Rechtsgrundlage und Grenze der Polizeigewalt, in: YGGS (Dez. 1987).

3.2.2 Der Öffentlichkeitsgrundsatz

Die Polizei hat zum Zweck der Bewahrung der *öffentlichen* Sicherheit und Ordnung einzuschreiten; der Schutz privater Rechte ist normalerweise nicht ihre Sache. Daher kann die Polizei in private Lebensverhältnisse und private Rechtsverhältnisse nicht eingreifen, außer wenn eine Gefahr für die *öffentliche* Sicherheit oder Ordnung gegeben ist und diese den Eingriff erfordert.

3.2.3 Der Verhältnismäßigkeitsgrundsatz

In Korea versteht man den Verhältnismäßigkeitsgrundsatz im weitesten Sinne, wobei man auf die deutsche Lehre Rücksicht nimmt[131]. Danach umfaßt dieser Grundsatz

1. das Erfordernis, daß die behördlichen angewandten Mittel zur Gefahrenabwehr geeignet sein müssen (Geeignetheit);
2. das Prinzip, daß von mehreren geeigneten Maßnahmen diejenige zu ergreifen ist, die den einzelnen und die Allgemeinheit am wenigsten beeinträchtigt (Grundsatz der Erforderlichkeit oder des geringst möglichen Eingriffs, also des mildesten Mittels);
3. den Grundatz, daß Maßnahmen nicht zu einem Schaden führen dürfen, der zum beabsichtigen Erfolg erkennbar außer Verhältnis steht (Verhältnismäßigkeitsgrundsatz im engeren Sinne)[132].

3.2.4 Der Grundsatz der polizeilichen Verantwortlichkeit

Nach diesem Grundsatz kann die Polizei nur gegen polizeipflichtige Personen einschreiten, um die bereits eingetretenen Störungen der öffentlichen Sicherheit oder Ordnung zu beseitigen. Diesen Störern erlegt sie bestimmte Handlungs- und Duldungspflichten auf. Bei dieser polizeilichen Verantwortlichkeit des Störers unterscheidet die koreanische Lehre wie die deutsche zwischen der Verhaltenshaftung und der Zustandshaftung; sie kennt auch die gemeinsame Haftung mehrerer Störer. Die Ausnahme, also der polizeiliche Eingriff gegen einen beteiligten Dritten (den sogenannten Nichtstörer) ist unter folgenden Voraussetzungen anerkannt: Die Störung muß eingetreten

---

[131] So vgl. *Nam J. Kim,* Der Grundsatz des Übermaßverbots, in: GSYG (Dez. 1979), S. 51 ff.; *ders.;* Grundprobleme des Verwaltungsrechts, 1989, S. 39 ff.

[132] Die folgende Rechtsprechung erkannte den Verhältnismäßigkeitsgrundsatz an: KHG, 66 Nu 64 Urteil v. 19.7.1969; KHG, 76 Nu 243 Urteil v. 28.9.1977.

sein oder unmittelbar bevorstehen, und die Polizei muß objektiv außerstande sein, der Gefahr durch Heranziehung eines Störers oder durch Einsatz eigener Mittel zu begegnen. Außerdem fordert diese Handlungsmöglichkeit natürlich eine gesetzlichen Ermächtigung. Da der Nichtstörer für die jeweils abzuwehrende Gefahr nicht verantwortlich ist, kann er verlangen, daß die Behörde ihm die daraus erwachsenden Kosten ausgleicht.

4. Zusammenfassung

Wie dargestellt wurde, lehnen sich die koreanischen Verwaltungsjuristen in ihrer Lehrmeinung stark an die deutsche Lehrmeinung des Polizeirechts an. Diese Tendenz wird sich in Zukunft eher noch verstärken. Bezeichnenderweise wurde die deutsche Theorie von der Ermessensschrumpfung auf Null im Bereich des Polizeirechts in das koreanische Recht eingebracht[133]. Inzwischen versucht Kim[134], auch die polizeilichen Standardmaßnahmen, wie sie hier in Deutschland bekannt sind, in die koreanische Literatur einzuführen, und zwar im Zusammenhang mit dem sofortigen Zwang oder der oben erwähnten „administrative investigation" des Allgemeinen Verwaltungsrechts. Ob das gesamte dogmatische System des Polizeirechts in Korea nach deutschen Vorbild umgeformt wird, läßt sich noch nicht sagen.

III. Die Leistungsverwaltung

1. Vorbemerkung

Man kann ohne Zögern behaupten, daß die koreanische Verwaltungsrechtswissenschaft den Begriff „leistende Verwaltung" oder „Leistungsverwaltung" aus der deutschen Literatur, insbesondere von Forsthoff[135], übernommen hat. Es ist allgemein anerkannt, daß die leistende Verwaltung mit zunehmendem Gewicht neben die Eingriffsverwaltung getreten ist, und das veranlaßte zu einer dogmatischen Revision des früher ganz auf den Eingriff in die Privatsphäre abgestellten Verwaltungsrechts. Was die Systematik betrifft, so wird das Prinzip des Wohlfahrtsstaats als leitendes Prinzip im koreanischen Verwaltungsrecht hervorgehoben; unter diesem Begriff wird das

---

[133] Vgl. *Nam J. Kim,* Verwaltungsrecht II, 1989, S. 212 ff.

[134] Vgl. *Nam J. Kim,* ebenda, S. 214 ff.

[135] *Forsthoff,* Die Verwaltung als Leistungsträger, 1938; *ders.*, Rechtsfragen der leistenden Verwaltung, 1959.

gesamte Verwaltungshandeln außer der Finanzverwaltung und der Wehrverwaltung (und der Ordnungsverwaltung) zusammengefaßt. Innerhalb der Wohlfahrtsverwaltung unterscheidet man die Leistungsverwaltung und die rahmensetzende Verwaltung sowie die Verwaltung öffentlicher Lasten.

2. Begriff und Arten der Leistungsverwaltung

2.1 Der Begriff der Leistungsverwaltung

Wolff[136] definiert die Leistungsverwaltung als Verwaltung, die für die Lebensmöglichkeiten und die Lebensverbesserung der Mitglieder des Gemeinwesens sorgt, indem sie deren Interessenverfolgung durch Gewährungen unmittelbar fördert. Diese Definition Wolffs beeinflußte die Formulierungen und die Definitionen der Leistungsverwaltung der koreanischen Literatur sehr stark. So hat Kim[137] die Definition von Wolff schlicht durch Übersetzung übernommen. Im allgemeinen werden die Merkmale der Leistungsverwaltung wie folgt zusammengefaßt[138]: sie erfolgt durch den Verwaltungsträger, sie ist begünstigende Verwaltungshandlung, sie dient positiv dem Wohl der Allgemeinheit und versucht es zu fördern, und sie ist nichthoheitliche Verwaltungshandlung[139].

2.2 Die Arten der Leistungsverwaltung

Die Arten der Leistungsverwaltung werden in der koreanischen Literatur in Anlehnung an die Auffassung von Wolff dargestellt. Bezüglich der Aufgaben der Leistungsverwaltung unterscheidet man zwischen der Vorsorgeverwaltung, der Sozialverwaltung, der sozialen Sicherungsverwaltung und der Förderungsverwaltung. Ebenfalls nach dem Vorbild Wolffs wird die Leistungsverwaltung nach anderen Kriterien gegliedert, z.B. nach Leistungs-

---

[136] Vgl. *Wolff*, Verwaltungsrecht I, 1971, S. 19 f.

[137] *Nam J. Kim*, Verwaltungsrecht II, 1989, S. 263 f.

[138] *Do C. Kim*, Verwaltungsrecht II, 1989, S. 388 f.; *Sang G. Lee*, Verwaltungsrecht II, 1987, S. 317 f.; *Yun H. Park*, Verwaltungsrecht II, 1987, S. 266 f.; *Jong H. Seok*, Verwaltungsrecht II, 1990, S. 339 f.; *Su H. Park*, Grundsätze des Leistungsverwaltungsrechts, in: GSK (Juni 1986), S. 33 ff.; *Tschol Y. Kim*, Leistungsverwaltung und Grundsatz des Gesetzesvorbehalts, in GSK (Juni 1986), S. 21 f.

[139] *Nam J. Kim* vertritt die Meinung, daß die Leistungsverwaltung nicht ausschließlich nichthoheitliche Handlung der Verwaltung sein müsse.

grund, Leistungsart, Grad der Gesetzesgebundenheit und Rechtsform. Im Zusammenhang mit der Rechtsform der Leistungsverwaltung wurde auch die Zweistufentheorie[140] in Korea eingeführt. Wegen der fast völligen Übernahme der deutschen Lehrmeinungen braucht die Leistungsverwaltung nicht eingehend dargestellt zu werden.

3. Die Prinzipien der Leistungsverwaltung

3.1 Vorbemerkung

Als Prinzipien der Leistungsverwaltung wurden in der koreanischen Literatur folgende Grundsätze allgemeinen anerkannt[141]: 1. das Sozialstaatsprinzip; 2. das Subsidiaritätsprinzip; 3. das Gesetzmäßigkeitsprinzip; 4. das Gleichheitsprinzip; 5. das Übermaßverbot; 6. das Gebot des Vertrauensschutzes. Diese Prinzipien, wie sie schon von Wolff entwickelt wurden, wurden in der Verwaltungsrechtsdogmatik der koreanischen Leistungsverwaltung weiter entfaltet und konkretisiert.

3.2 Das Sozialstaatsprinzip

Die koreanische Verfassung von 1987 enthält im Gegensatz zu Art. 20/28 GG nicht ausdrücklich das Sozialstaatsprinzip. Aber es ist nicht umstritten, daß die KV im Grund genommen vom Sozialstaatsprinzip ausgeht. Denn nach Art. 34 I KV hat jeder Staatsbürger das Recht, ein menschenwürdiges Leben zu führen, und nach 34 II KV hat sich der Staat um die Förderung der sozialen Sicherheit und Wohlfahrt zu bemühen. Nach Art. 119 Abs. 2 KV kann der Staat in die Wirtschaft regulierend und koordinierend eingreifen, um ein ausgewogenes Wachstum und volkswirtschaftliche Stabilität aufrecht-

---

[140] Für die Zweistufentheorie wird folgende Literatur berücksichtigt: *Ipsen,* Öffentliche Subventionierung Privater, DVBl. 1956, S. 466 ff.; *Friehe,* Die Konkurrentenklage gegen einen öffentlich-rechtlichen Subventionsvertrag, DÖV 1980, S. 673 ff.; *ders.,* Das Abwehrrecht des Wettbewerbers gegen die Subventionierung eines Konkurrenten, JuS 1981, S. 867 ff.

[141] Vgl. *Nam J. Kim,* Prinzipien der Leistungsverwaltung, in: YGGS (April 1980), S. 113 ff.; *Kyu H. Park,* Prinzipien des Leistungsverwaltungsrechts, in: GSYG (Juli 1986), S. 77 ff.; *Jong H. Seok,* Prinzipien der Leistungsverwaltung, in: YGGS (Mai 1987), S. 109 ff.; *ders.,* Rechtliche Probleme der Leistungsverwaltung, in: GSYG (März 1988), S. 50 ff. Die obigen Aufsätze wurden vorzüglich mit deutscher Literatur bearbeitet.

zuerhalten, um eine ausgewogene Verteilung des Einkommens zu gewährleisten, um Marktbeherrschung und Mißbrauch wirtschaftlicher Macht zu verhindern und um die Wirtschaft durch Zusammenführung der Sozialpartner zu befrieden. Diesen Verfassungsbestimmungen kann man entnehmen, daß das Sozialstaatsprinzip letztlich in der koreanischen Verfassung enthalten ist. Nach diesem Prinzip hat der Staat die Rechtspflicht, Sozialverwaltung mindestens in Form der Sozialhilfe zu betreiben. Die in der Verfassung verankerte institutionelle Garantie der sozialen Sicherung darf nicht leerlaufen. Der Staat hat die Aufgabe, die Sicherung eines menschenwürdigen Daseins zu gewährleisten. Der Staat braucht allerdings die unentbehrlichen Güter und die für die Versorgung seiner Bürger notwendigen Leistungen nicht selbst zu produzieren. Er kann sich auf die gezielte Förderung privater Leistungsträger beschränken, soweit dies im öffentlichen Interesse geboten und volkswirtschaftlich vertretbar ist[142].

3.3 Das Subsidiaritätsprinzip

Unter dem Subsidiaritätprinzip versteht man in Korea[143] in Anlehnung an Wolff folgendes: Das Subsidiaritätsprinzip gebietet inhaltlich, daß der Staat und andere Träger öffentlicher Verwaltung privaten Personen oder Organisationen sowie niedrigeren Trägern öffentlicher Verwaltung nur diejenige Interessenverfolgung entziehen dürfen, die von diesen nicht ohne überwiegenden Nachteil für die Gesamtheit oder deren Glieder wahrgenommen werden können. Die Frage, ob das Subsidiaritätsprinzip der koreanischen Verfassung zu entnehmen ist, wird allgemein verneint. Dagegen wurde dieses Prinzip gesetzlich z.B. im § 3 Abs. 1 Saenghwalbohobop (Gesetz für Lebensunterhaltungsschutz) und im § 3 Abs. 2 Sahoibojangekwnhanbopryul (Gesetz über Sozialsicherung) verankert.

3.4 Das Gesetzmäßigkeitsprinzip

Unstreitig unterliegt auch die Leistungsverwaltung dem Grundsatz des Vorrangs des Gesetzes. Die Frage jedoch, ob und inwieweit der Gesetzesvorbehalt für die Leistungsverwaltung gilt, ist umstritten. Der Streit hat jedoch

---

[142] Vgl. *Wolff*, Verwaltungsrecht III, 1973, S. 138; *Myung G. Lee*, in: GSYG (Mai 1974), S. 73 ff.

[143] Vgl. *Nam J. Kim*, Verwaltungsrecht II, 1989, S. 266; *Jong H. Seok*, Verwaltungsrecht II, 1990, S. 345 f.

seine aktuelle Bedeutung weitgehend verloren, da die meisten Bereiche der Leistungsverwaltung, nämlich die Leistungen hinsichtlich der sozialen Sicherung und der Daseinvorsorge, gesetzlich geregelt sind.

Es bleibt jedoch die Frage aktuell, ob weitere staatlichen Leistungen ohne gesetzliche Grundlage vergeben werden dürfen. Dies gilt vor allem für die Gewährung von Subventionen oder ähnlichen finanziellen Leistungen des Staats an Private. Nach einem Teil der koreanischen Literatur[144], die sich an deutsche Lehrmeinungen anlehnt, bedürfen Subventionen keiner gesetzlichen Grundlage; jede andere parlamentarische Willensäußerung, insbesondere die etatmäßige Bereitstellung der erforderlichen Mittel, reicht aus. Wenn jedoch die Subventionen mit belastenden Auflagen verbunden werden, verlangt man eine gesetzliche Grundlage.

3.5 Das Gleichheitsprinzip

Das in Art. 11 Abs. 1 KV verankerte Gleichheitsprinzip bindet sowohl den Gesetzgeber als auch die Verwaltung. Es gebietet, bei im wesentlichen gleichen Sachverhalten auch gleiche Rechtsfolgen zu setzen. Daher verbietet es ungleiche Begünstigungen, und es gebietet gleiche Zuteilungen.

Die Tragweite des Gleichheitssatzes ist für die einzelnen Bereiche der Leistungsverwaltung, der Vorsorgeverwaltung und der Sozialverwaltung sowie der Förderungsverwaltung unterschiedlich. Im Bereich der Förderungsverwaltung geht es vor allem um die Beantwortung der Frage, ob und inwieweit die Nichtberücksichtigung bestimmter Personengruppen bei Gewährung von Leistungsansprüchen durch den Gesetzgeber gerechtfertigt ist. Zur Beantwortung dieser Frage weist man gern auf die deutsche Lehre vom „Anspruch auf fehlerfreien Ermessensgebrauch" und von der „Selbstbindung der Verwaltung" hin[145].

3.6 Das Übermaßverbot

Es ist allgemein anerkannt, daß das Übermaßverbot auch für die Leistungsverwaltung gilt. In der koreanischen Literatur geht man davon aus, daß das Übermaßverbot die Prinzipien Geeignetheit, Erforderlichkeit und Ange-

---

[144] Vor allem vgl. *Nam J. Kim*, Verwaltungsrecht II, 1989, S. 268 f.

[145] Vgl. *Nam J. Kim*, ebenda, S. 269 f.; *Jong H. Seok*, Verwaltungsrecht II, 1990, S. 35 ff.

messenheit des Mittels umfaßt, was sich an die deutsche Lehre anlehnt. Aus dem Übermaßverbot folgt unter anderem das sogenannte Koppelungsverbot.

3.7 Das Gebot des Vertrauensschutzes

Der Grundsatz des Vertrauensschutzes ist, wie oben erwähnt, allgemein als Grundsatz des Verwaltungsrechts anerkannt; er gilt auch für die Leistungsverwaltung. Der Grundsatz wurde auch bereits gesetzlich festgeschrieben; so bestimmt z.B. § 27 Saenghwalbohobop, daß eine Schutzmaßnahme nicht ohne rechtfertigende Gründe geändert werden darf.

IV. Öffentliche Sachen und öffentliche Unternehmen

1. Einleitung

Die öffentlichen Sachen und die öffentlichen Unternehmen werden in der koreanischen Literatur im Zusammenhang mit der Vorsorgeverwaltung innerhalb der Leistungsverwaltung behandelt. Die bisherigen führenden Lehrbücher in Korea stützten sich in ihrer Darstellung fast ausschließlich auf koreanische Literatur; lediglich Otto Mayer wird hinsichtlich des Rechtscharakters der öffentlichen Sache und F. Fleiner hinsichtlich der faktischen Monopole der öffentlichen Unternehmen zitiert. Daher ist schwer festzustellen, ob es insoweit eine Rezeption der deutschen Lehre gegeben hat. Jedenfalls konnte dieser Bereich aus der indirekten Übernahme preußischen Rechts über das japanische Recht nicht ausgeschlossen bleiben. Die Tatsache, daß deutsche Literatur in diesem Punkt fast nicht zitiert worden ist, läßt aber nicht auf einen Ausschluß der Rezeption, sondern eher auf eine rasche Koreanisierung dieser Rechtsinstitute schließen.

Allerdings ist insoweit die weitere dogmatische Entwicklung unter dem Bonner Grundgesetz in Korea nicht mehr verfolgt worden; erst nach 1980 trat eine Änderung ein, denn nun beschäftigten sich die koreanischen Verwaltungsrechtler mit der deutschen Literatur. Aber die (erneute) Rezeption des deutschen öffentlichen Sachenrechts und des Rechts der öffentlichen Unternehmen hat gerade erst begonnen. Daher kann noch nicht viel ausgesagt und im folgenden nur ein kurzer Überblick gegeben werden.

2. Die öffentlichen Sachen

Der Begriff der öffentlichen Sache wird in Korea teils im weiteren Sinne, teils im engeren Sinne und teils im ganz engen Sinne verstanden. Die herrschende Lehre geht vom Begriff der öffentlichen Sache im engeren Sinn aus[146]. Danach sind öffentliche Sachen körperliche Gegenstände in der Hand eines Verwaltungsträgers, die einem bestimmten Verwaltungszweck unmittelbar zu dienen haben[147]. Nach dem Verwaltungszweck, dem sie unmittelbar zu dienen haben, unterscheidet man drei Gruppen von öffentlichen Sachen:

- öffentliche Sachen im Gemeingebrauch (Gonggongyongmul),
- öffentliche Sachen im öffentlichen Dienstgebrauch (Gongyongmul), und
- öffentliche Sachen im Verwahrungsgebrauch (Bojongongmul).

Nach der Entstehung unterscheidet man natürliche öffentliche Sachen und künstliche öffentliche Sachen. Nach der Zuordnung unterscheidet man die öffentlichen Sachen des Staates, die öffentlichen Sachen eines anderen öffentlichen Verwaltungsträgers und die öffentlichen Sachen in der Hand von Privatpersonen. Am wichtigsten sind die öffentlichen Sachen im Gemeingebrauch.

Die koreanische Literatur beschäftigt sich vornehmlich mit der Entstehung oder der Erledigung der jeweiligen öffentlichen Sachen. Es ist allgemein anerkannt, daß natürliche öffentliche Sachen aus ihrem Zustand heraus diese Eigenschaft gewinnen. Bei künstlich öffentlichen Sachen (z.B. Straßen) verlangt man als Voraussetzung der Eigenschaft der „öffentliche Sache" das körperliche Element und auch das Willenselement des Verwaltungsträgers; das Willenselement bedeutet die Widmung. Durch den Rechtsakt der Widmung werden die öffentlichen Sachen einem Regime unterstellt, das dem Staat oder dem sonstigen innerstaatlichen Träger öffentlicher Verwaltung eine spezifische Sachherrschaft verleiht[148].

---

[146] Der Begriff der öffentlichen Sachen nach herrschender Lehre wird neuerdings sehr kritisiert, denn er klammert die unkörperlichen Gegenstände aus. Diese Kritik beruht auf deutscher Lehrmeinung, indem sie versucht, den Begriff der koreanischen öffentlichen Sachen in Anlehnung an den Begriff der deutschen öffentlichen Sachen zu bestimmen. Vgl. *Nam J. Kim,* Verwaltungsrecht II, 1989, S. 271 f.; *Bo S. Shin,* Gemeingebrauch der öffentlichen Sachen, in: YGGS (Dez. 1988), S. 173 ff.

[147] Vgl. *Do C. Kim,* Verwaltungsrecht II, 1989, S. 437 f.; *Jong H. Seok,* Verwaltungsrecht II, 1990, S. 391 ff.

[148] Vgl. *Salzwedel,* Anstaltsnutzung und Nutzung öffentlichen Sachen, in: *Erichsen / Martens,* Allgemeines Verwaltungsrecht, 1988, S. 480 f.

Hinsichtlich der Gestaltung des genannten Regimes vertritt man teils die Lehre vom öffentlichen Eigentum nach Otto Mayer und teils die Lehre vom privatrechtlichen Eigentum; letztere war bislang in der koreanischen Literatur die herrschende. Man hat in Korea im Straßenrecht das öffentliche Eigentum eingeführt. Im übrigen vertritt man den Standpunkt, daß die privatrechtliche Natur des Eigentums maßgebend sei, gleich ob die Körperschaft, die die Hoheitsgewalt ausübt, auch Eigentümerin der Sache ist oder nicht. Das öffentliche Sachenrecht Koreas arbeitet aber mit einer dualistischen Konstruktion.

3. Das öffentliche Unternehmen

Der Begriff des öffentlichen Unternehmens wird in Korea im weitesten Sinne, im engeren Sinn und im ganz engen Sinne verstanden; die herrschende Lehre geht von dem Begriff des öffentlichen Unternehmens im ganz engen Sinne aus. Danach sind öffentliche Unternehmen diejenigen Unternehmen des Staates oder einer öffentlichen Körperschaft, die unmittelbar dem Interesse der Allgemeinheit dienen und die mit Gewinnerzielungsabsicht betrieben werden[149]. Da z.B. Museen, Bibliotheken, Freizeiteinrichtungen oder auch Strafanstalten nicht gewinnstrebend arbeiten, werden sie aus dem Begriff des öffentlichen Unternehmens ausgeschieden.

Nach dem Träger unterscheidet man Staatsunternehmen (z.B. Staatsbahn, Staatspost) und Unternehmen der Selbstverwaltungsträger (z.B. Wasserwerk, Verkehrsunternehmen, Gaswerk, Abwasserwerk, Müll- und Sanitätsbetrieb, Wohnungsbauunternehmen usw.). Es gibt auch Unternehmen von juristischen Personen mit Sonderstatus, z.B. Chongbutujagikwan[150]. Nach dem Monopolgrad unterscheid man Monopolunternehmen und Nicht-Monopolunternehmen. Nach dem Grad der Selbständigkeit heben sich autonome Unternehmen von nicht-autonomen Unternehmen ab. Nach der Organisationform sind in die Verwaltung eingegliederte Unternehmen und Unternehmen mit eigener Rechtspersönlichkeit zu unterscheiden.

Öffentliche Unternehmen werden auf Grund eines Gesetzes oder einer Rechtsverordnung des Staatspräsidenten oder auch auf Grund einer Satzung errichtet. Öffentliche Unternehmen werden durch besondere Maßnahmen unterstützt und genießen manchen Vorrang; zulässig ist z.B., daß sie ein

---

[149] Vgl. *Püttner*, Die öffentliche Unternehmen, 1985, S. 28 f.

[150] Chongbutujagikwan = die öffentlichen Unternehmen, bei denen die Regierung über 50% Anteil des Gesamtkapitals hält. Diese regelt das Chongbutujagikwankwanribop (z.B. Korean Industrial Bank, Volksbank, Korean Housing Bank, Korean Trade Corporation, Korean Housing Corporation, Korean Gas Corporation usw.).

Monopol innehaben. Gelegentlich haben sie auch das Enteignungsrecht oder ein Benutzungs- oder Gebrauchsrecht hinsichtlich privaten Eigentums. Sie werden regelmäßig nicht besteuert oder die Steuer wird ihnen erlassen. Sie erhalten auch Beihilfen von seiten des Staates. Die Unternehmen werden von der Aufsichtsbehörde oder vom Parlament oder auch vom Gericht (nachträglich) kontrolliert.

Die Rechtssnatur der Benutzungsverhältnisse öffentlicher Unternehmen wird allgemein als privatrechtlich betrachtet. Wenn aber das Benutzungsverhältnis durch öffentliches Recht geregelt ist oder durch Gemeinnützigkeit oder öffentliche Interessen in starken Maße geprägt wird, handelt es sich um ein öffentlich-rechtliches Verhältnis.

Das Benutzungsverhältnis entsteht auf Antrag oder mit Zustimmung des Benutzers. Es kann aber auch auf Benutzungszwang beruhen, insbesondere auf unmittelbarem oder mittelbarem Kontrahierungszwang wegen faktischen Monopols, oder auf Verwaltungszwang. Anstelle des Betriebs eines öffentlichen Unternehmens kann der Staat ganz oder zum Teil private juristische Personen konzessionieren. Die konzessionierten Unternehmen werden nicht als öffentliche Unternehmen betrachtet[151].

V. Das Recht der öffentlichen Lasten und der Enteignung

1. Vorbemerkung

Der Begriff der „öffentlichen Lasten" wurde zuerst von Otto Mayer[152] definiert. Er versteht darunter die dem Untertanen obliegende Pflicht, dem Unternehmer die Mittel zu gewähren, deren er zur Erfüllung seines Zwecks bedarf. Dieser Begriff von Otto Mayer wurde über die japanische Literatur in das koreanische Recht rezipiert. Das Rechtsinstitut selbst ist unverändert in der koreanischen Literatur erhalten geblieben, während dessen Ausformung an die soziale und wirtschaftliche Entwicklung im modernen Staat angepaßt worden ist. Die deutsche Literatur behandelt die öffentlichen Lasten i.S.d. koreanischen Literatur heute entweder unter dem Stichwort „Gebühren und Beiträge" oder im Zusammenhang mit dem Recht der öffentlich-rechtlichen Ersatzleistungen, insbesondere im Zusammenhang mit dem Staatshaftungs-

---

[151] *Nam J. Kim*, Verwaltungsrecht II, 1989, S. 337 f.; *Sang K. Lee*, Verwaltungsrecht II, 1989, S. 385 f.; *Yun H. Park*, Verwaltungsrecht II, 1989, S. 323 f.

[152] *O. Mayer*, Deutsches Verwaltungsrecht, Bd. II, ^{3}1924, S. 217 ff.

recht[153]. Die Tatsache, daß das Recht der öffentlichen Lasten in der koreanischen Entwicklung im Vergleich zum deutschen Recht zurückgeblieben ist, wird von Nam J. Kim kritisiert. Er meint, daß dieses als öffentlich-rechtliche Pflicht zu betrachten sei und nach dem Vorbild des deutschen Rechts behandelt werden müßte[154]. Damit im Zusammenhang steht der Versuch, den Begriff der Enteignung und das Rechtsinstitut des enteignungsgleichen Eingriffs und des enteignenden Eingriff aus dem deutschen Verwaltungsrecht in das koreanische Recht zu überführen. Im folgenden wird ein kurzer Überblick über den Einfluß des deutschen Rechts auf dem Gebiet der öffentlichen Lasten gegeben.

2. Das Recht der öffentlichen Lasten

Der inzwischen überholte Begriff der öffentlichen Lasten, wie ihn Otto Mayer verstanden hat, wird jetzt im modernen Staat anders definiert. Öffentliche Lasten sind nunmehr öffentlich-rechtliche wirtschaftliche Lasten, die dem einzelnen wegen eines bestimmten öffentlichen Vorhabens oder für einen bestimmten Zweck der Wohlfahrtsverwaltung auferlegt sind. Zahlreiche Gesetze[155] befassen sich mit Beiträgen dieser Art, insbesondere Beiträgen der Grundstückseigentümer, sowie mit der Enteignung, der öffentlichen Benutzung und der Einschränkung des privaten Eingentums. Bei den öffentlichen Lasten unterscheidet man der Ursache nach auferlegte und übernommene Lasten. Nach dem Inhalt werden persönliche und dingliche Lasten, sowie bei den dinglichen Lasten wiederum ihrer Natur nach Eigentumsbeschränkungen, Enteignungen und Veränderungen (z.B. Umlegungen) unterschieden.

Die verfassungsrechtlichen Grundlagen dafür finden sich in Korea in Art. 23 Abs. 3 und Art. 22 KV. Art. 23 Abs. 3 KV lautet: „Die Zulässigkeit von Enteignung, Benutzung, Einschränkung und Entschädigung des privaten Eigentums kann durch Gesetz aus Gründen des Gemeinwohls vorgesehen

---

[153] Vgl. *Rüfner*, Das Recht der öffentlich-rechtlichen Schadensersatz- und Entschädigungsleistungen, in: *Erichsen / Martens*, Allgemeines Verwaltungsrecht, 1988, S. 521 ff.; *Maurer*, Allgemeines Verwaltungsrecht, 1983, S. 497 f.

[154] *Nam J. Kim* (Verwaltungsrecht I, 1989, S. 427 ff.) versteht die öffentlichen Lasten als öffentlich-rechtliche Pflicht.

[155] So z.B. Städteplanungsgesetz, Bodennutzungsgesetz, Städtesanierungsmaßnahmengesetz, Erschließungsgesetz, Straßengesetz usw. Zur Raumordnung in Korea vgl. *Jong H. Seok*, Raumordnung in der Bundesrepublik Deutschland und der Republik Korea, 1978, S. 106 ff.

werden. In solchen Fällen wird eine gerechte Entschädigung gezahlt". Art. 22 KV lautet: „Der Staat kann nach Maßgabe der Gesetze Beschränkungen anordnen oder Pflichten auferlegen, die für eine wirksame und ausgewogene Nutzung, Erschließung und Erhaltung des Landes als Grundlage der Produktion und zur Sicherung des täglichen Lebens der Bürger notwendig sind".

3. Die rezipierte deutsche Theorie der Enteignung und Eigentumsbeschränkung

3.1 Das Rechtsinstitut der Enteignung

Nachdem die koreanische Literatur das in der zweiten Hälfte des 19. Jahrhunderts entwickelte Rechtsinstitut der Enteignung übernommen hatte, ist diese sogenannte klassische Enteignung bis zum Anfang der 70er Jahre maßgebend geblieben, obwohl sich die politischen, wirtschaftlichen und sozialen Verhältnisse im Gefolge des wirtschaftlichen Aufschwungs der letzten 20 Jahre sehr verändert haben. Eigentlich müßte nunmehr das Rechtsinstitut der Enteignung irgendwie neu definiert werden. Dabei haben die koreanischen Verwaltungsjuristen wiederum deutsche Rechtsinstitute zum Vorbild genommen. Die Bestimmungen über die Eigentumsgarantie und Enteignung in der koreanischen Nachkriegsverfassung haben Art. 153 der Weimarer Reichsverfaßung zum Vorbild genommen, und Art. 23 Abs. 1 (Eigentumsgarantie) und Abs. 3 (Enteignung) in der koreanischen Verfassung von 1987 orientieren sich an Art. 14 des Bonner Grundgesetzes. Damit ist das Rechtsinstitut der Enteignung in Korea rezipiert worden. Die verfassungsrechtlichen Bestimmungen dafür sind heute in beiden Ländern ungefähr gleich.

Die klassische Enteignung übersetzte man mit Gongyongsuyyong ins Koreanische. Dieser Wortgebrauch muß auch für die erweiterte Enteignung gelten; damit taucht allerdings die Frage auf, wie man sprachlich zwischen der klassischen und der erweiterten Enteignung unterscheiden soll. Daher schlug Nam J. Kim eine neue Terminologie, nämlich „Gongyongchimhae" vor, wobei das neue Wort sehr bald zur Bezeichnung der erweiterten Enteignung akzeptiert wurde. Der Sache nach ist so der Begriff der erweiterten Enteignung aus der deutschen Literatur in das koreanische Verwaltungsrecht rezipiert worden. Auf den Begriff der Enteignung in der deutschen Literatur wird hingewiesen[156].

[156] Vor allem *Maurer*, Allgemeines Verwaltungsrecht, 1983, S. 534 f.

3.2 Die Abgrenzung von Eigentumsbindung und Sonderopfer

Da die koreanische Verfassung wie das Grundgesetz die Sozialbindung des Eigentums vorschreibt (Art. 23 Abs. 2 KV), ist es unbestritten, daß die Eigentumsbindung entschädigungslos hinzunehmen ist und nur die echte Enteignung eine Entschädigung auslöst. Die Enteignung im engeren Sinne umfaßt nur die klassische Enteignung. Die in der Literatur vertretene erweiterte Enteignung löst nach den koreanischen Gesetzen bisher keine Entschädigung aus. Daher stellt sich die Frage, ob die Eigentumsbeschränkung nicht doch als eine Enteignung (im Sinne der deutschen und auch der koreanisccheu Literatur) anzusehen und damit entschädigungspflichtig ist. Um die Abgrenzung von zulässiger Eigentumsbindung und Sonderopfer zu klären, haben die koreanischen Verwaltungsjuristen[157] die deutschen Abgrenzungstheorien rezipiert, nämlich die Sonderopfertheorie, die Schutzwürdigkeitstheorie, die Zumutbarkeitstheorie, die Privatnützigkeitstheorie, die Zweckentfremdungstheorie, die Sozialbindungstheorie und die Theorie von der Situationsgebundenheit des Eigentums. Diese deutschen Abgrenzungstheorien von Eigentumsbindung und Sonderopfer werden in der koreanischen Literatur problemlos vertreten. Der Grund dafür liegt darin, daß die Rechtsprechung in Korea bisher keine Abgrenzungskriterien geboten hat, denn es gibt in Korea nur Klagen um die Höhe der Entschädigung, wie sie im jeweiligen Enteignungsgesetz angeordnet ist, aber keine Klage auf gesetzlich nicht vorgesehene Entschädigungen.

3.3 Der enteignungsgleiche Eingriff und der enteignende Eingriff

Wie oben erwähnt, vertreten einige Autoren in Korea den Begriff der erweiterten Enteignung (Gongyongchimhae). Danach sind auch bloße Beschränkungen, vor allem Nutzungsbeschränkungen des Eigentums, als Enteignung anzusehen; eigentlich müßte dafür Entschädigung geleistet werden. Aber die Gesetze sehen bisher keine Entschädigung für solche Nutzungsbeschränkungen vor. Daher taucht die Frage auf, inwieweit Beschränkungen noch als Sozialbindung anzusehen sind. Zur Klärung dieser Frage hat man die genannten Abgrenzungstheorien herangezogen, und man kommt zu dem Ergebnis, daß nicht jede Eigentumsbeschränkung mit der Sozialbindung des Eigentums gleichgesetzt werden darf. Wenn z.B. ein Grundstück wegen der öffentlichen Planung mit Benutzungsbeschränkungen

---

[157] Vgl. *Nam J. Kim*, Verwaltungsrecht I, 1990, S. 436 f.; *ders.*, Grundprobleme des Verwaltungsrechts, 1989, S. 361 ff.; *Jong H. Seok*, Die planungsrechtlichen Eigentumsbeschränkungen und Entschädigungen, in: GSYG (Mai 1985), S. 73 ff.

belastet wird, etwa in einem Straßenbaugebiet zehn Jahre lang nicht bebaut werden darf, ist das nicht zumutbar. Das konkretisiert nicht die Sozialbindung, sondern ist eine Nutzungsbeschränkung und muß entschädigt werden (als rechtswidrig schuldloser Eingriff). Aber dafür fehlt bisher in Korea eine Anspruchsgrundlage. Um diese Lücke durch eine entsprechende Anwendung des Art. 23 Abs. 3 KV zu schließen, rezipierte man[158] das deutsche Rechtsinstitut des enteignungsgleichen und des enteignenden Eingriffs. Daher werden diese deutschen Rechtsinstitute in den koreanischen Lehrbüchern[159] eingehend behandelt. Ob sich allerdings die Rechtsprechung dem anschließen wird, muß abgewartet werden.

---

[158] *Jong H. Seok,* Der enteignungsgleiche Eingriff und der enteignende Eingriff, in: GSYG (Jan. 1984), S. 67 ff.; *Nam J. Kim,* Der enteignungsgleiche Eigentumseingriff und die Entschädigung, in: GSYG (Jan. 1983), S. 165 ff.

[159] Vor allem *Nam J. Kim,* Verwaltungsrecht I, 1990, S. 447 ff.; *Jong H. Seok,* Verwaltungsrecht I, 1990, S. 693 ff.; *ders.,* Öffentliches Baurecht, 1988.

Fünfter Teil

Schlußbemerkung

Wie oben näher gezeigt wurde, hat sich das koreanische Verwaltungsrecht vor allem auf der Grundlage des deutschen Verwaltungsrechts herausgebildet und entwickelt. Das deutsche Recht ist in zwei Wellen nach Korea eingeflossen: zunächst über das japanische Recht und dann unmittelbar. Seit den 70er Jahren befassen sich die koreanischen Verwaltungsrechtler bevorzugt mit deutscher Literatur und zitieren diese in ihren Lehrbüchern.

Demgegenüber treten die Einflüsse aus anderen Ländern deutlich zurück. Zwar ist vor und nach dem Zweiten Weltkrieg das japanische Recht in Korea eingeflossen, und nach dem Krieg hat es Beeinflussungen durch das angloamerikanische Recht gegeben. Aber diese Einflüsse haben im Verwaltungsrecht keinen dominierenden Platz erobern können. Auch mit dem französischen Verwaltungsrecht haben sich nur wenige koreanische Wissenschaftler beschäftigt, und seine Wirkung ist in Korea gering. So kann man ohne Übertreibung feststellen, daß – betrachtet man nur die von außen stammenden Einflüsse auf das koreanische Verwaltungsrecht – ganz überwiegend das deutsche Verwaltungsrecht das Vorbild des koreanischen Verwaltungsrechts darstellt. Daneben gab und gibt es eine beachtliche Ausbildung eigenständigen koreanischen Verwaltungsrechts, das mit Hilfe der aus Deutschland rezipierten Doktrin verstanden worden ist. Die Verschmelzung hat aber ihre Zeit gebraucht, und der Entwicklungsprozeß ist noch nicht abgeschlossen.

Hervorzuheben ist, daß dieser Prozeß sich auf der Grundlage der Befassung mit der deutschen Literatur seitens der koreanischen Verwaltungsrechtler vollzieht. Diese Tendenz ist im Steigen begriffen, so daß sich der Einfluß der deutschen Verwaltungsrechtsdogmatik auf das koreanische Verwaltungsrecht in nächster Zeit eher noch verstärken wird. Korea befindet sich infolge seines raschen wirtschaftlichen Aufschwungs in einem Prozeß sozialen, politischen und wirtschaftlichen Wandels. Dieser Wandlungsprozeß steht in engem Zusammenhang mit der Fortentwicklung des Verwaltungsrechts. Die Rezeption der deutschen Verwaltungsrechtsdogmatik soll zu einem Ausweg aus diesem Wandlungsprozeß und zum Erreichen eines festen Standorts des Verwaltungsrechts beitragen.

Während die Koreaner fleißig das deutsche Verwaltungsrecht studieren, hat umgekehrt das koreanische Verwaltungsrecht bei den deutschen Juristen bisher wenig Aufmerksamkeit gefunden. Diese Einseitigkeit sollte abgelöst werden durch wissenschaftlichen Kontakt und Austausch zwischen den Verwaltungsjuristen beider Länder. Die vorliegende Arbeit möchte zu dieser wünschenswerten Zusammenarbeit anregen, damit die erfolgte Rezeption deutschen Verwaltungsrechts und deutscher Verwaltungsrechtsdoktrin in Korea kein einseitiger Akt bleibt, sondern aufgeht in gemeinsamer Arbeit am künftigen Verwaltungsrecht.

Anhang

1. Gliederung des Lehrbuchs über Allgemeines Verwaltungsrecht (1. Aufl. 1958) von Do C. Kim

Erster Teil: Einleitung zum Verwaltungsrecht

§ 1 Verwaltungsrechtswissenschaft

I. Die Bedeutung der Verwaltungsrechtswissenschaft
II. Entstehung der Verwaltungsrechtswissenschaft
  1. Allgemeines
  2. Entstehung der Verwaltungsrechtswissenschaft in europäischen Ländern
  3. Entstehung der Verwaltungsrechtswissenschaft in anglo-amerikanischen Ländern
  4. Entstehung der Verwaltungsrechtswissenschaft in Korea

§ 2 Die Verwaltung

I. Die Verwaltung als Teil der staatlichen Handlungen
  1. Die Gewaltenteilung als Voraussetzung des Verwaltungsbegriffs
    1.1 Die Entstehung des Verwaltungsbegriffs
    1.2 Die Theorie der Gewaltenteilung
  2. Die Bedeutung der Verwaltung
    2.1 Allgemeines
    2.2 Verwaltung – Gesetzgebung – Justiz im materiellen Sinn
    2.3 Verwaltung – Gesetzgebung – Justiz im formellen Sinn
    2.4 Regierungsakt
    2.5 Verwaltungsrechtswissenschaft und Bedeutung der Verwaltung
  3. Die Arten der Verwaltung

II. Die Gewaltenteilung in der Verfassung und die Rolle der Verwaltung

§ 3 Verwaltungsrecht

I. Die Bedeutung des Verwaltungsrechts

II. Entstehung und Typen des Verwaltungsrechts
  1. Die Entstehung des Verwaltungsrechts
  2. Französische und deutsche Typen
  3. Die Entstehung des Verwaltungsrechts in anglo-amerikanischen Ländern

III. Grundsatz der Gesetzmäßigkeit der Verwaltung

IV. Grundprinzipien des Verwaltungsrechts
  1. Dekonzentrationsprinzip
  2. Demokratisches Prinzip
  3. Materielles Rechtsstaatsprinzip

§ 6 Verwaltungsstrafe und Verwaltungszwang

I. Verwaltungsstrafe

II. Verwaltungszwang
1. Vorbemerkung
1.1 Die Bedeutung des Verwaltungszwangs
1.2 Die Arten des Verwaltungszwangs
1.3 Rechtlicher Grund des Verwaltungszwangs
2. Zwangsvollzug
3. Sofortiger Zwang

§ 7 Verwaltungsrechtsschutz

I. Einleitung

II. Ersatzleistung und Entschädigung

III. Verwaltungsrechtliche Streitigkeiten
1. Vorverfahren
2. Verwaltungsklage

Dritter Teil: Verwaltungsorganisationsrecht

I. Einleitung

II. Staatsorganisationsrecht

III. Selbstverwaltungsrecht

IV. Beamtenrecht

2. Gliederung des Lehrbuchs über Allgemeines Verwaltungsrecht (6. Aufl. 1989) von Do C. Kim

Erster Teil: Einleitung zum Verwaltungsrecht

§ 1 Die Verwaltung

I. Verwaltungsgedanke und Gewaltenteilung
1. Entstehung des Verwaltungsgedankens
2. Die Lehre von der Gewaltenteilung
3. Gewaltenteilung in der Verfassung und die Verwaltung

II. Die Bedeutung der Verwaltung
1. Verwaltung – Gesetzgebung – Justiz im materiellen Sinn
2. Verwaltung – Gesetzgebung – Justiz im formellen Sinn
3. Regierungsakt
4. Die Verwaltung als Gegenstand der Verwaltungsrechtswissenschaft
5. Die besondere Merkmale der modernen Verwaltung

III. Die Unterscheidung der Verwaltung

V. Verwaltungsvertrag

VI. Vereinbarung

VII. Haengjongjido (Verwaltungslenkung)

VIII. Verwaltungsverfahren

§ 6 Das Mittel zur Wahrnehmung der Wirklichkeit der Verwaltung

I. Das Mittel
   1. Einleitung
   2. Verwaltungszwang
   3. Verwaltungsstrafe

II. Sofortiger Zwang

III. Verwaltungsuntersuchung (Haengjongchosa)

Dritter Teil: Das Recht zum Verwaltungsrechtsschutz

§ 7 Einleitung

I. Bedeutung des Verwaltungsrechtsschutzes

II. Ombudsman

§ 8 Staatliche Ersatzleistungen

§ 9 Verwaltungsrechtliche Streitigkeiten

3. Gliederung des Lehrbuchs über Allgemeines Verwaltungsrecht (1. Aufl. 1986) von Jong H. Seok

Erster Teil: Verwaltung und Verwaltungsrecht

§ 1 Verwaltung

I. Einleitung
   1. Der Gedanke der Verwaltung
      (1) Vorbemerkung
      (2) Die Vielfältigkeit des Verwaltungsbegriffs
   2. Die Verwaltung im materiellen Sinne
      (1) Lehrmeinungen
      (2) Begriffliche Merkmale der Verwaltung
      (3) Verwaltung und Gesetzgebung, Justiz
   3. Die Verwaltung im formellen Sinn

II. Gewaltenteilung und Verwaltung
   1. Die Lehre von der Trennung der Gewalten
      (1) Der Begriff der Gewaltenteilung
      (2) Die Entstehung und der Gedanke der Gewaltenteilung

- 2. Rule of Law im formellen und materiellen Sinn
- 3. Die Inhalte von Rule of Law im materiellen Sinn
  - (1) Der Vorrang des Gesetzes
  - (2) Der Vorbehalt des Gesetzes
    - (a) Vorbemerkung
    - (b) Die Lehre
      - (aa) Eingriffsvorbehalt
      - (bb) Totalvorbehalt
      - (cc) Sozialvorbehalt
      - (dd) Wesentlichkeitstheorie
      - (ee) Schlußwort

IV. Die Besonderheit des Verwaltungsrechts
- 1. Die Besonderheit bei Regelungsform
  - (1) Die Geschriebenheit des Verwaltungsrechts
  - (2) Vielgestaltigkeit der Form des Verwaltungsrechts
- 2. Die Besonderheit bei Regelungscharakter
  - (1) Einseitigkeit, Vollziehbarkeit
  - (2) Technische Mittelbarkeit
  - (3) Allgemeinheit, Gleichheit
- 3. Die Besonderheit bei Regelungsinhalt
  - (1) Die Vorrangigkeit der vollziehenden Gewalt
  - (2) Die Vorrangigkeit des öffentlichen Interesses

V. Die Grundprinzipien und die Grundsätze des Verwaltungsrechts
- 1. Die Grundprinzipien des Verwaltungsrechts
  - (1) Der Grundsatz des Rechtsstaats
  - (2) Der Grundsatz des Demokratiestaats
  - (3) Der Grundsatz des Wohlfahrtsstaats
- 2. Die Grundsätze des Verwaltungsrechts
  - (1) Der Grundsatz des Treu und Glauben
  - (2) Der Grundsatz der Gleichheit
  - (3) Der Grundsatz der Verhältnismäßigkeit
  - (4) Der Grundsatz des Vertrauensschutzes

VI. Die Rechtsquelle und die Geltung des Verwaltungsrechts
- 1. Vorbemerkung
  - (1) Der Begriff der Rechtsquelle
  - (2) Der Grundsatz der Geschriebenheit des Verwaltungsrechts
  - (3) Die Kodifizierung des Verwaltungsrechts
- 2. Die geschriebenen Rechtsquellen
  - (1) Die Verfassung
  - (2) Die formellen Gesetze
  - (3) Rechtsverordnungen
  - (4) Vereinbarung, Internationale Rechtssätze
  - (5) Rechtssätze der Selbstverwaltung
- 3. Die ungeschriebenen Rechtsquellen
  - (1) Gewohnheitsrecht
  - (2) Richterrecht
  - (3) Das Recht der Natur der Sache
- 4. Die Geltung des Verwaltungsrechts
  - (1) Zeitliche Geltung

§ 6 Die Arten und die Inhalte des Verwaltungsakts

I. Die Arten des Verwaltungsakts
1. Die Unterscheidung nach der Rechtsfolge
(1) Begünstigende Verwaltungsakte
(2) Belastende Verwaltungsakte
(3) Verwaltungsakte mit Doppelwirkung
2. Gebundener Verwaltungsakt und Ermessensakt
3. Persönlicher und dinglicher Verwaltungsakt
4. Einseitiger und mitwirkungsbedürftiger Verwaltungsakt
5. Formbedürftiger und nicht formbedürftiger Verwaltungsakt
6. Annahmebedürftiger und nicht annahmebedürftiger Verwaltungsakt
7. Positiver und negativer Verwaltungsakt
8. Juristisch handelnder und rechtshandelnder Verwaltungsakt

II. Ermessen und unbestimmter Rechtsbegriff
1. Vorbemerkung
(1) Rechtsanwendung der Verwaltung
(2) Verwaltungsgerichtliche Kontrolle
(3) Lockerung der Gesetzgebung
2. Ermessensakt und gebundener Akt
(1) Begriff des Ermessensakts
(2) Das Verhältnis zwischen Ermessensakt und gebundenem Akt
3. Die Unterscheidung zwischen Ermessensakt und gebundenem Akt
(1) Die Notwendigkeit der Unterscheidung
(2) Maßstab der Unterscheidung
(a) Neue Gesichtspunkte
(b) Die Lehre
(aa) Tatbestandsermessen
(bb) Verhaltensermessen
(cc) Schlußwort
4. Die Grenze des Ermessens
(1) Die Bedeutung der Ermessensausübung
(a) Individuelle Ermessensausübung
(b) Generelle Ermessensausübung
(2) Die Grenze der Ermessensausübung
(3) Die Arten des Ermessensfehlers
(a) Ermessensüberschreitung
(b) Ermessensmißbrauch
(c) Ermessensnichtgebrauch
(4) Ermessensreduzierung
5. Unbestimmter Rechtsbegriff und Beurteilungsspielraum
(1) Der unbestimmte Rechtsbegriff
(2) Die Lehre vom Beurteilungsspielraum
6. Die Lehre vom Planungsermessen
(1) Vorbemerkung
(a) Die Bedeutung des Planungsermessens
(b) Der Begriff des Planungsermessens
(2) Die Besonderheit der Planungsnorm
(3) Die Unterscheidung zwischen Verwaltungs- und Planungsermessen
(4) Gerichtliche Kontrolle zum Planungsermessen
(5) Schlußwort

II. Die Geltung des Verwaltungsakts
  1. Verbindlichkeit
  2. Tatbestandswirkung
    (1) Die Bedeutung
    (2) Die Gründe der Tatbestandswirkung
      (a) Gesetzlicher Grund
      (b) Theoretischer Grund (die Lehre)
        (aa) Selbstbezeugung von O. Mayer
        (bb) Staatsautorität von E. Forsthoff
        (cc) Rechtssicherheit und Vertrauensschutz
    (3) Die Grenze der Tatbestandswirkung
  3. Bestandskraft des Verwaltungsakts
    (1) Unanfechtbarkeit
    (2) Unabänderlichkeit
    (3) Das Verhältnis zwischen Unanfechtbarkeit und Unabänderlichkeit
  4. Vollstreckbarkeit

§ 9 Die Fehler des Verwaltungsakts

I. Allgemeines
  1. Die Bedeutung des Fehlers
  2. Die Typen der Fehler
    (1) Nichtigkeit und Aufhebbarkeit des Verwaltungsakts
    (2) Nichtigkeit und Nicht-Vorhandensein des Verwaltungsakts
  3. Abgrenzung zwischen Nichtigkeit und Rücknahme
    (1) Die Notwendigkeit der Abgrenzung
    (2) Die Lehre über Abgrenzung
    (3) Schlußwort (Abgrenzungsmaßstab)
      (a) Die Schwere des Fehlers
      (b) Die Offenkundigkeit des Fehlers
    (4) Die Heilung und Umdeutung des Verwaltungsakts
    (5) Die Übernahme der Fehlers

II. Die Gründe der Nichtigkeit des Verwaltungsakts
  1. Die Bedeutung der Nichtigkeit des Verwaltungsakts
  2. Die Gründe der Nichtigkeit
    (1) Fehler des Verwaltungsträgers
    (2) Inhaltliche Fehler
    (3) Verfahrensfehler
  3. Streitverfahren gegen die Nichtigkeit des Verwaltungsakts

§ 10 Rücknahme und Widerruf des Verwaltungsakts

I. Die Rücknahme des Verwaltungsakts
  1. Die Bedeutung der Rücknahme
  2. Die Arten der Rücknahme
  3. Die Unterscheidung zwischen der Rücknahme und der Rücknahme nach Streitverfahren
  4. Die Rücknahmebefugnis
  5. Die Rechtsgrundlage der Rücknahme und die Gründe der Rücknahme
  6. Die Beschränkung der Rücknahme
  7. Das Rücknahmeverfahren

§ 13 Öffentlich-rechtlicher Vertrag und Vereinbarung

I. Öffentlich-rechtlicher Vertrag
1. Allgemeines
2. Die Arten des Vertrags
3. Die Besonderheit des öffentlich-rechtlichen Vertrags

II. Öffentlich-rechtliche Vereinbarung

§ 14 Verwaltungsleitung (Haengjongjido)

I. Der Begriff der Verwaltungsleitung

II. Die Notwendigkeit der Verwaltungsleitung

III. Die Arten der Verwaltungsleitung

§ 15 Der Verwaltungs-Realakt

I. Allgemeines
1. Die Bedeutung
2. Der Begriff des Verwaltungs-Realakts
3. Die Arten der Realakte

II. Die Rechtsgrundlage und die Grenze

III. Die Realakte und der Verwaltungsrechtsschutz
1. Schadensersatz
2. Verwaltungsprozeß

§ 16 Verwaltungsplan

I. Allgemeines
1. Die Bedeutung
2. Die Hintergründe der geschichtlichen Entwicklung
3. Die Funktionen der Pläne

II. Die Arten der Pläne

III. Das Aufstellungsverfahren der Pläne
1. Vorbemerkung
2. Die Rechtsgrundlage zur Aufstellung der Pläne
3. Das Aufstellungsverfahren
4. Die Bürgerbeteiligung

IV. Die Rechtsnatur der Verwaltungspläne
1. Vorbemerkung
2. Die Lehre über die Rechtsnatur

V. Verwaltungsplan und Rechtsschutz

§ 17 Das Verwaltungsprivatrecht

I. Allgemeines

II. Die Bedeutung

III. Die Arten des Verwaltungsprivatrechts

IV. Die Bindung an die Verfassung

III. Die Verwaltungsklage
1. Allgemeines
(1) Die Bedeutung der Verwaltungsklage
(2) Das Wesen der Verwaltungsklage
(3) Das System der Verwaltungsgerichtsbarkeit
(4) Die Besonderheit der Verwaltungsklage
(5) Die Grenze der Verwaltungsgerichtsbarkeit
2. Die Arten der Verwaltungsklage
(1) Anfechtungsklage
(2) Parteistreitigkeitsklage
(3) Popularklage
(4) Organklage
3. Örtliche Zuständigkeit bei der Verwaltungsklage
4. Die Parteien der Verwaltungsklage
(1) Vorbemerkung
(2) Die Klage- und Antragsbefugnis
(3) Die Statthaftigkeit der Klage
(4) Die Klagebeteiligung
(5) Die Vertretung der Klage
5. Die Erhebung der Klage
6. Die Sachentscheidung und die Urteile der Verwaltungsklage

4. Zusammenstellung der von der koreanischen Literatur zitierten deutschen Literatur

Abelein, Manfred: Die Abgrenzung Verwaltungsakt – Verordnung, in: Recht und Staat. FS für Günter Küchenhoff, 1972; *Achterberg, Norbert:* Allgemeines Verwaltungsrecht, 1982; *Adamovich, L.:* Handbuch des Österreichischen Verwaltungsrechts, Bd. I, 1954; Bd. II, 1953; *Adamovich / Funk,* Allgemeines Verwaltungsrecht, 1980; *Anschütz, G.:* Das Recht des Verwaltungszwanges in Preußen, VerwArch. 1 (1893); *ders.,* Lehrbuch des deutschen Staatsrechts, 1919; *Antoniolli, W.:* Allgemeines Verwaltungsrecht, 1954; *Arndt, Wolfgang:* Der Verwaltungsakt als Grundlage der Verwaltungsvollstreckung, 1967; *Bachof, Otto:* Beurteilungsspielraum, Ermessen und unbestimmter Rechtsbegriff im Verwaltungsrecht, JZ 1965; *ders.,* Verwaltungsakt und innerdienstliche Weisung, in: FS für Laforet, 1952; *ders.,* Zur Anwendung unbestimmter Rechtsbegriffe im Verwaltungsrecht, in: Gedächtnisschrift für W. Jellinek, 1955; *ders.,* Die verwaltungsrechtliche Klage auf Vornahme einer Amtshandlung, 1951; *ders.,* Die Dogmatik des Verwaltungsrechts vor den Gegenwartsaufgaben der Verwaltung, VVDStRL 30 (1972); *ders.,* Reflexwirkungen und subjektive Rechte im öffentlichen Recht, in: Gedächtnisschrift für W. Jellinek, 1955; *ders.,* Begriff und Wesen des sozialen Rechtsstaates, VVDStRL 12 (1954); *Badura, Peter:* Entwicklungsplanung und gemeindliche Selbstverwaltung, in: FS für W. Weber, 1974; *ders.,* Die Daseinsvorsorge als Verwaltungszweck der Leistungsverwaltung und soziale Rechtsstaat, DÖV 1966; *Battis, Ulrich:* Allgemeines Verwaltungsrecht, 1985; *Becker, Erich:* Öffentlicher Unternehmen als Gegenstand des Wirtschaftsverwaltungsrechts, DÖV 1984; *Becker, Jürgen:* Öffentliche Unternehmen als Gegenstand des Wirtschaftsverwaltungsrechts, DÖV 1984; *ders.,* Handlungsformen der Verwaltung gegenüber der Wirtschaft, JA 1986; *Bender, Bernd:* Probleme des Grundeigentumsschutzes bei der Planung von Straßen und anderen Projekten der Fachplanung, DVBl. 1984; *Bender, Ernst:* Technische Risiken und Grundgesetz, in: Blümel / Wagener (Hrsg.), Technische Risiken und Recht, 1981; *Bender / Dohle,* Nachbarschutz im Zivil- und Verwaltungsrecht, 1972; *Bernhardt, Klaus:* Zur Anfechtung von Verwaltungsakten durch Dritte, JZ 1963; *Bethge, Herbert:* Aktuelle Aspeckte der Verfassungsgarantie der kommunalen Selbstverwaltung, Die Verwaltung 1982; *ders.,* Grundrechtsverwirklichung und Grundrechtssicherung durch Organisation und Verfahren, NJW 1982; *Bettermann, Karl E.:* Über die Wiederaufnahmen abgeschlossener Verwaltungsverfahren, in: FS für H.J. Wolff, 1973; *ders.,* Verwaltungsakt und Richterspruch, in: Gedächtnisschrift für W. Jellinek, 1955; *ders.,* Zur Lehre vom Folgenbeseitigungsanspruch, DÖV 1955; *Blümel, Willi:* Raumplanung, vollendete Tatsachen und Rechtsschutz, in: FS für Forsthoff, 1967; *ders.,* Planungs und Verwaltungsgerichtsbarkeit, DVBl. 1975; *ders.,* Maßeneinwendung im Verwaltungsverfahren, in: FS für Werner Weber, 1974; *ders.,* Gemeinden und Kreise vor den öffentlichen Aufgaben der Gegenwart, VVDStRL 36 (1978); *Böckenförde, Ernst W.:* Eigentum, Sozialbindung des Eigentums, Enteignung, in: *ders.,* Staat, Gesellschaft, Freiheit, 1976; *ders.,* Die Bedeutung der Unterscheidung von Staat und Gesellschaft im demokratischen Sozialstaat der Gegenwart, in: *ders.,* Staat, Gesellschaft, Freiheit, 1976; *ders.,* Die Organisationsgewalt im Bereich der Regierung, 1964; *Böckenförde, Ernst W. / Grawert, Rolf:* Sonderverordnungen zur Regelung besonderer Gewaltverhältnisse, AöR 95 (1970); *Braun, J.:* Die präjudizielle Wirkung bestandkräftiger Verwaltungsakte, 1981; *Breuer, Rüdiger:* Wirksamer Umweltschutz durch Reform des Verwaltungsverfahrens und Verwaltungsprozeßrecht, NJW 1978; *ders.,* Die Bodennutzung im Konflikt zwischen Städtebau und Eigentumsgarantie, 1976; *Brohm, Winfried:* Die Dogmatik des Verwaltungsrechts vor den Gegenwartsaufgaben der Verwaltung, VVDStRL 30 (1972); *ders.,* Verwaltungsvorschriften und besonderes Gewaltverhältnis, DÖV 1964; *ders.,* Strukturen der Wirtschaftsverwaltung, 1969; *von Brünneck, Alexander:* Das Wohl der Allgemeinheit als Voraussetzung der Enteignung, NVwZ 1986; *Bühler, Otmar:* Die subjektiven Rechte und ihr Schutz in den deutschen Verwaltungsrechtsprechung, 1914; *ders.,* Altes und Neues über Begriff und Bedeutung der subjektiven öffentlichen Rechte, in: Gedächtnisschrift für W. Jellinek, 1955; *Bull, Hans Peter:* Allgemeines Verwaltungsrechts, 1982; *Bullinger, Martin:* Staatsaufsicht in der Wirtschaft, VVDStRL 22 (1964); *ders.,* Unbestimmte Gesetzesbegriffe in der neueren deutschen und französischen Verwaltungsrechtssprechung, in: FS für Hermann Jahrreiß, 1974; *ders.,* Öffentliches Recht und Privatrecht, 1969; *ders.,* Umbildung des Verwaltungsrechts durch Planung in der DDR, in: Joseph H. Kaiser (Hrsg.), Planung I, 1965; *ders.,* Vertrag und Verwaltungsakt, 1962; *Burmeister, Joachim:* Selbstbindung der Verwaltung, DÖV 1981; *Dolzer, Rudolf:* Verwaltungsermessen und Verwaltungskontrolle in den Vereinigten Staaten, DÖV 1982; *Drews / Wacke / Vogel / Martens:* Gefahrenabwehr, Bd. I, 1975; *Eberle, Carl Eugen:* Gesetzesvorbehalt und Parlamentsvorbehalt, DÖV 1984; *Ehmke, Horst:* Staat und Gesellschaft als verfassungstheoretisches Problem, in: FS für R. Smend, 1962; *Erichsen, Hans Uwe:* Besonderes Gewaltverhältnis und Sonderverordnung, in: FS für H.J. Wolff zum 75. Geburtstag, 1975; *ders.,* Staatsrecht und Verfassungsgerichtsbarkeit I, 1971; *Erichsen / Knoke:* Bestandskraft von Verwaltungsakten, NVwZ 1983; *Erichsen / Martens* (Hrsg.): Allgemeines Verwaltungsrecht, 1983; *Eyermann, Erich / Fröhler, Ludwig:* Verwaltungsgerichtsordnung. Kommentar, 1977; *Fleiner, Fritz:* Institutionen des Deutschen Verwaltungsrechts, 1911; *Forsthoff, Ernst:* Lehrbuch des Verwaltungsrechts, Bd. I: Allgemeiner Teil, [10]1973; *ders.,* Die Krise der Gemeindeverwaltung im heutigen Staat; *ders.,* Deutsche Verfassungsgeschichte der Neuzeit, 1967; *ders.,* Norm und Verwaltungsakt in geltenden künftigen Baurecht, DVBl. 1957; *Friauf, Karl Heinrich:* Polizei- und Ordnungsrecht, in: von Münch (Hrsg.), Besonderes Verwaltungsrecht, 1975; *ders.*, Zur Problematik des Rechtsgrundes und der Grenze der polizeilichen Zustandhaftung, in: FS für Gerhard Wacke, 1972; *Fromm, G.:* Der Verwaltungsakt mit Doppelwirkung, VerwArch 47 (1965); *Fromont, M.:* Staatshaftungsrecht in Frankreich, DÖV 1982; *ders.*, Rechtsschutz gegenüber der Verwaltung in Deutschland, Frankreich und den europäischen Gemeinschaften, 1967; *Fuß, E. W.:* Allgemeiner Rechtssatz und Einzelakt, DÖV 1964; *Giese, Friedrich,* Öffentliche Aufopferungsanspruch, 1939; *ders.*, Allgemeines Verwaltungsrecht, 1948, [3]1952; *Gneist, R.:* Der Rechtsstaat und die Verwaltungsgerichte in Deutschland, 1879; *Götz, Volkmar:* Allgemeines Polizei- und Ordnungsrecht, 1976; *ders.*, Kostenrecht der Polizei- und Ordnungsverwaltung, DVBl. 1984; *Gramlich, Ludwig:* Privatbegünstigende Enteignung als Verfassungsproblem, JZ 1986; *Grund, H.:* Abschied vom dinglichen Verwaltungsakt? DVBl. 1974; *Häberle, Peter:* Grundrechte im Leistungsstaat, VVDStRL 30 (1976); *Heinze, C.:* Das planungsrechtliche Abwägungsgebot, NVwZ 1986; *Hendler, Reinhard:* Wirtschaftliche Selbstverwaltung in Staat der Gegenwart, DÖV 1986; *Hennis, W.:* Politik und praktische Philosophie, 1963; *Herrnritt, R.H.:* Grundlehren des Verwaltungsrechts, 1921; *Herzog, Roman:* Verwaltung und Verwaltungsrecht in der freiheitlichen Industriegesellschaft, 1970; *Hesse, Konrad:* Grundzüge des Verfassungsrecht der Bundesrepublik Deutschland, [15]1985; *von Hippel, Ernst:* Untersuchungen zum Problem des fehlerhaften Staatsaakts, 1960; *Hoffmann-Riem, Wolfgang:* Anscheinsgefahr und Anscheinsverursachung im Polizeirecht, in: FS für Wacke, 1972; *Huber, E.R.:* Wirtschaftsverwaltungsrecht, 2 Bde., 1953/54; *Hufen, Friedhelm:* Heilung und Unbeachtlichkeit grundrechtsrelevanter Verfahrensfehler?, NJW 1982; *Imboden, Max:* Montesquieu und die Lehre von der Gewaltentrennung, 1959; *ders.*, Das Gesetz als Garantie rechtsstaatlicher Verwaltung, 1962; *ders.*, Der Plan als verwaltungsrechtliches Institut, VVDStRL 18 (1960); *ders.*, Der verwaltungsrechtliche Vertrag, 1958; *Ipsen, Jörn:* Verbindlichkeit, Bestandkraft und Bindungswirkung von Verwaltungsakten, in: Die Verwaltung 1984; *Jarass, Hans D.:* Wirtschaftsverwaltungsrecht und Wirtschaftsverfassungsrecht, 1984; *ders.*, Besonderheiten des französischen Verwaltungsrechts im Vergleich, DÖV 1981; *Jerusalem, F.W.:* Das Verwaltungsrecht und der neue Staat, 1935; *Jellinek, Georg:* System der subjektiven öffentlichen Rechte, 1962; *ders.*, Allgemeine Staatslehre, ND 1966; *ders.*, Gesetz und Verordnung. Staatsrechtliche Untersuchungen auf rechtsgeschichtlicher und rechtsvergleichender Grundlage, 1887; *Jellinek, Walter:* Verwaltungsrecht, [3]1931, ND 1966; *ders.*, in: Festgabe für das preuß. OVG, 1925; *ders.*, Der fehlerhafte Staatsakt und seine Wirkungen, 1908; *ders.*, Gesetz, Gesetzanwendung und Zweckmäßigkeitserwägung, 1913; *Jesch, Dietrich:* Gesetz und Verwaltung, 1968; *ders.*, Die Bindung des Zivilrichters an Verwaltungsakte, 1956; *Kaiser, Josef H.:* Welche normativen Anforderungen stellt der Verfassungsgrundsatz des demokratischen Staates an die planende staatliche Tätigkeit, dargestellt am Beispiel der Entwicklungsplanung? Referat zum 50. DJT, Verhandlungen, Bd. II, 1974; *Kelsen, Hans:* Allgemeine Staatlehre, 1925; *Kimminich, Otto:* Enteignung und Sozialbindung, JURA 1979; *Kirchhof, Ferdinand:* Der Verwaltungsakt auf Zustimmung, DVBl. 1985; *Kisker, Gunter:* Neue Aspekte in Streit um den Vorbehalt des Gesetzes, NJW 1977; *ders.*, Vertrauensschutz im Verwaltungsrecht, VVDStRL 32 (1974); *Klein, Hans H.:* Die Teilnahme des Staates am wirtschaftlichen Wettbewerb, 1968; *Kloepfer, Michael:* Der Vorbehalt des Gesetzes im Wandel, JZ 1984; *ders.*, Zum Umweltschutzrecht in Bundesrepublik Deutschland, 1972; *ders.*, Systematiesierung des Umweltrechts, 1978; *Klückmann, H.:* Administratives Verwaltungsverfahrensgesetz. 30 Jahre Administrative Procedure Act, DVBl. 1976; *Knack, Hans Joachim:* Verwaltungsverfahrensgesetz, Kommentar, [2]1982; *Knack, H.J./Busch, Eckart:* Kommentar zum VwVfG, 1976; *Köttgen, Arnold:* Verwaltungsrecht der öffentlichen Anstalt, VVDStRL 6 (1929); *Kohlmann, G.:* Das subjektiv-öffentliche Recht auf fehlerfreien Ermessensgebrauch, 1964; *Kopp, Ferdinand O.:* Verwaltungsverfahrensgesetz, [3]1983; *Kormann, K.:* System der rechtsgeschäftlichen Staatsakte, 1910, ND 1962; *Krause, D.:* Hochschulprüfung und ihre Kontrolle als Rechtsproblem, WissR 1970; *Krause, Peter:* Die Willenserklärung des Bürgers im Bereich des öffentlichen Rechts, VerwArch. 1970; *ders.*, Willensmängel bei mitwirkungsbedürftigen Verwaltungsakten und öffentlich-rechticher Willenserklärung durch Private, BayVBl. 1980; *ders.*, Rechtsformen des Verwaltungshandelns, 1974; *Krebs, W.:* Lehre vom Vorbehalt des Gesetzes, JURA 1979; *ders.*, Kompensation von Verwaltungsverfahrensfehlern durch gerichtlichen Rechtsschutz?, DVBl. 1984; *Kriele, Martin:* Theorie der Rechtsgewinnung, 1967; *Krüger, Herbert:* Die Grundrechte im besonderen Gewaltverhältnis, ZBR 1956; *ders.*, Rechtsverordnung und Verwaltungsanweisung, in: Festgabe für R. Smend, 1952; *Krumbiegel, P.:* Der Sonderopferbegriff in der Rechtsprechung des BGH, 1975; *Laband, Paul:* Das Staatsrecht des Deutschen Reichs, Bd. II, 1911; *Lange, Klaus:* Entwicklung des kommunalen Sebstverwaltungsgedanken, in: FS für W. Weber, 1974; *Laubinger, Hans W.:* Grundrechtsschutz, VerwArch 73 (1982); *ders.*, Der Verwaltungsakt mit Doppelwirkung (Göttinger rechtswissenschaftliche Studien, Bd. 65), 1967; *Lerche, Peter / Schmitt Glaeser, Walter / Schmidt-Aßmann, Eberhard:* Verfahren als staats- und verwaltungsrechtliche Kategorie, 1984; *Lorenz, Dieter:* Die Folgepflicht gegenüber rechtswidrigen Verwaltungsakten und die Strafbarkeit des Ungehorsams, DVBl. 1971; *Loschelder, Wolfgang:* Vom besonderen Gewaltverhältnis zur öffentlich-rechtlichen Sonderbindung, 1982; *Löwenstein, Karl:* Konflikt zwischen Regierung und Justiz, in: ders., Beiträge zur Staatssoziologie; *Mallmann, Walter:* Schranken nichthoheitlicher Verwaltung, VVDStRL 19 (1961); *Martens, J.:* Zur Begriffsbestimmung des Verwaltungsakts, DVBl. 1966; Martens, Wolfgang: Normvollzug durch Verwaltungsakt und Verwaltungsvertrag, AöR 89 (1964); *Maunz, Theodor:* Selbstbindungen der Verwaltung, DÖV 1981; *ders.*, Das Elternrecht als Verfassungsproblem, in: Festschrift für Ulrich Scheuner, 1973; *Maurer, Hartmut:* Allgemeines Verwaltungsrecht, [5]1983; *ders.*, Bestandskraft für Satzungen?, in: Festschrift für Otto Bachof, 1984; *Mayer / Coing:* Die Rechtsnormen, 1971; *Mayer, Otto:* Deutsches Verwaltungsrecht, Bd. I / II, 1923 / 24, ND 1969; *ders.*, Theorie des französischen Verwaltungsrechts, 1886; *ders.*, Zur Lehre vom öffentlichen Vertrage, AöR 3; *Mayer, Franz:* Das Opportunitätsprinzip in der Verwaltung (Schriftenreihe der Hochschule Speyer), 1962; *ders.*, Allgemeines Verwaltungsrecht, 1973; *Mayer, Franz / Kopp, Ferdinand O.:* Allgemeines Verwaltungsrecht, [5]1985; *Menger, Christian F.:* Die allgemeinen Grundsätze des Verwaltungsrechts als Rechtsquellen, in: FS für Walter Bogs, 1967; *ders.*, Unterscheidung von öffentlichem und privatem Recht, in: Festschrift für H.J. Wolff zum 75. Geburtstag; *Menger / Erichsen:* Höchstrichtliche Rechtsprechung zum Verwaltungsrecht, VerwArch 59 (1968); *Merkl, Adolf:* Allgemeines Verwaltungsrecht, 1927; *Mertens, H. J.:* Die Selbstbindung der Verwaltung auf Grund des Gleichheitssatzes, 1969; *Meyer / Borgs:* Kommentar zum Verwaltungsverfahrensgesetz, 1976; *Middel, D.:* Öfentlich-rechtliche Willenserklärungen von Privatpersonen, 1971; *von Münch, Ingo* (Hrsg.), Besonderes Verwaltungsrecht, [7]1985; *von Mutius, Albert:* Kein Abschied vom dinglichen Verwaltungsakt?, DVBl. 1974; *ders.*, Rechtsnorm und Verwaltungsakt, in: FS für H.J. Wolff, 1973; *ders.*, Dingliche Verwaltungsakte, DÖV 1965; *ders.*, Dinglichkeit im Verwaltungsakt, Diss. 1962; *Nebinger, R.:* Verwaltungsrecht. Allgemeiner Teil, 1949; *Niehues, N.:* Dingliche Verwaltungsakt, DÖV 1965; *ders.*, Schul- und Prüfungsrecht, 1978; *Obermayer, Klaus:* Grundzüge des Verwaltungsrechts und des Verwaltungsprozeßrecht, 1975; *ders.*, Zur Rechtsstellung des Nachbarn im Baurecht und zum Folgenbeseitigungsanspuch, JuS 1963; *ders.*, Kommentar zum Verwaltungsverfahrensgesetz, 1983;

ders., Verwaltungsakt und innerdienstlicher Rechtsakt, 1956; *ders.*, Der Plan als verwaltungsrechtliches Institut, VVDStRL 18 (1960); *Oppermann, Thomas:* Nach welchen Grundsätzen sind das öffentliche Schulwesen und die Stellung der an ihm Beteiligten zu ordnen? Gutachten C zum 51. Deutschen Juristentag, 1976; *Ossenbühl, Fritz:* Verwaltungsvorschriften und Grundgesetz, 1968; *ders.*, Staatshaftungsrecht, [3]1983; *ders.*, Aktuelle Probleme der Gewaltenteilung, DÖV 1980; *ders.*, Administrative Selbstbindung durch gesetzwidrige Verwaltungsausübung, DÖV 1970; *ders.*, Schule im Rechtsstaat, DÖV 1977; *ders.*, Vom unbestimmten Gesetzesbegriff zur letztverbindlichen Verwaltungsentscheidungen, DÖV 1974; *ders.*, Die gerichtliche Überprüfung der technischer und wirtschaftlicher Fragen in Genehmigung des Baus von Kernkraftwerken, DVBl. 1978; *ders.*, Daseinsvorsorge und Verwaltungsprivatrecht, DÖV 1971; *ders.*, Die Rücknahme fehlerhafter begünstigender Verwaltungsakte (Neue Kölner Rechtswissenschaftliche Abhandlungen, 29), 1964; *ders.*, Verwaltungsverfahren zwischen Verwaltungseffizienz und Rechtsschutzauftrag, NVwZ 1982; *ders.*, Vertrauensschutz im sozialen Rechtsstaat, DÖV 1972; *ders.*, Selbstbindungen der Verwaltung, DVBl. 1981; *ders.*, Zur Außenwirkung von Verwaltungsvorschriften, in: FS BVerwG, 1978; *ders.*, Die Handlungsformen der Verwaltung, JuS 1979; *ders.*, Rechtliche Probleme der Zulassung zu öffentlichen Stadthallen, DVBl. 1973; *ders.*, Welche normativen Anforderungen stellt der Verfassungsgrundsatz des demokratischen Rechtsstaates an die planende staatliche Tätigkeit, dargestellt am Beispiel der Entwicklungsplanung? Gutachten B zum 50. Deutschen Juristentag, 1974; *ders.*, Daseinsvorsorge und Verwaltungsprivatrecht, DÖV 1971; *ders.*, Die Verwaltungsvorschriften in der verwaltungsrechtlichen Praxis, AöR 86 (1967); *ders.*, Die Rücknahme fehlerhafter begünstigender Verwaltungsakte, 1965; *ders.*, Abschied vom enteignungsgleichen Eingriff?, NJW 1983; *ders.*, Der polizeiliche Ermessens- und Beurteilungsspielraum, DöV 1976; *Pape, W.:* Gyoseishido und das Anti-Monopol-Gesetz in Japan, 1980; *Papier, Hans J.:* Wirtschaftsaufsicht und Staatshaftung, JuS 1980; *Peters, Hans:* Lehrbuch der Verwaltung, 1949; *ders.*, Die Verwaltung als eigenständige Staatsgewalt, 1965; *Pietzcker, Rainer:* Das Verwaltungsverfahren zwischen Verwaltungseffizienz und Rechtsschutzauftrag, VVDStRL 41 (1983); *ders.*, Die Staatsaufgabe als Instrumente des Verwaltungshandelns, 1978; *ders.*, Der Weg des deutschen Schulrechts nach dem 51. Deutschen Juristentag in Stuttgart im September 1976, DVBl. 1977; *ders.*, Verfassungsrechtliche Anforderungen an die Ausgestaltung staatliche Prüfung, 1975; *Pietzner, Rainer / Ronellenfitsch, Michael:* Das Assessorexamen im öffentlichen Recht, 1981; *Püttner, Günter:* Allgemeines Verwaltungsrecht, 1979; *ders.*, Vertrauenschutz im Verwaltungsrecht, VVDStRL 32 (1974); *ders.*, Verwaltungslehre, 1982; *ders.*, (Hrsg.): Handbuch der kommunalen Wissenschaft und Praxis, Bd. I, 1981; *ders.*, Die Öffentliche Unternehmen, 1985; *ders.*, Wider den öffentlichrechtlichen Vertrag zwischen Staat und Bürger, DVBl. 1982; *ders.*, Von der Bankenaufsicht zur Staatsgarantie für Bankeinlagen, JZ 1982; *Randelzhofer, Albrecht:* Gleichbehandlung im Unrecht, JZ 1973; *Rauschning, Dietrich:* Staatsaufgabe Umweltschutz, VVDStRL 38 (1980); *Ridder, Helmut:* Enteignung und Sozialisierung, in: VVDStRL 10 (1962); *Ronellenfitsch, Michael:* Das besondere Gewaltverhältnis – ein zu früh totgesagtes Rechtsinstitut, DÖV 1981; *Ross, A.:* Theorie der Rechtsquellen, 1929; *Rüfner, W.:* Formen öffentlicher Verwaltung im Bereich der Wirtschaft, 1967; *Rupp, H.* Heinrich: Grundfragen der heutigen Verwaltungsrechtslehre, 1965; *ders.*, Zur Problematik öffentlich-rechtlicher Machtpotenzierung durch Funktionen-Kombination, NJW 1968; *Sachs, Michael:* Das Wiederaufgreifen des Verwaltungsverfahren, 1981; *Salzwedel, Jürgen:* Staatsaufsicht in der Verwaltung und der Wirtschaft, VVDStRL 22 (1965); *ders.*, Die Grenzen der Zulässigkeit des öffentlichen Vertrages, 1958; *Schenke, W. Rüdiger:* Erstattung der Kosten von Polizeieinsätzen, NJW 1983;

ders., Vorbeugende Unterlassung und Feststellungsklage im Verwaltungsprozeß, AöR 95 (1970); *Scheuner, Ulrich:* Zur Neubestimmung der kommunalen Selbstverwaltung, in: ders., Staatstheorie und Staatsrecht, 1978; *ders.*, Voraussetzung und Form der Errichtung Öffentlicher Körperschaften, in: Günter Püttner (Hrsg.), Handbuch der kommunalen Wissenschaft und Praxis, Bd. I, 1981; *ders.*, Die staatliche Intervention im Bereich der Wirtschaft. Rechtsformen und Rechtsschutz, VVDStRL 11 (1954); *ders.*, Zur Frage der Grenzen der Nachprüfung des Ermessen durch die Gerichte, VerwArch 33; *Schmidt-Aßmann, Eberhard:* Die Grundgedanken des Verwaltungsverfahrens und das neue Verwaltungsrecht, JURA 1979; *ders.*, Verwaltungsverantwortung und Verwaltungsgerichtsbarkeit, VVDStRL 34 (1976); *ders.*, Konzentrierter oder phasenspezifischerRechtsschutz, DVBl 1981; *Schmidt, L.:* Unmittelbare Privatrechtsgestaltung durch Verwaltungsakt, 1975; *Schmidt, Walter:* Einführung in die Probleme des Verwaltungsrechts, 1981; *Schneider, H.:* Über Einzelfallgesetze, in: FS für Carl Schmitt, 1959; *Scholz, Georg:* Allgemeines Verwaltungsrecht I, 1979; *ders.*, Die Kontrolle des Verwaltungshandelns, [3]1981; *Schröder, Meinhard:* Grundfragen der Aufsicht in der öffentlichen Verwaltung, 1986; *Schwarze, Jürgen:* Der funktionale Zusammenhang von verwaltungsverfahren und Verwaltungsgerichtsverfahren, 1974; *Schwarzenbach, H. R.:* Grundriß des allgemeinen Verwaltungsrechts, [3]1968; *Seideler, H. H.:* Rechtsschutz bei staatlicher Wirtschaftsplaung, 1973; *Selmer, Peter:* Rechtsverordnung und Verwaltungsvorchrift, VerwArch 1968; *Skouris, Wassilios:* Über die Verbandsklage im Verwaltungsklage, JuS 1982; *ders.*, Verletztenklage und Interessenklage im Verwaltungsklagen, 1979; *Smend, Rudolf:* Die politische Gewalt im Verfassungsstaat und das Problem der Staatsform, in: ders., Staatsrechtliche Abhandlungen, 1968; *Sohwark, E.:* Individualansprüche Privater aus wirtschaftsrechtlichen Gesetzen, 1979; *Stahl, F. J.:* Die Philosophie des Rechts nach geschichtlicher Ansicht, Bd. II; *Starke, O. E.:* Bankenaufsichtsnovelle 1976 – Eilreform als Teilreform, WM 1976; *Steiner, Udo* (Hrsg.): Besonderes Verwaltungsrecht, [2]1986.; *ders.*, Die allgemeine Leistungsklage im Verwaltungsprozeß, JuS 1984; *Stelkens, Paul/Bonk, Heinz J./Leonhardt, Klaus:* Verwaltungsverfahrensgesetz, Kommentar, 1977; *Stern, Klaus:* Zur Problematik des energiewirtschaftlichen Konzessionsvertrags, AöR 84 (1959); *ders.*, Rechtsfragen der öffentlichen Subventionierung Privater, JZ 1960; *Stich, R.:* Normative Anforderungen des demokratischen Rechtsstaats an die städtebauliche Entwicklungsplanung, NJW 1974; *Stichberger, G.:* Anfechtung öffentlich-rechtlicher Willenserklärung durch Private, BayVBl. 1980; *Stober, Rolf:* Rechtsfragen bei Mitgliederklagen auf Einhaltung des Aufgaben- und Zuständigkeitsbereiches innerhalb der Handwerkorganisation, 1984; *Stödter, Rolf:* Öffentlich-rechtliche Entschädigung, 1933; *Stüber, B.:* Die gerichtliche Kontrolle von Prüfungsentscheidungen, DÖV 1974; *Tettinger, Peter:* Selbstverwaltung im Bereich der Wirtschaft, in: Festgabe für von Unruh, 1983; *ders.*, Rechtsanwendung und gerichtliche Kontrolle im Wirtschaftsverwaltungsrechts, 1980; *ders.*, Überlegungen zu einem administrativen Prognosespielraum, DVBl. 1982; *Triepel, Heinrich:* Delegation und Mandat im Öffentlichen Recht, 1942; *Tschira, Oskar/Schmitt Glaeser, Walter:* Verwaltungsprozeßrecht, 1982; *von Turegg/Kraus,* Lehrbuch des Verwaltungsrechts, [4]1962; *Ule, Carl H.:* Verwaltungsprozeßrecht, [8]1983; *ders.*, Verwaltung und Verwaltungsgerichtsbarkeit, 1979; *ders.*, Vorbeugender Rechtsschutz im Verwaltungsprozeß, VerwArch 65 (1974); *ders.*, Das besondere Gewaltverhältnis, VVDStRL 15 (1957); *ders.*, Besonderes Gewaltverhältnis, VVDStRL 15 (1958); *ders.*, Über das Verhältnis von Verwaltungsstaat und Rechtsstaat, 10 Jahre Hochschule für Verwaltungswissenschaften Speyer; *ders.*, Die Lehre von Verwaltungsakt im Lichte der Generalklausel, in: Recht – Staat – Wirtschaft, Bd. III, 1951; *Ule, Carl H./Becker, F.:* Verwaltungsverfahren im Rechtsstaat, 1964; *Ule, C. Hermann/ Laubinger, Hans W.:* Verwaltungsverfahrensrecht, 1979;

dies., Gutachten B zum 52. Deutschen Juristentag, 1978; *von Unruh, Georg Christoph:* Von der institutionallen Garantie der kommunalen Selbstverwaltung zum Optimierungsauftrag, in: Die Verwaltung 1984; *Vogel, W.:* Verwaltungszwang zur Durchsetzung von Verwaltungsakten und Verwaltungszustellung, 1958; *Vogt, K. H.:* Die Entwicklung der „Responsabilité sans faute" in der neueren französischen Lehre und Rechtsprechung, 1975; *Volkmar, D.:* Allgemeiner Rechtssatz und Einzelakt, 1962; *Wahl, Rainer:* Genehmigung und Planungsentscheidung, DVBl. 1982; *ders.*, Verwaltungsverfahren zwischen Verwaltungseffizienz und Rechtsschutzauftrag, VVDStRL 41 (1983); *Walleraih, Maximilian:* Die Selbstbindung der Verwaltung, 1968; *Weber, Werner:* Die Teilung der Gewalten als Gegenwartsprobleme, in: FS für Carl Schmitt, 1959; *ders.*, Spanungen und Kräfte im westdeutsche Verfassungssystem, 1970; *Weides, Peter:* Verwaltungsverfahren und Widerspruchsverfahren, 1981; *Werner, Fritz:* Verwaltungsrecht als konkretisiertes Verfassungsrecht, DVBl. 1959; *Willingmann, K.:* Koppelung mehrer Verwaltungsobliegenheit, DVBl. 1963; *Wimmer, R.:* Das pädagogische Elternrecht, DVBl. 1967; *Wittern, A.:* Grundriß des Verwaltungsrecht, 1981; *Wolff, Hans J.:* Der Unterschied zwischen öffentlichen und privatem Recht, AöR 76 (1950); *Wolff, Hans J. / Bachof, Otto:* Verwaltungsrecht I, [9]1974; Verwaltungsrecht II, [4]1976; Verwaltungsrecht III, [4]1978; *Zacher, Hans F.:* Einführung in das Sozialrecht, 1985; *ders.*, Verwaltung durch Subventionen, VVDStRL 25 (1967); *Zeidler, Karl:* Schranken nichthoheitlicher Verwaltung, VVDStRL 19 (1961); *ders.*, Empfiehlt es sich, die bestehenden Grundsätze über Auskunfte und Zusage im öffentlichen Recht beizubehalten, 1962; *ders.*, Über die Technisierung der Verwaltung, 1959; *Zimmer, Gerhard:* Handlungsformen und Handlungsbefugnisse der öffentlichen Verwaltung, JURA 1980; *Zuleeg, Manfred:* Die Rechtsform der Subventionen, 1965.

Literaturverzeichnis

Bachof, Otto: Rechtsbegriff im Verwaltungsrecht, JZ 1955, S. 97 ff.

— Vertrauenschutz im Verwaltungsrecht, VVDStRL 32 (1974), S. 228 ff.

Bae, Jun Sang: Entwurf eines Verwaltungsverfahrensgesetzes, in: Public Law 1976, S. 29 ff.

Bender, Bernd: Staatshaftungsrecht, 3. Aufl., Heidelberg u.a. 1981

Blümel, Willi: Neue Entwicklungstendenzen im Verwaltungsverfahrensrecht in der Bundesrepublik Deutschland, in: Public Law 1984, S. 157 ff.

Choi, Chong Ko: Rechtsgeschichte und Rechtsgedanken, Seoul (Bakyoungsa) 1980 (koreanisch)

— Die Rezeption des europäischen Rechts in Korea, Seoul (Bakyoungsa) 1982 (koreanisch)

Choi, Yong Ki: Han-Philosophie und Verfassungsrecht. Eine Analyse der Verfassungen von Süd- und Nordkorea, Bonn 1988

Chung, Chan Hyung: Das rechtswissenschaftliche Ausbildungssystem Koreas und das Rechtsdenken der Koreaner, stud. iur. 1987, Heft 2, S. 50 ff.

Chung, Ok Tae: Eine Einführung in die koreanische Rechtskultur und in die Grundzüge des koreanischen Rechtsdenkens, in: Festschrift für Ju Chan Sonn zum 65. Geburtstag, Seoul (Bakyoungsa) 1989, S. 872 ff.

Ernst, Werner / *Hoppe*, Werner: Das öffentliche Bau- und Bodenrecht, Raumplanungsrecht, München 1981

Fleiner, Fritz: Institutionen des Deutschen Verwaltungsrechts, 8. Aufl. Tübingen 1928

Forsthoff, Ernst: Lehrbuch des Verwaltungsrechts, Bd. I: Allgemeiner Teil, 10. Aufl. München 1973

— Rechtsfragen der leistendenden Verwaltung, Stuttgart 1959

— Die Verwaltung als Leistungsträger, Stuttgart/Berlin 1938

Gang, Moon Yong: Allgemeines Verwaltungsrecht, Seoul (Gosihagwon) 1956 (koreanisch)

— Verwaltungsrecht in England, Seoul (Shinguchulpansa) 1965 (koreanisch)

Götz, Volkmar: Allgemeines Polizei-und Ordnungsrecht, 9. Aufl. Göttingen 1988

Häberle, Peter: Öffentliches Interesse als juristische Probleme, Bad Homburg 1970

Han, Chang Kyu: Ein rückblickender Beitrag – Koreanisches Verwaltungsrecht I, in: Public Law 1989

Han, Dong Jun: Allgemeine Verwaltungsrechtslehre, Seoul (Hankooksochulpansa) 1949 (koreanisch)

Han, Tae Yon: Besonderes Verwaltungsrecht, Seoul 1956 (koreanisch)

— Verwaltungsrecht, Seoul (Chomoosa) 1949 (koreanisch)

— Verwaltungsrecht, Seoul (Yangmoonsa) 1952 (koreanisch)

— Die Verwaltungsrechtstheorien bei E. Forsthoff, Law Review/Dankook Universität, Vol. II, 1959

Hatschek, Julius: Lehrbuch des deutschen und preußischen Verwaltungsrechts, Leipzig 1931

Herrnritt, R.H.: Grundlehren des Verwaltungsrechts, Tübingen 1921

Hirsch, Ernst E.: Rezeption als sozialer Prozeß. Erläutert am Beispiel der Türkei, Berlin 1981 (Schriftenreihe zur Rechtssoziologie und Rechtstatsachenforschung, 50)

Huh, Young: Grundprobleme des Verwaltungsplanungsrechts, in: YGGS, Juni 1981

— Die Grundzüge der neuen koreanischen Vefasung von 1987, JöR NF 38 (1990), S. 1 ff.

— Korean Constitutional Law, Seoul (Bakyoungsa) 1990 (koreanisch)

Huh, Young Min: Koreanisches Verwaltungsrecht II. Die Aufgabe und die Anpassung an die moderne Verwaltung, in: Public Law 1989, S. 163 ff.

Hwang, Dong Jun: Besondere Verwaltungsrechtslehre, Seoul (Hanilmunhwasa) 1956 (koreanisch)

Kal, Bong Kun: Der Einfluß des Grundgesetzes auf koreanisches Verfassungsrecht, in: Klaus Stern (Hrsg.), 40 Jahre Grundgesetz, München 1990, S. 299 ff.

Kim, Do Cahng: Allgemeines Verwaltungsrecht I, 6. Aufl. Seoul (Chungunsa) 1989 (koreanisch)

— Allgemeines Varwaltungsrecht II, 6. Aufl., Seoul (Chungunsa) 1989 (koreanisch)

— Besondere Verwaltungsrechtslehre, Seoul (Bakyoungsa) 1956 (koreanisch)

— Nochmal: Die Rechtsnatur der Verwaltungsvorschrift, in: GSK, Febr. 1980, S. 73 ff.

— Die Rechtsnatur der Verwaltungsvorschriften, in: GSK, Juli 1979, S. 77 ff.; Aug. 1979, S. 77 ff.

— Der Rückblick und die Prognose für 30 Jahre koreanische Verwaltungsrechtswissenschaften, in: Festschrift für Hong Ju Moon zum 60. Geburtstag, Seoul 1978, S. 477 ff.

Kim, Hyo Jeon: Einfluß des deutschen Öffentlichen Rechts in Korea, in: Festschrift für Do Chang Kim zum 60. Geburtstag, Seoul (Hakryonsa) 1982 (koreanisch)

— Hundert Jahre Verfassungsrecht in Korea und Deutschland. Ein Beitrag zur Rezeptionsgeschichte deutschen Rechts in Korea, JöR NF 35 (1986), S. 574 ff.

— Lehrgeschichte des deutschen Verfassungsrechts, Seoul (Bobmunsa) 1982 (koreanisch)

Kim, Hyung Sung: Die Bedeutung des Verhältnismäßigkeitsprinzips bei den wirtschaftslenkenden Gesetzen, Jur. Diss. Göttingen 1988

Ki, Ie Yol: Aufgabe und gegenwärtige Lage des Verfahrens in Korea, in: Public Law 1983, S. 139 ff.

— Die Nichtigkeit und die Rücknahme des Verwaltungsktes unter besonderer Berücksichtigung des Entwurfs des Verwaltungsverfahrensgesetzes in Deutschland, in: Sae Bopchong, Jan. 1974

Kim, Kyung Jae: Das besondere Gewaltverhältnis in deutscher Litratur, in: Bibliotheksblatt der Nationalversammlung, Vol. 3 (1964)

— Verwaltungsgerichtsordnung in der Bundesrepublik Deutschland, in: Bopcheyolbo (Monatliche Zeitschrift für Rechtssystem), Vol. 8 und 9 (1962)

Kim, Nam Jin: Die Arten und die Wirkung der Verwaltungsvorschriften, in: YGGS, Febr. 1982, S. 14 ff.

— Aufhebungsklage (Chisososong) und die Klagebefugnisse, in: GSYG, Jan. 1986, S. 131 ff.

— Bezeichnung einer Parkverbotszone und Prozeßvoraussetzung, in: GSYG, Nov. 1986, S. 207 ff.

— Dinglicher Verwaltungsakt, in: YGGS, April 1985

— Ermessensreduzierung auf Null, in: GSYG, Sep. 1979, S. 12 ff.

— Grundprobleme des Verwaltungsrechts, Seoul (Bobmunsa) 1989 (koreanisch)

— Normkonkretisierende Verwaltungsvorschrift, in: YGGS, Nov. 1989, S. 222 ff.

— Planungsermessen und Abwägungsgebot, in: GSYG, Dez. 1986, S. 12 ff.

— Privatrechtliche Verwaltungsbehandlung und Verwaltungsprivatrecht, in: YGGS, Nov. 1984, S. 29 ff.

— Probleme bei dem Änderungsentwurf der Verwaltungsgerichtsordnung, in: GSK, April 1985, S. 91 ff.

— Rechtsfolge des verwaltungsvorschriftswidrigen Akts, in: GSK, Aug. 1977, S. 134 ff.

— Die Rechtsnatur und die Wirkung der Verwaltungsvorschriften, in: GSK, Dez. 1979, S. 69 ff.

— Rechtsnatur und Wirkung der Verwaltungsakte, in: GSK, Dez. 1979, S. 69 ff.

— Die Selbstbezeugungskraft des Chobun (Verwaltungsakts) und Tatbestandswirkung des Verwaltungsakts, in: YGGS, April 1989

— Die Verpflichtungsklage, in: Public Law 1979, S. 29-46

— Verwaltungsakt mit Drittwirkung und Verwaltungsverfahren, in: GSYG, Juni 1984, S. 204 ff.

— Verwaltungsrecht I, 3. Aufl. Seoul (Bobmunsa) 1990 (koreanisch)

— Verwaltungsrecht II, Seoul (Bobmunsa) 1989 (koreanisch)

Kim, Sun Uk: Die Grundprinzipien der Beamtenbesoldung und -versorgung im deutschen und koreanischen Recht, Konstanz 1988 (Konstanzer Schriften zur Rechtswissenschaft, 3)

Kim, Sung Soo: Rechtfertigung von Sonderabgaben. Ein Beitrag zum Sonderabgabenrecht nach deutschen und koreanischem Recht, Berlin 1990 (Tübinger Schriften zum Staats- und Verwaltungsrecht, 6)

Kim, Tschol Yong: Verwaltungsgerichtsbarkeit in der Bundesrepublik Deutschland, in: Public Law 1981, S. 105-118

Kisker, Gunter: Neue Aspekte in Streit um den Vorbehalts des Gesetzes, NJW 1977, S. 1313 f.

Knemeyer, Franz Ludwig: Der Schutz der Allgemeinheit und der individuellen Rechte durch die polizei- und ordnungsrechtlichen Handlungsvollmachten der Exekutive, in: VVDStRL 36 (1977), S. 251 ff.

Lee, Byung Yong: Das System der Verwaltungsgerichtsbarkeit in der Bundesrepublik Deutschland, in: GSK, April 1961

Lee, Gang Hyuk: Der Grundsatz des Parlamentsvorbehalts, in: YGGS, Jan. 1985, S. 58 ff.

Lee, Ki Wu: Kommunalaufsicht in der Bundesrepublik Deutschland und Korea, Jur. Diss. Münster 1990

Lee, Myung Gu: Dreiartige Unterscheidung des Verwaltungsakts, in: GSYG, Sep. 1979, S. 130 ff.

— Die Lehre von der Verwaltungsvorschrift, in: GSYG, März 1979, S. 35 ff.

— Nochmals zur Verwaltungsvorschrift, in: GSYG, Juni 1983, S. 35 ff.

— Der Verwaltungsvorbehalt, in: Festschrift für Don Kak Suh zur Emeritierung, 1986

Lee, Sang Kyu: Allgemeines Verwaltungsrecht I, Seoul (Bobmunsa) 1987 (koreanisch)

— Allgemeines Verwaltungsrecht II, Seoul (Bobmunsa) 1987 (koreanisch)

— Amerikanische Verwaltungsrechtslehre, Seoul (Bobmunsa) 1963 (koreanisch)

— Shin Haengjongjaesongbopron (Ein Lehrbuch über Verwaltungsvorverfahren und Verwaltungsprozeß), Seoul (Bobmunsa) 1985

Maeng, Jang Sop: Eine Untersuchung zur Untätigkeitsklage, Diss. Dankook Universität, Seoul 1983

— Verwaltungsrealakt, in: YGGS, April 1989, S. 94 ff.

Mallmann, Walter: Schranken nichthoheitlicher Verwaltung, in: VVDStRL 19 (1961), S. 109 ff.

Maurer, Hartmut: Allgemeines Verwaltungsrecht, München 1980; 5. Aufl. ebd. 1986

— Der Verwaltungsvorbehalt, in: VVDStRL 43 (1985), S. 137 ff.

Mayer, Otto: Deutsches Verwaltungsrecht, Bd. I/II, 3. Aufl. Berlin 1923/24 (ND 1969)

Mayer, Franz/*Kopp*, Ferdinand O.: Allgemeines Verwaltungsrecht, 5. Aufl. Stuttgart u.a. 1985

Oh, Jun Gen: Vertrauensschutz im Raum- und Stadtplanungsrecht, Jur. Diss. Konstanz 1990

Ossenbühl, Fritz: Die Quellen des Verwaltungsrechts, in: Hans Uwe Erichsen/Wolfgang Martens (Hrsg.), Allg. Verwaltungsrecht, 7. Aufl. Berlin/New York 1988

— Staatshaftungsrecht, 3. Aufl. München 1983

— Vorrang und Vorbehalt des Gesetzes, in: Josef Isensee/Paul Kirchhof (Hrsg.), Handbuch des Staatsrecht, Bd. III, Heidelberg 1988

Park, Won Young: Verwaltungsprivatrecht, in: GSK, Aug. 1984, S. 29 ff.

Park, Yun Hun: Allgemeines Verwaltungsrecht I, Seoul (Kukminsokwan) 1989 (koreanisch)

— Allgemeines Verwaltungsrecht II, Seoul (Kukminsokwan) 1989 (koreanisch)

— Die Grundsätze der Leistungsverwaltung, in: GSYG, Mai 1976, S. 23 ff.

Pietzner, Rainer/*Ronellenfitsch,* Michael: Das Assessorexamen im öffentlichen Recht. Widerspruchsverfahren und Verwaltungsprozeß, 6. Aufl. Düsseldorf 1987

Püttner, Günter: Allgemeines Verwaltungsrecht, 5. Aufl. Düsseldorf 1979

— Die öffentlichen Unternehmen, 2. Aufl. Stuttgart u.a. 1985

— Vertrauensschutz im Verwaltungsrecht, in: VVDStRL 32 (1974), S. 206 ff.

Radbruch, Gustav: Vorschule der Rechtsphilosophie, Heidelberg 1947

Rehbinder, Manfred/*Sonn,* Ju Chan: Zur Rezeption des deutschen Rechts in Korea, Baden-Baden 1990

Ronellenfitsch, Michael: Das besondere Gewaltverhältnis – ein zu früh totgesagtes Rechtsinstitut, DÖV 1981, S. 938 ff.

— Entwicklungstendenzen in der Rechtsprechung zum besonderen Gewaltverhältnis, VerwArch 73 (1982), S. 245 ff.

Salzwedel, Jürgen: Anstaltsnutzung und Gebrauch öffentlicher Sachen, in: Hans-Uwe Erichsen/Wolfgang Martens (Hrsg.), Allgemeines Verwaltungsrecht, 8. Aufl. Berlin/New York 1988

Schmidt, Walter: Organisierte Einwirkung auf die Verwaltung, in: VVDStRL 33 (1975), S. 183 ff.

Schnapp, Friedrich E.: Der Verwaltungsvorbehalt, in: VVDStRL 43 (1985), S. 173 ff.

Seok, Jong Hyun: Allgemeines Verwaltungsrecht, 10. Aufl. Seoul (Samyoungsa) 1990 (koreanisch)

— Allgemeines Verwaltungsrecht II, 3. Aufl. Seoul (Samyoungsa) 1990 (koreanisch)

— Der Begriff der Polizei, in: YGGS, April 1984, S. 121 ff.

— Der enteignungsgleiche Eingriff und der enteigenende Eingriff, in: GSYG, Jan. 1984, S. 67 ff.

— Ermessen und gerichtliche Kontrolle, in: GSYG, Jan. 1981, S. 64 ff.

— Ermessen und unbestimmter Rechtsbegriff, in: YGGS, Jan. 1983, S. 97 ff.; Mai 1983, S. 146 ff.

— Die Gefahrenabwehraufgabe der Polizei, in: GSK, April 1984, S. 121 ff.

— Der Grundsatz des Gesetzesvorbehalts, in: GSYG, Sep. 1989

— Grundsatz des Vertrauensschutzes im Verwaltungsrecht, in: GSK, Febr. 1988, S. 94 ff.

— Koreanisches Verwaltungsrecht, 3. Aufl. Seoul (Bopjisa) 1986 (koreanisch)

— Öffentliches Baurecht, 6. Aufl. Seoul (Gyungjinsa) 1988 (koreanisch)

— Öffentlich-rechtlicher Vertrag, in: GSYG, Jan. 1990, S. 2 ff.

— Das Planfeststellungsverfahren nach §§ 73-78 des Verwaltungsverfahrensgesetzes des Bundes in Deutschland, in: Festschrift für Do Chang Kim zum 60. Geburtstag, 1982

— Planungsermessen und Abwägungsgebot, in: GSK, Okt. 1980

— Die planungsrechtlichen Eigentumsbeschränkungen und Entschädigung, in: GSYG, Mai 1985, S. 73 ff.

— Raumordnung in der Bundesrepublik Deutschland und der Republik Korea unter besonderer Berücksichtigung des Verfahrens zur Aufstellung von Raumordnungsplänen nach § 5 ROG vom 8. April 1965 (BGBl. I S. 306), Diss. Speyer 1978

— Rechtssatzcharakter der Verwaltungsvorschriften, in: GSYG, Juni 1986, S. 60 ff.

— Eine Untersuchung zu Tendenzen der Rechtsprechung über das schutzwürdige Interesse, in: Law Review/Dankook Universität, Seoul 1989, S. 33 ff.

— Vergleichende Untersuchung zur Bedeutung der Planungshoheit der Gemeinde in der raumordnenden Planung, in: Faculty Research Papers/Dankook Universität, Vol. XV, Seoul 1981, S. 433 ff.

— Verwaltungsakt mit Doppelwirkung, in: YGGS, Sep. 1988, S. 27 ff.

— Vorläufiger Rechtsschutz nach § 80 VwGO in der Bundesrepublik Deutschland, in: Law Review/Dankook Universität, Seoul 1985, S. 51-64

— Das Widerspruchsverfahren in der Bundesrepublik Deutschland, in: Public Law 1982, S. 9-37

Shin, Bong Ki: Planungsermessen, Abwägungsgbot einschließlich der Prognose im Bauplanungsrecht der Bundesrepublik Deutschland im Vergleich zum entsprechenden Recht in der Republik Korea, Jur. Diss. Münster 1989

Shin, Bo Seung: Die materielle Voraussetzung der Aufhebungsklage, in: YGGS, Juni 1988, S. 95 ff.

— Rechtsquellen des Verwaltungsrechts, in: YGGS, Mai 1985, S. 105 ff.

Suh, Won U: Anspruch auf fehlerfreie Ausübung des Ermessens, in: GSYG, Nov. 1982, S. 23 ff.; Dez. 1982, S. 89 ff.

— Auswirkung des Aufhebungsurteils, in: YGGS, April 1985, S. 159 ff.

— Beurteilungsspielraum und Ermessensbegriff, in: GSK, Nov. 1982, S. 12 ff.

— Klagebefugnisse bei der Anfechtungsklage, in: GSYG, Juli 1987, S. 85 ff.

— Neue Tendenzen in der Lehre von Gesetzesvorbehalt, in: GSYG, Juli 1985, S. 110 ff.; Aug. 1985, S. 69 ff.; Sep. 1985, S. 93 ff.

— Rechtliche Kontrolle des Planungsermessens, in: YGGS, Okt. 1981

— Überlegungen zur Rechtslehre der Verwaltungsvorschrift, in: GSYG, März 1980, S. 55 ff.

Ule, Carl Hermann: 100 Jahre Meiji-Verfassung in Japan, DVBl. 1989, S. 173 ff.

— Verwaltung und Verwaltungsgerichtsbarkeit in Japan, DVBl. 1984, S. 649 ff.

— Zur Anwendung unbestimmter Rechtsbegriffe im Verwaltungsrecht, in: Gedächtnisschrift für W. Jellinek, 1955, S. 309 ff.

Ule, Carl Hermann/*Laubinger*, Hans W.: Verwaltungsverfahrensrecht, 3. Aufl. Köln u.a. 1986

Werner, Fritz: Verwaltungsrecht als konkretisiertes Verfassungsrecht, DVBl. 1959, S. 52 ff.

Wolff, Hans J.: Verwaltungsrecht I, 8. Aufl. München 1971

Wolff, Hans J./*Bachof*, Otto: Verwaltungsrecht I, 9. Aufl. München 1974

Yun, Se Chang: Allgemeines Verwaltungsrecht, Seoul (Bakyoungsa) 1974 (koreanisch)

— Besonderes Verwaltungsrecht, Seoul (Shingumunhwasa) 1958 (koreanisch)

— Besonderes Verwaltungsrecht, Seoul (Bakyoungsa) 1974 (koreanisch)

— Grundgedanken des Verwaltungsrechts, in: Bopchong, Vol. 9 (1949)

— Die Rechtsmäßigkeit des Haengjongchobun (Verwaltungsakt) hinsichtlich der Grenze des Ermessensakts, in: GSK, Vol. 5 (1953)

— Verwaltungsrecht, Seoul 1956 (koreanisch)

— Verwaltungsrecht in England, Seoul (Ilchokwak) 1964 (koreanisch)

— Verwaltungsrechtslehre, Seoul (Baekyangdang) 1949 (koreanisch)

FSC
www.fsc.org
MIX
Papier | Fördert gute Waldnutzung
FSC® C083411

Kolibri 360 GmbH
Ferdinand-Jühlke-Straße 7
99095 Erfurt, Deutschland
produktsicherheit@kolibri360.de

Druck:
CPI Druckdienstleistungen GmbH
im Auftrag der
Kolibri 360 GmbH
Ferdinand-Jühlke-Str. 7
99095 Erfurt